AF475490

JOSEPH BURNICHON

Le Brésil d'aujourd'hui

Ouvrage orné de huit gravures

Librairie académique PERRIN et Cie

Le Brésil d'aujourd'hui

DU MÊME AUTEUR

L'État et ses rivaux dans l'enseignement secondaire. Un volume in-12, Ch. Poussielgue, éditeur, 1898. Prix .... **3** fr. **50**

Du Lycée au Couvent. Un volume in-18, V. Retaux, éditeur, 1900. Prix .... **3** fr. **50**

Cinquante ans après (*La liberté d'enseignement*). Un volume in-18, Lecoffre, éditeur, 1900. Prix .... **3** fr. **50**

Vie du Père Fr.-X. Gautrelet, S. J. Un volume in-18, V. Retaux, éditeur. Deuxième édition, 1896. Prix. **3** fr. **50**

Le Retour aux champs. In-8. V. Retaux, éditeur, 1894. Prix .... **1** fr. »

A propos de la Sécularisation. Brochure in-12. V. Retaux, éditeur, 1906. Prix .... **0** fr. **30**

Un Jésuite : Amédée de Damas. Un volume in-8. Poussielgue, éditeur, 1908. Prix .... **5** fr. »

JOSEPH BURNICHON

Le Brésil d'aujourd'hui

PARIS
LIBRAIRIE ACADÉMIQUE
PERRIN ET Cie, LIBRAIRES-ÉDITEURS
35, QUAI DES GRANDS-AUGUSTINS, 35
1910

A EXMA SENHORA

MARIA-JOSEPHINA R. B.

E toda egregia familia das Mercês

Na Bahia

Lembrança e Homenagen

J. B., S. J.

AVANT-PROPOS

Un groupe de journalistes italiens du Brésil a publié en 1906 un ouvrage monumental très richement illustré. Comme le titre l'indique, *Il Brazil e gli Italiani* est une monographie de la puissante colonie italienne établie dans la grande République Sud-américaine. Or, voici comment, dans leur *Introduction*, les auteurs gourmandent leurs compatriotes restés au pays :

« Un Italien quelque peu instruit saura dire quelque chose d'une « villote » de Chine ou de Perse ; mais si on l'interroge sur Saint-Paul, Minas Geraes ou Parana, où se trouvent pourtant près de deux millions d'Italiens, il restera bouche bée et finira peut-être par dire que ce sont des provinces de l'Argentine. Combien de ceux qui y retournent s'entendent dire par des amis, des commerçants, peut-être par quelque honorable membre du Parlement : « Ah ! Comment s'habille-t-on au Brésil ? Qu'est-ce qu'on y mange ? Y a-t-il des chemins de fer, des tramways, des théâtres, beaucoup de bêtes féroces ?... »

Cette objurgation s'adresserait aussi bien aux Français qu'aux Italiens. Il est vrai que nous n'avons pas, nous, deux millions des nôtres au Brésil ; mais, d'autre part, les Brésiliens viennent bien plus volontiers en France qu'en Italie ; Paris surtout les attire en grand nombre. Malgré tout, leur pays n'est encore guère plus connu de la majorité des Français que le Congo ou le Turkestan. On compterait sur ses doigts les livres français consacrés au Brésil.

En ces dernières années pourtant, il semble qu'un rapprochement se soit opéré entre la France et cette sœur latine trop longtemps négligée. Des hommes en vue, dans la politique, dans les affaires, dans les lettres, ont fait au Brésil des voyages qui n'étaient point de simples tournées d'amateurs. Il en est résulté des conférences retentissantes, d'innombrables articles de journaux, la création d'une association franco-brésilienne, avec un organe périodique, *Le Brésil;* enfin, comme il fallait s'y attendre, le lancement sur le marché français de quatre ou cinq gros emprunts destinés à des entreprises brésiliennes. Tout cela a mis chez nous le Brésil à l'ordre du jour ; il est presque devenu une actualité.

C'est ce qui autorise à espérer que ce livre ne rencontrera pas l'indifférence qui l'eût accueilli en d'autres temps. Après avoir étudié sur place les choses et les gens du Brésil et vécu la vie brésilienne pendant près d'une année, on peut sans fatuité se croire mieux informé que les personnages de marque qui font une apparition dans le pays, et l'entrevoient à travers le décor des réceptions officielles, et pour me servir d'un mot devenu fameux, « dans la chaleur communicative des banquets. »

Cet *Avertissement* est pour les Français. Quant aux Brésiliens aux mains desquels ce livre pourrait tomber, l'auteur leur doit une petite *Déclaration*. Il n'ignore pas combien la fibre patriotique est chez eux sensible et irritable; il serait porté à les en estimer davantage. Mais il ne se dissimule pas que çà et là ils trouveront dans son « Brésil » quelque sujet de déplaisir. Qu'ils sachent du moins que, si les appréciations ne sont pas d'un flatteur résolu à tout admirer sans réserve, elles sont d'un ami sincère, qui garde de leur beau pays un souvenir reconnaissant et affectueux.

J. B.

LE BRÉSIL D'AUJOURD'HUI

CHAPITRE PREMIER

La *Velha Mulata*. — La ville des églises et des couvents. — La rue à Bahia Sao-Salvador. — Le soleil méchant ou inoffensif? — Le climat à Bahia. — Le *viraçao*. — Magnificences de la végétation. — L'ennemi de la plante, la fourmi. — Les pays chauds et la douce *preguiça*. — Le Brésilien et la race latine.

Bahia, Novembre 1907-Janvier 1908.

Trois mois de séjour à Bahia m'ont permis de faire ample connaissance avec l'antique capitale du Brésil. La vieille mulâtresse, *velha mulata*, comme on l'appelle un peu malicieusement, a beaucoup mieux que les autres grandes villes de ce pays conservé une physionomie originale et, par là même, intéressante. Son histoire est d'ailleurs intimement liée à celle de la nation brésilienne depuis l'origine jusqu'à l'époque de l'émancipation. Actuellement elle est la capitale d'un des Etats les plus importants de la Confédération. Tout naturellement donc, sans sortir de Bahia, et en attendant de pousser plus loin, on sera amené à parler du Brésil, de cet énorme Brésil, presque aussi grand que l'Europe, et qui est encore pour beaucoup d'Européens comme les régions que l'on faisait figurer sur les anciennes cartes géographiques avec la mention: *Terra incognita*. N'ayant pas l'intention de faire un ouvrage didactique sur le Brésil, je ne m'astreindrai pas à un ordre rigoureux; je parlerai des choses brésiliennes au fur et à mesure que l'occasion les fera surgir, m'attachant de préférence à celles que d'autres passent sous silence, soit de parti pris, soit par inintelligence de tout ce qui n'est pas politique, commerce ou affaires.

La ville de Bahia, plus exactement Sao-Salvador, est assise sur un promontoire qui descend vers le sud, pour fermer la mer intérieure, la *bahia*, dont elle porte le nom. A peine a-t-on doublé la pointe du *Pharol*, on voit sur la droite s'égrener le long du coteau, à travers les verdures, des maisons de toutes couleurs, dominées çà et là par les dômes, les clochers des églises et les *mirantes* des couvents. De l'église Sant' Antonio da Barra, jusqu'au faubourg d'Itapagipe, les habitations couvrent le rivage sur une longueur d'au moins quinze kilomètres. Il y a d'ailleurs deux villes bien distinctes : la ville basse au bord de l'eau, sur une étroite bande de terre qui s'arrête au pied de la colline escarpée comme une falaise. Là se trouvent la marine, la douane, les entrepôts, les agences, les magasins, les marchés, en un mot, tout le commerce et les affaires. Deux plans inclinés et un ascenseur (*elevador*) donnent accès à la ville haute, laquelle ne s'étend point du tout sur un plateau uni; rien au contraire de plus accidenté, on pourrait dire de plus tourmenté, que le site envahi par le développement de ses différents quartiers. Ce n'est pas comme les sept collines de Rome qu'il n'est pas toujours facile de distinguer; il y en a ici beaucoup plus de sept, avec de véritables ravins et de jolis vallons, aux contours capricieux, qui s'en vont dans tous les sens aboutir à la grande mer.

Ce qui frappe tout d'abord l'étranger qui débarque à Bahia, c'est la multitude des églises; il est difficile d'en préciser le nombre; mais des personnes bien informées m'affirment qu'il s'élève, non pas à cent, comme on le dit d'ordinaire, — on prête volontiers aux riches, — mais bien à soixante-dix ou quatre-vingts. Du reste, elles se ressemblent presque toutes.

Avec les églises, les couvents. Les religieux de toute robe furent les plus précieux auxiliaires de la colonisation portugaise; plusieurs des monastères de Bahia étonnent par leurs dimensions et leur aspect imposant; ils rappellent les grandes abbayes de la vieille Europe.

Par le fait même de sa situation la ville haute est très irrégulière; les rues sont pour la plupart étroites, tortueuses, mal pavées et mal entretenues; mais par contre le pittoresque abonde. Les mouvements du sol vous ménagent à tout instant les perspectives les plus variées; en plusieurs endroits la crête de la falaise offre des belvédères d'où l'on embrasse tout le panorama de la baie. Quand, par exemple, au sortir de la cage de l'ascenseur, sur la place du Gouvernement, on la voit flamboyer sous le soleil, avec ses innombrables embarcations, ses îles lointaines et la courbe gracieuse de son rivage, il est impossible de ne pas se sentir tout à la fois ébloui et charmé.

La couleur a un rôle prépondérant dans l'esthétique des pays où la lumière est intense. A Bahia on ne manque pas de peindre les maisons; il y en a de rouges, de bleues, de jaunes; on paraît affectionner les tons clairs. C'est en certains quartiers toute une symphonie pour les yeux. La première impression pour l'homme du Nord n'est pas précisément agréable ; mais on s'y fait vite ; on se rend compte que ce coloris s'harmonise avec cette lumière. Autant en dirai-je de la décoration architecturale des principaux édifices et des habitations élégantes. Cela paraît tout d'abord être en biscuit ou en carton ; mais sous le ciel des tropiques la robuste majesté de nos façades en moellons ne serait-elle pas aussi un contre-sens ?

La rue à Bahia est pleine de mouvement et de bruit. Ici, comme dans tous les pays chauds on vit surtout dehors, et la majeure partie des habitants m'a toujours paru occupée à babiller ou à ne rien faire, ce qui revient à peu près au même. On est parvenu à établir dans les principales artères des tramways électriques qui mènent grand train. Ce sont d'ailleurs les seuls moyens de transport à l'usage du public ; l'état de la voirie rend la circulation des voitures difficile et même périlleuse. On en rencontre quelques-unes de temps en temps, avec cochers et laquais nègres, en chapeau haut de forme et bottes à l'écuyère ; on a quelquefois de la peine à se ranger sur le passage. Bahia est probablement pour longtemps encore défendue contre l'invasion de l'automobile. J'y ai aperçu de rares bicyclettes ; ce qui suppose chez ceux qui les montent de l'habileté et de la hardiesse. Le véhicule à la mode dans cette grande et vénérable cité, c'est la *carroça*. On désigne par ce nom une sorte de caisse en bois, portée sur deux roues et traînée par un pauvre vieux cheval, et plus souvent par un *burro*, autrement dit un mulet, auquel son conducteur, en haillons et pieds nus, prodigue les coups d'une épaisse lanière de cuir qui lui sert de fouet. C'est au moyen de cet équipage rudimentaire que se font tous les charrois ; on le rencontre partout ;

il ne craint ni les ruelles étroites, ni les fondrières, ni les montées et les descentes sur des *ladeiras* presque verticales.

Quant à la population, si l'on en juge par l'aspect de la voie publique, il semble bien que l'élément de couleur y domine dans une forte proportion. Au reste, toute la gamme des nuances y est représentée, depuis le noir de jais jusqu'au chocolat et au café à la crème. La race nègre n'est point une race indigène en Amérique du Sud, ainsi que l'écrivait naguère un politicien-touriste ; les noirs y furent importés d'Afrique comme esclaves ; Bahia fut pendant deux cents ans le principal marché de *bois d'ébène* au Brésil ; c'est ce qui explique la présence à Bahia d'un si grand nombre d'*Africains*, comme on les appelle encore, aussi bien que le surnom donné à la ville elle-même. Nous aurons l'occasion de reparler des nègres du Brésil ; nous nous en tenons pour le moment à constater qu'ils ont dans la vieille capitale la puissance qui pourrait bien devenir un jour, là comme ailleurs, la première de toutes, je veux dire la puissance du nombre.

Un détail à noter pourtant sans sortir de la rue, c'est l'ampleur quasi phénoménale de certains spécimens de la plus belle moitié de la race noire, que l'on rencontre à Bahia. Ces plantureuses personnes sont d'ordinaire marchandes de fruits, de poissons ou de légumes, ou encore de sucreries et de petits gâteaux. Cet article est de beaucoup le plus abondant ; les vendeurs de *doces* pullulent dans les rues de Bahia ; on ne monte pas dans un tramway sans en avoir un ou deux à ses trousses, portant sur un large plateau des papillottes de toutes couleurs.

D'autres échantillons de la race noire que l'œil de

l'étranger aperçoit avec quelque étonnement sur la voie publique, ce sont les tout petits qui vaguent et s'amusent, vêtus uniquement de leur innocence. Ils s'empresseront même de venir baiser la main du *padre* qui passe, en lui demandant *a bençao* (la bénédiction). Il paraît bien que les négrillons ne sont pas seuls à jouir de cette liberté paradisiaque; les bambins à peau blanche en usent aussi, tout au moins dans l'intérieur familial. Au dehors, le bon ton veut qu'ils soient habillés; tout comme à Constantinople les dames turques considèrent comme leur privilège de se cacher la figure, tandis que les femmes du peuple se laissent voir.

A ce propos, voici une observation qui n'est pas seulement du domaine de la toilette féminine, comme il semblerait de prime abord; elle soulève, à mon avis, un véritable problème d'ordre physiologique. Bahia se trouve entre le douzième et le treizième degré de latitude sud; le soleil y darde donc des rayons presque perpendiculaires. Or, je remarque que l'on ne prend contre eux aucune précaution. En Orient, en Algérie, au Sahara, l'Arabe se couvre la tête d'un double et triple tissu de laine; au Sénégal, le casque colonial est de rigueur; à Dakar, les missionnaires eux-mêmes ne sortent pas sans cette coiffure, qui s'harmonise assez mal pourtant avec le reste du costume ecclésiastique; sur notre Côte d'azur, même les hommes graves se croient obligés d'arborer l'ombrelle blanche. Dans tout l'ancien continent, on paraît persuadé que l'on ne brave pas impunément le soleil. A Bahia, l'ombrelle est à peu près inconnue; jamais je n'en ai vu aux mains d'un homme, les femmes elles-mêmes en usent rarement et sont pour la plupart en cheveux; les dames du bel air portent maintenant des chapeaux; il y a vingt ans, elles s'en passaient fort bien; sans doute les modistes françaises leur ont persuadé que cela n'était pas séant.

Le 27 novembre, à deux heures de l'après-midi, se déroulait dans les rues la procession des Œuvres dirigées par les Sœurs de Saint Vincent de Paul. Quatre ou cinq cents jeunes filles vêtues de blanc, avec d'innombrables bannières et des madones que des groupes d'anges couvraient de fleurs, des musiques militaires, des soldats encadrant le cortège, sabre au poing, en guise de cierge; le spectacle était charmant. Mais que d'insolations, pensais-je à part moi, on va compter ce soir! Tout ce monde allait tête nue, y compris les soldats dont la casquette pendait dans le dos, retenue par la jugulaire. Et d'insolation, point! Il n'en arrive jamais. Alors quoi? Les coups de soleil ne sont pourtant pas affaire d'imagination. Je me reporte par la pensée à cette revue du 14 juillet, la dernière faite dans l'après-midi, où l'on compta cinq à six cents accidents plus ou moins graves. D'où vient qu'ici on est indemne? Est-ce habitude, atavisme, adaptation du cerveau? Est-ce le soleil qui verserait ici des ardeurs plus bénignes, parce que émoussées dans leur passage à travers une atmosphère chargée de vapeur d'eau? Je n'ai trouvé de réponse nulle part. Pourtant, la question se pose. La parole est aux savants.

Grâce à sa situation, Bahia jouit d'un climat relativement tempéré. Le soleil darde, il est vrai, des rayons brûlants, mais des courants d'air vigoureux s'échangent presque perpétuellement, par-dessus le promontoire, entre la grande mer et la baie. Partout où se fait sentir le souffle bienfaisant, la chaleur est plutôt agréable; le *viraçâo*, comme on l'appelle, fait l'office d'un puissant éventail. La température devient lourde et pénible, aussitôt qu'il s'arrête ou que son passage est intercepté, ne fût-ce que par une muraille. C'est ce qui fait que, dans les bureaux ou les magasins de la ville basse la vie est souvent insupportable, et que scribes, fonctionnaires et employés de tout grade vous reçoivent sans façon en manches de chemise. C'est assurément à cette énergique ventilation que la vieille métropole brésilienne doit les avantages très réels de son climat. Le thermomètre n'y atteint même pas les hauteurs que nous voyons chez nous en certaines saisons. Pendant ces trois mois d'été, il n'a pas dépassé 32° centigrades; par contre, il n'est jamais descendu au-dessous de 24°. La nuit comme le jour, il se maintient entre 27° et 29°. Mais qu'en serait-il si le vent du large ne passait sur ce sol continuellement surchauffé? D'autre part, il fait fonction de désinfectant, efficace et nécessaire; il y a dans cette grande ville, plus qu'à moitié nègre, des quartiers sordides, où règne une telle insouciance des lois les plus élémentaires de l'hygiène, qu'ils deviendraient sûrement des foyers de pestilence, si l'Océan ne se chargeait d'y entretenir un perpétuel afflux d'air vif et pur.

A l'action salutaire de la brise marine s'ajoute celle des pluies fréquentes et parfois torrentielles; on dirait à certains jours que les cataractes du ciel se déversent sur cette langue de terre privilégiée; ce qui semble d'autant plus étonnant que le rivage ne présente aucune montagne pour arrêter les nuages venus de la mer. Ces petits déluges viennent à propos pour nettoyer à fond les rues et les places de la ville, où l'on n'aurait garde de répandre l'eau municipale, insuffisante pour les besoins de la population. La pluie est ici avec le vent, le grand agent de la salubrité publique. Un proverbe local le constate : *Havendo chuva, saude; faltando chuva, doença.* Avec la pluie, santé; pas de pluie, maladie.

C'est l'abondance des précipitations pluviales, combinée avec une chaleur constante, qui produit cette prodigieuse puissance de végétation, caractéristique de certaines régions tropicales. Toutes les manifestations n'en sont pas également agréables; il y en a de fort ennuyeuses, quel que soit d'ailleurs leur intérêt au point de vue scientifique. S'il vous arrive d'oublier pendant quelques jours un objet de valeur en cuir, valise, étui, écrin, vous êtes bien sûr de le retrouver couvert d'une petite forêt vierge de moisissure. Une reliure en maroquin peut être ainsi envahie et gravement endommagée en l'espace d'une nuit. J'en ai fait l'expérience à mes dépens.

D'autre part, je ne sais pas si la botanique offre rien de plus curieux à étudier que les parasites de la flore brésilienne. Aux alentours de Bahia et dans la ville même on voit des arbres remarquables par leur taille et leur aspect robuste; toutefois, nos platanes et nos chênes n'ont rien à leur envier à cet égard; mais ce qui est vraiment merveilleux, c'est la multitude et la variété des étrangers que ces beaux arbres sont obligés de recevoir et de loger sur leurs branches, et sans doute aussi de nourrir de leur substance. Ce ne sont pas des mousses ou des lichens comme chez nous, mais des touffes de cactus, qu'on prendrait pour des aloès, des plantes grimpantes qui entourent le tronc et les branches d'un manchon de fourrure verte, d'autres qui retombent en longues franges jusqu'à terre. Et ce ne sont pas seulement des espèces parasites qui s'installent ainsi à demeure sur un végétal hospitalier; ce sont des plantes quelconques, des palmiers, parfois même de véritables arbres; une graine a trouvé asile dans une ride de l'écorce; elle se développe, pousse sa racine et sa tige, comme dans le sol nourricier, tant la force vitale est active et irrésistible. Ce que j'ai vu en ce genre à Bahia même est à peine croyable. On m'apporta un jour une feuille d'oranger sur laquelle avait poussé une miniature de plante, haute d'un bon centimètre.

Naturellement la vie animale pullule avec la même intensité; et il semble bien que l'exubérance de la végétation ait pour corrélatif la voracité de l'insecte. Trop souvent même c'est l'insecte qui a le dernier mot. Plantes et arbres ont au Brésil un ennemi terrible, la fourmi. En bien des cas le travail du cultivateur consiste presque uniquement à détruire cet ennemi ou tout au moins à l'empêcher de nuire. La nature fera le reste. Dans les jardins maraîchers, dans les grandes cultures même, il y a toute une industrie, il faudrait dire toute une stratégie à mettre en œuvre pour avoir raison des colonies ravageuses. Il y a des gens qui n'ont pas d'autre métier que de traquer les fourmis; on invente sans cesse de nouveaux *hormicidas* pour lesquels les murs se couvrent de réclames. Ce sont généralement des produits qui dégagent par la combustion des vapeurs toxiques qu'une soufflerie assez puissante doit envoyer jusqu'au fond des galeries souterraines. Alors même qu'il ne resterait pas une fourmi vivante sur un domaine de plusieurs hectares, on n'est pas pour cela en sécurité. Un vol de femelles ailées peut s'abattre d'un moment à l'autre, ici ou là, et bientôt, si on laisse faire, une armée plus nombreuse remplace celle que l'on a anéantie. J'ai ouï dire qu'il existe une fourmi ennemie mortelle de la fourmi *vastatrix*, et d'ailleurs inoffensive pour les végétaux. Ce serait là un précieux auxiliaire pour les cultivateurs et, semble-t-il, le véritable antidote du fléau. Aussi l'élevage de la fourmi bienfaisante est-il pratiqué en différentes régions.

Dans les jardins d'agrément de Bahia, on paraît avoir renoncé à l'offensive; on laisse vivre l'ennemi, en tâchant de le tenir à distance; pour cela, on a recours à une méthode assez compliquée et fort coûteuse. Le pied de chaque plante et de chaque arbuste est muni d'un appareil de défense. Il y a deux systèmes; dans l'un, l'appareil en zinc affecte la forme d'un parapet que l'ennemi ne peut escalader; dans l'autre, c'est une couronne de terre cuite, creusée en rigole, que l'on remplit d'eau, comme le fossé autour de l'antique château fort. Tant que l'ouvrage est en état, la place est imprenable; mais si l'on oublie de renouveler le soir l'eau pompée par le soleil pendant le jour, ou bien encore si une feuille, une brindille vient former un pont sur le fossé, alors malheur! En une nuit le désastre est complet; la plante ou l'arbuste sera mis à nu comme un squelette. Quelquefois même de grands arbres sont attaqués par la bande des ravageuses. A deux reprises, j'ai été témoin du spectacle.

Un jour, c'était sur une place de la ville, tranquille et presque solitaire. Il y avait là un de ces magnifiques *flamboias* vraiment bien nommés, car au moment de la floraison, ils forment un dôme d'un rouge si vif qu'il fait penser à une flamme. Il en tombait une véritable pluie de feuilles et de fleurs déchiquetées. C'étaient les fourmis qui découpaient avec leurs ciseaux la parure du malheureux arbre; cela dura bien trois jours; après quoi on aurait dit que l'hiver du nord avait passé par là. Bien entendu les fourmis ne se donnent pas tout ce tracas pour le méchant plaisir de dépouiller leur victime. Une interminable procession partant du pied de l'arbre emportait le butin dans la cité souterraine. Là, paraît-il, les travailleuses étendent soigneusement les débris végétaux en couches régulières; la fermentation les transforme en humus, où se développe un champignon dont la fourmi fait sa nourriture; d'où le nom de *mycophage* que lui ont donné les naturalistes. On conçoit quelle attention minutieuse exige l'entretien d'un jardin dans de telles conditions.

D'autre part les appareils protecteurs, à eux seuls, représentent une dépense relativement considérable. Chacun d'eux coûte en moyenne 400 réis, environ 60 centimes; c'est donc 60 francs, rien que pour défendre contre les fourmis une centaine de plantes. Ainsi, dans un pays où la puissance de la végétation a quelque chose de stupéfiant, un jardinet devant la maison est quasiment un article de luxe. Il y en a de fort jolis dans les quartiers élégants qui s'étendent au sud de la ville jusqu'à la pointe extrême du cap. On y voit principalement des arbustes à fleurs d'une grande richesse décorative : la rose de Chine surtout, *hibiscus rosa sinensis*, « peu appréciée chez nous, dit la *Flore brésilienne*, parce qu'elle y est commune ; » la *flor do imperador*, une euphorbiacée arborescente à grandes bractées d'un rouge vif; plusieurs autres encore que l'on ne connaît chez nous que par les rares spécimens des serres chaudes. Les gens d'ici paraissent également très curieux d'avoir des roses, de vraies roses; mais, pour dire ce que je pense, nos pauvres rosiers me semblent s'accommoder mal des ardeurs du soleil brésilien ; ils poussent de façon dévergondée et fleurissent misérablement.

Au surplus, le véritable décor des jardins en ce pays c'est moins les fleurs que les feuillages. La plante d'ornement par excellence n'est autre que le *croton*, connu par l'huile médicinale qu'on extrait de son fruit ; il y en a de très nombreuses variétés ; les unes de taille minuscule, les autres atteignant plusieurs mètres de hauteur, mais toutes remarquables par la grâce et le coloris de leurs feuilles ; il en est qui présentent à la fois toute la gamme des couleurs, depuis le vert sombre, presque noir, jusqu'au rouge feu, tout lustré et luisant, comme si on y avait passé un vernis pour en doubler l'éclat. C'est le grand soleil des tropiques apparemment qui fait l'opération du vernissage ; car les crotons que l'on obtient chez nous ont bien le même coloris, mais détrempé et, si l'on peut dire, éteint.

En dépit d'inconvénients très réels, les pays chauds ont leur charme ; c'est un fait incontestable ; si bien que de tout temps l'humanité a subi l'attraction des pays « où fleurit l'oranger, » tandis qu'on ne vit jamais, dans notre vieux monde, de migrations de peuples se diriger vers le nord. Ce charme est fait surtout de la gaieté des choses, de la beauté du ciel et de la clémence de l'air qui appelle l'expansion de la vie au dehors.

Mais ces agréments ont leur contre-partie. Il semble que la race humaine ait besoin pour conserver son énergie physique et morale, d'avoir à lutter, au moins par intervalles, contre les rigueurs du froid. Ici elles font totalement défaut. Si la température ne s'élève pas à Bahia comme dans le sud de l'Inde, comme en

Egypte, ou même comme dans certaines régions de l'intérieur, à 40° ou 42° à l'ombre, par contre elle ne descend jamais aussi bas que dans les pays d'extrême chaleur. Au Caire, il y a des matinées où le thermomètre approche de zéro ; on sait qu'il gèle parfois la nuit au Sahara. Je ne crois pas qu'à l'observatoire de Bahia on ait jamais enregistré de température inférieure à 18°, de sorte que l'écart entre le maximum et le minimum de l'année est à peine de 12°, alors qu'en France il est souvent de 45 et peut atteindre et dépasser 50. Ces alternatives sont, en somme, favorables à l'organisme humain ; la continuité d'une chaleur, qui n'est d'ailleurs pas excessive, exerce au contraire sur lui une action déprimante, sensible pour les nouveau venus, et que les habitués subissent encore davantage. Rien de plus ordinaire pour un étranger que de s'entendre dire : « Notre climat vous paraît supportable ; vous arrivez d'Europe ; vous avez une réserve de forces ; attendez deux ou trois ans. Nous verrons ce que vous penserez de notre indolence. »

Et de fait, les plus vaillants ne tardent pas beaucoup à être gagnés par cette aimable nonchalance qui est dans l'air. La paresse, la douce *preguiça*, semble bien être ici le péché mignon des blancs comme des noirs. Cette grande ville de Bahia ne vous donne pas du tout l'impression d'une ruche laborieuse. Beaucoup de gens dans la rue colportant quelque menue marchandise, et plus souvent accroupis sur le trottoir que debout, des groupes de causeurs sur le seuil des boutiques, puis des quantités de têtes curieuses aux fenêtres en guillotines toujours ouvertes et d'où descendent en cascades ininterrompues des bruits de conversations et de rires avec accompagnements de pianos dans l'intérieur, c'est à peu près le souvenir qu'on en emporte. L'image du travail ne s'y présente que de loin en loin au regard du passant étranger, et instinctivement il en vient à se poser la question : Comment et avec quoi toute cette population gagne-t-elle sa vie? Il est vrai qu'elle vit de peu de chose.

Le vrai Brésilien, issu de sang portugais plus ou moins pur, n'a rien du Yankee âpre à l'effort et au gain. Pendant trois siècles il a eu les esclaves noirs pour le dispenser du travail, que d'ailleurs la plupart du temps le climat lui interdisait. Il en est résulté des habitudes, une mentalité, un tempérament même, peu favorable au travail, surtout au travail manuel. Les arts mécaniques, les métiers en général manquent pour lui d'attrait; l'industrie et le commerce ne le séduisent guère davantage. J'entends dire que les affaires sont ici laissées aux étrangers, tandis que le commerce serait généralement aux mains des Portugais.

Le Brésilien, lui, se réserverait de préférence pour les professions libérales, les fonctions publiques, la bureaucratie et, bien entendu, la politique. On conçoit qu'il s'agit ici de l'habitant des villes; il en va sans doute un peu différemment pour les populations éparses dans les profondeurs du *Sertao*.

Quant à celles que j'ai pu observer, on peut bien dire qu'elles sont restées latines autant que n'importe quelle branche de la race; elles en ont les qualités et les défauts : intelligence vive, très ouverte et précoce, beaucoup de goût pour la culture littéraire et scientifique, une aptitude naturelle à l'éloquence et à la poésie ; mais avec cela, un peu trop d'idéalisme et, par suite, pas assez de ce sens pratique auquel les Anglo-Saxons doivent leur « supériorité, » ou du moins leur prépondérance ; puis encore trop d'inclination pour les carrières improductives et les places où il n'y a qu'à se laisser vivre.

Cet état d'âme, fâcheux en tout pays, l'est davantage encore dans ceux qui, comme le Brésil, auraient besoin d'une somme prodigieuse d'activité pour prendre leur développement normal. Le climat aidant, il semble bien que le fonctionnaire et le bureaucrate brésilien aient porté au maximum la placidité professionnelle. Pour nous, Français, cela a quelque chose de déconcertant, je ne veux pas dire d'exaspérant. C'est sans doute que nous avons le défaut contraire; ils nous paraissent endormis; nous devons leur paraître agités.

Quoi qu'il en soit, il faut s'armer de patience en ce pays-ci quand on a affaire à la douane, à la poste, à un office public quelconque, d'autant plus que le flegme brésilien s'accompagne généralement de manières polies et gracieuses qui ne permettent pas de donner libre cours à la mauvaise humeur.

En ces dernières années le goût du sport s'est pourtant emparé d'une partie de la jeunesse de Bahia; de temps à autre on voit une périssoire évoluer dans la baie avec une équipe de rameurs en maillot. Mais peut-être bien appartiennent-ils à la colonie anglaise. Toujours est-il que le *foot-ball* s'est acclimaté en ce pays si réfractaire aux exercices violents; les journaux annoncent fréquemment des *matches* qui ont lieu d'ordinaire le dimanche sur la plage de *Rio-Vermelho*. — « Nos élèves, me dit le directeur du collège français, sont passionnés pour ce jeu; nous sommes obligés de les arrêter; il y a du danger avec cette température. » De fait je les ai vus couverts de poussière et ruisselants de sueur poursuivre leur partie avec un acharnement que l'on n'aurait pas cru possible, étant donné leurs allures habituelles. J'en demande pardon à ces chers jeunes gens qui ont toute ma sympathie; mais je croirais volontiers qu'il y a, peut-être à leur insu, une part de *snobisme* dans leur belle ardeur pour un sport tout britannique; c'est un triomphe de la mode anglaise sur l'indolence créole; elle en remporte bien d'autres. J'ai vu, — mon Dieu, oui, — au Brésil, de jeunes Messieurs aller par les rues, les pantalons retroussés. Que voulez-vous? Cela se fait à Londres, où il y a de la boue.

Voici par contre un trait caractéristique du tempérament brésilien, bien latin, celui-là, et bien français aussi; je veux dire le goût des titres honorifiques, des appellations sonores, des distinctions en tout genre. L'usage ne permet guère d'écrire le nom d'un honnête homme sans l'escorter d'un qualificatif relui sant. On est toujours conseiller, ingénieur, surtout docteur; les docteurs brésiliens sont légion; légion aussi les colonels. Je causai un jour à bord de la *Cordillère* avec l'excellent docteur Carlos S..., médecin distingué de Rio de Janeiro :

— Chez nous, me dit-il, la Constitution républicaine a aboli les titres nobiliaires et les ordres de chevalerie; elle interdit même aux citoyens brésiliens, sous peine de perdre leurs droits civiques, d'accepter des décorations étrangères.

— Mais alors, lui dis-je, avec quoi récompense-t-on ceux qui ont bien mérité du pays?

— Eh bien! on les fait colonels.

Voilà un thème à méditations philosophiques. L'égalité républicaine répudie les appellations de comte, de duc, de baron, mais elle s'accommode du titre de colonel emprunté à la hiérarchie militaire; les titres nobiliaires n'avaient pas une origine différente; ils désignaient aussi des grades et des fonctions dans l'armée. Les mots changent, le fond reste le même. On a beau être en démocratie, on est homme et on veut être de l'*aristocratie*.

Et de fait, la proportion des gens titrés est, ce me semble, plus forte dans la République des Etats-Unis du Brésil qu'en aucune des vieilles monarchies d'Europe. Le conseil municipal de Bahia, — l'Intendance, comme l'on dit ici, — a été renouvelé sur la fin de décembre. Les élus ont pris possession le 1er janvier 1908; leur mandat dure jusqu'en 1911 inclusivement. Ils sont au nombre de 16, sur lesquels 5 sont qualifiés colonels et 9 docteurs.

CHAPITRE II

Une grande ville maritime. — Découverte de la *Bahia de Todos os Santos*. — La chronique de Simon de Vasconcellos. — Caramuru. — Histoire et légende. — Les origines de Sao-Salvador. — Une colonie prospère. — Le premier évêque du Brésil dévoré par les sauvages. — La fête nationale du Brésil. — Révolution du 15 novembre 1888. — Dom Pedro II. — Collèges franco-brésiliens.

Il n'est pas possible de donner le chiffre exact de la population de Bahia; les documents statistiques font défaut et de longtemps sans doute l'état civil des noirs ne pourra être mis à jour. On estime que l'agglomération, très étendue et aux limites assez imprécises, doit compter environ 300.000 habitants. Bahia serait ainsi la troisième ville du Brésil, après Rio de Janeiro et Saint-Paul. Elle ne paraissait pas destinée à prendre une telle importance. Ses collines et ses vallons ne lui font pas l'assiette d'une grande ville; à cet égard elle ressemble à Marseille ou à Gênes, dont la mer a fait la fortune en dépit de leurs sites fort pittoresques, mais aussi fort incommodes. C'est aussi à sa position maritime que Bahia doit l'importance qu'elle a eue dès l'origine de la colonisation portugaise, et qui ne peut manquer de grandir avec le développement économique du Brésil. En ce moment même, une Compagnie anglo-française travaille à l'établissement d'un port en eau profonde, dont le besoin se faisait depuis longtemps sentir; paquebots et voiliers sont en effet obligés de stationner à deux ou trois milles du rivage, ce qui complique de façon très désagréable et très coûteuse les embarquements et débarquements.

Au XVIe siècle le commerce maritime avait de moindres exigences; la *bahia*, telle que la nature l'avait faite, lui offrait d'incomparables avantages. Il faut voir avec quel luxe d'épithètes et quel ton enthousiaste le Jésuite Simon de Vasconcellos décrit dans sa *Chronique* la *Bahia de Todos os Sanctos*, ainsi nommée dit-il, « ou parce qu'elle ressemble à un paradis, ou parce que tous les saints du Paradis lui ont attribué quelque chose de leurs prérogatives. »

En réalité, ce nom lui fut donné par le capitaine de la petite flotte portugaise qui la découvrit en la fête de Tous les Saints, 1er novembre 1501. Qui était ce capitaine, on ne le sait pas au juste, bien que communément on attribue la découverte de la Bahia à Christovao Jaques.

Elle a bien douze lieues de diamètre, continue le chroniqueur, ce qui fait trente-six de circonférence; toutes les flottes du monde pourraient aisément y trouver un abri. Elle est toute semée d'îles plaisantes à voir, les unes grandes, les autres petites, et si nombreuses que certains affirment qu'elles dépassent la centaine. Quantité de rivières s'y déversent, et ce qu'il y a de plus admirable, c'est que, soit par l'embouchure de ces rivières, soit par les profondes découpures du rivage, la baie se prolonge dans l'intérieur, de telle sorte qu'on ne sait pas si c'est la terre qui est dans la mer ou la mer qui est dans la terre.

Les eaux de ce petit océan, paraissent de cristal. Du haut du bateau, à une grande distance de la plage, j'ai constaté, par expérience, qu'en regardant le fond, on aperçoit les cailloux et les coquilles blanches comme des pièces d'argent.

Quant au rivage qui encadre cette nappe de cristal, il est apparu au chroniqueur :

Comme un rideau peint, éternellement vert et riant, parce que sous cet heureux climat les arbres gardent leur feuillage en toute saison. La côte, bien ombragée, tantôt s'élève en colline, tantôt s'étend en plaine, ici couverte de forêts, ailleurs de pâturages, sillonnée de cours d'eau, rafraîchis par des sources nombreuses, toujours la même et toujours variée, *sempre a mesma, sempre varia.*

Tout cela est fait de réminiscences classiques, et il y a bien un peu de « mirage » dans le tableau du P. de Vasconcellos.

La Bahia, dit-il par manière de conclusion, est la tête du Brésil, lequel a la forme d'un géant qui regarde la mer; son bras gauche forme les capitaineries du Nord jusqu'au Maranhao et au Grao-Para ; son bras droit celles du Sud, Ilheos, Porto-Seguro, Espirito Santo, Rio de Janeiro, Sao Vicente, etc., de sorte que ce géant, pour se laver les pieds et les mains, les trempe d'un côté dans le Rio du Grao-Para (l'Amazone), de l'autre dans le Rio de la Plata.

Un site aussi privilégié ne pouvait manquer d'attirer les explorateurs qui, depuis les premières découvertes du Nouveau-Monde, s'aventuraient en ces parages. A s'en tenir au récit de Vasconcellos, nos marins auraient pénétré dans la *Bahia* avant les Portugais. En effet, Christovao Jaques, quand il y pénétra, aurait rencontré, à l'embouchure du Paraguassu, deux navires français qui faisaient du commerce avec les Indiens. « Comme ils refusèrent, dit-il, de s'éloigner de ce port qui ne leur appartenait pas, étant la conquête du roi de Portugal, Christovao les coula à fond avec l'équipage et les marchandises. »

Car c'est ainsi, ajoute bravement le chroniqueur, que « les capitaines de ce temps-là se comportaient au service de leur Roi. »

Toutefois les Portugais eux-mêmes n'avaient pris possession de la *Bahia* qu'en plantant une croix sur un promontoire appelé, en souvenir, *Ponta do Padrao*. Les premiers fondements de la cité de Sao-Salvador ne furent jetés que bien des années après. La légende s'est emparée des origines de la future capitale du Brésil, et il n'est pas toujours facile d'en dégager ce qui appartient à l'histoire. Heureusement nous avons un guide sûr dans le P. Galanti, dont l'ouvrage fait autorité[1].

En 1510, un vaisseau portugais périt dans la *Bahia*, aux environs de Maragojipe. Les naufragés furent pris par les sauvages qui les mangèrent. Un seul, nommé Diogo Alvarez, fut épargné, et voici pourquoi. Il avait eu soin de recueillir parmi les débris du vaisseau, un fusil et de la poudre. Un grand oiseau étant venu se poser au sommet d'un arbre pendant l'horrible festin, Alvarez le tira et l'oiseau tomba mort devant les convives épouvantés, qui s'écrièrent, en regardant leur prisonnier : *Caramuru!* (*Homme de feu*, ou encore *Fils du tonnerre*). Le nom devait lui rester. Non seulement, il échappa au triste sort de ses compagnons; mais les barbares l'entourèrent de respect comme un être surnaturel. A peu de temps-là, il prit part à un combat contre une tribu ennemie, que l'arme mystérieuse mit promptement en déroute. Caramuru épousa la fille du chef de la tribu, la belle Paraguassu. Remarquons en passant que ce nom est aussi celui du fleuve le plus important qui se jette dans la *Bahia*; on le donne ici et là à nombre d'autres

1. *Compendio de Historia do Brazil redigido pelo Padre Raphael Galanti, S. J.* 4 volumes in-12, Sao-Paulo, 1906.

cours d'eau du Brésil; il se traduit en portugais par *Rio Grande*.

Caramuru, devenu un personnage puissant et libre d'agir à sa guise, alla s'établir avec sa femme, — le P. de Vasconcellos met ici le pluriel, — sur la colline à l'entrée de la baie, à l'endroit qui porte encore le nom de *Villa Velha*. Comme il avait envie de revoir le Portugal, il profita du passage d'un vaisseau français, sur lequel il s'embarqua, dit encore le chroniqueur « avec celle de ses femmes qu'il aimait le plus, au grand désespoir de celles qui restaient; plusieurs se jetèrent même à la mer pour suivre le vaisseau, si bien que l'une d'elles se noya. » L'arrivée en France de ce couple peu ordinaire fit sensation; le bruit en parvint à la Cour. Le roi désira voir Caramuru et entendre de sa bouche le récit de ses aventures. L'Indienne fut baptisée. La reine Catherine de Médicis voulut être sa marraine et lui donna son nom. Puis on célébra le mariage religieux, et les heureux époux furent comblés de présents par Leurs Majestés et par les dames et seigneurs de la Cour.

Caramuru repartit pour l'Amérique avec deux vaisseaux chargés d'armes et de munitions de toute sorte que lui fournit un riche marchand français; il devait renvoyer en échange un chargement de ce bois de teinture appelé *pao brasa* ou couleur de braise, d'où l'on a tiré le nom de *Brazil*. Caramuru agrandit et fortifia son établissement; il eut encore diverses aventures; il bâtit le premier sanctuaire de *Nossa Senhora da Graça*, qui n'a pas cessé d'être l'objet de la vénération des Bahianais, et il mourut en 1558, laissant une postérité nombreuse, légitime ou non, qu'il serait difficile de compter, dit le P. de Vasconcellos avec une indulgence toute coloniale. Ce fut, ajoute-t-il, « la souche d'où sortirent beaucoup des meilleures et plus nobles familles de Bahia. »

Naturellement l'histoire de ce personnage a fourni la matière d'un poème épique, *O Caramuru*, ouvrage d'un religieux augustinien du XVIIIe siècle. D'autre part la critique moderne lui a fait subir une revision d'où elle est sortie allégée de la plupart de ses merveilleux et charmants épisodes, y compris le voyage à la Cour de France. Il faut lui savoir gré de n'avoir pas supprimé le héros lui-même comme une création de l'imagination populaire. Pour elle, la fondation de la cité de Sao-Salvador doit être attribuée à Francisco Pereira Coutinho, un de ces seigneurs entre lesquels le roi de Portugal avait partagé ses possessions du Brésil, avec des attributions et des charges analogues à celles des grandes compagnies de colonisation. C'est en 1536 que Coutinho prit possession de son fief; il s'installa d'abord avec son monde dans le village créé par Diogo Alvarez au quartier de *Victoria*; mais peu après, il se transporta à une demi-lieue vers le nord, sur les hauteurs où se trouve le centre de la ville actuelle.

Le nouvel établissement eut un succès rapide, en dépit d'obstacles de toute nature et de l'abandon où le Portugal laissait ses colonies d'Amérique. On en jugera par le tableau suivant tracé d'après des relations contemporaines.

Dès 1581, c'est-à-dire 45 ans après l'arrivée de Francisco Pereira Coutinho, on comptait dans la cité de Sao-Salvador huit cents familles, et deux mille sur le pourtour de la *Bahia*.... On pouvait en cas de nécessité réunir plus de 1400 embarcations de toutes grandeurs. Il n'y avait pas un homme dans toute la baie qui ne possédât son bateau ou sa pirogue. Il n'y avait pas moins de 36 fermes où l'on fabriquait le sucre et l'on en exportait 120.000 *ar-*

robas (1.800.000 kilogrammes). L'élevage était en merveilleux progrès. Certains *fazendeiros* possédaient jusqu'à 45 juments poulinières. Le prix de ces animaux était de 10 à 12 milreis par tête ; rendus à Pernambuco, ils valaient le double.... On récoltait en grande quantité des oranges, des limons et d'autres fruits, aussi bien que du cacao, du thé et du café.... Il y avait sur le pourtour de la baie plus de cent propriétaires dont les *fazendas* valaient de vingt à soixante mille cruzades. Leurs femmes ne portaient que des vêtements de soie. On voyait dans les rues de la ville les hommes des plus basses conditions en chausses de satin ou de damas. Le luxe des maisons était à l'avenant. Certains colons avaient pour deux à trois mille cruzades de meubles ou de vaisselle. Jamais au marché de Sao-Salvador ne manquait le pain frais de farine portugaise ni les vins de Madère et des Canaries. Il y avait, tant dans la baie que dans la ville, 62 églises, dont 16 paroissiales ; sur ce nombre 9 avaient des curés payés par le Roi, les autres étaient à la charge des paroissiens. La plupart de ces églises possédaient des chapelains et des confréries comme à Lisbonne. La cathédrale, non encore achevée, avait un chapitre composé de cinq dignitaires, six chanoines, deux chanoines mineurs, quatre chapelains, un curé et son vicaire, quatre choristes et un maître de chœur ; mais tous n'étaient pas dans les ordres. (*Galanti*, t. I, p. 311.)

Le P. Simon de Vasconcellos, qui écrivait ses chroniques quatre-vingts ans plus tard, voyait de ses yeux une prospérité plus grande encore. Il comptait, en faisant le tour du *Reconcavo* (la baie), 69 fabriques de sucre, « ce qui suppose un nombre égal de domaines, lesquels rendent les environs de la cité merveilleusement beaux et agréables. » Aussi, après avoir essayé de décrire les sinuosités et les découpures du rivage, qui permettent aux embarcations de pénétrer partout dans l'intérieur des terres, il fait cette réflexion d'une naïveté charmante :

N'était cette extrême commodité pour le mouvement des navires, je ne vois pas comment il serait possible de faire déboucher tous les ans de cette baie vers le Portugal tant de milliers de caisses de sucre qui remplissent des vaisseaux et des flottes, source inépuisable de douceur et de plaisir pour le Roi et le royaume.

Tous ces avantages, joints à la position géographique de la fameuse *Bahia*, devaient tenter l'ambition des concurrents du Portugal. Les Hollandais, dont la puissance maritime allait bientôt atteindre son apogée, y envoyèrent plus d'une fois leurs escadres; le Portugal avec toutes ses colonies ayant été réuni à la couronne d'Espagne après la mort de Don Sébastien, les Hollandais, en guerre avec cette nation, mirent le siège devant la cité de Sao-Salvador qui résista mollement (1624). Toutefois leur domination ne put se maintenir au delà d'une année. Plus tard l'Angleterre à son tour devait convoiter un poste qui eût été pour elle un Gibraltar américain. Après la guerre qu'elle soutint en Portugal contre Napoléon, elle offrit de se contenter, pour paiement de sa créance, de la seule île d'Itaparique, à l'entrée de la baie de Tous les Saints. Le roi Jean VI eut la sagesse de refuser. « C'eût été, dit Elisée Reclus, livrer aux Anglais la clé du Brésil. »

La cité de Sao-Salvador peut bien être considérée comme la plus ancienne du Brésil; longtemps aussi elle en fut la plus importante. Le régime des concessions ayant été aboli après quelques années d'essai malheureux, la métropole reprit dès 1549 l'administration directe de son immense colonie; Bahia devint la résidence des gouverneurs généraux; et pendant plus de deux siècles elle garda le titre et les attributions de capitale. Ce n'est qu'en 1763 qu'elle fut supplantée par Rio de Janeiro.

Naturellement aussi elle fut le siège du premier évêché créé au Brésil, en 1551 ; il n'y en eut même pas d'autre pendant plus d'un siècle. Le premier évêque de Bahia, Dom Fernandes Sardinha eut une fin digne d'un apôtre. Comme il se rendait en Portugal pour plaider auprès du roi en faveur des Indiens maltraités par les colons, son vaisseau fit naufrage sur la côte, à peu de distance de l'embouchure du Rio Sao-Francisco. L'évêque et les passagers au nombre d'une centaine n'abordèrent à la rive que pour être tués et dévorés par les sauvages. Voici un distique inscrit, en guise d'épitaphe, à la suite du nom de Sardinha, dans le registre épiscopal :

Brasiliæ primus, crudeli a gente voratus,
Pastor, oves pavi carnivorosque lupos[1].

Ce n'est qu'en 1676 que l'on se décida à donner trois autres évêques au Brésil, ceux de Rio de Janeiro, de Pernambuco et de Maranhao ; Bahia prit alors le titre d'archevêché. D'autres sièges furent dans la suite élevés à cette même dignité ; mais Bahia est restée la métropole ecclésiastique du Brésil ; l'archevêque porte le titre de primat. Le titulaire actuel, Dom Jeronymo Thomé da Silva, est un prélat instruit et zélé ; il a fait ses études à Rome et parle correctement le français. Quand j'eus l'honneur d'être reçu par lui, il venait de faire la visite de son diocèse ; elle avait duré six mois ; il avait parcouru des régions où aucun de ses prédécesseurs n'avait jamais mis le pied.

— Le diocèse de Bahia, me disait-il, est, au point de vue de la population, le plus grand du monde après

1. Premier pasteur du Brésil, dévoré par une race barbare, *j'ai nourri* tout ensemble et les brebis et les loups.

celui de Paris. Il n'a guère moins de trois millions d'habitants, et hormis quelques restes de tribus encore païennes, tous sont catholiques.

Outre l'Etat de Bahia, il comprend encore celui de Sergipe; ce qui forme une étendue totale de 465.617 kilomètres carrés, environ les neuf dixièmes de la France.

***

Aujourd'hui, 15 novembre, grande fête au Brésil, pour l'anniversaire de la *Proclamation de la République*. Je ne dirai pas que c'est la fête nationale; car il n'y en a pas moins de dix qui figurent sous cette rubrique dans l'*Almanaque brasileiro*. Ainsi, nous avons au 1er janvier, la *Fraternisation de l'Humanité;* au 3 mai, *la Découverte du Brésil;* au 13 mai, *l'Abolition de l'Esclavage;* au 14 juillet, la *Commémoraison de la République, de la Liberté et de l'Indépendance des peuples américains*, etc. Chacun des vingt Etats de la Fédération solennise en outre quelques dates mémorables de son histoire particulière. Cela fait beaucoup de fêtes nationales. Mais apparemment celle du 15 novembre prime toutes les autres.

La République des Etats-Unis du Brésil est une toute jeune personne; la génération qui l'a vue naître est vivante, et elle doit se ressentir encore de la griserie que provoque un tel événement. Nous en sommes seulement au dix-neuvième anniversaire. C'est en effet le 15 novembre 1889 que s'accomplit la Révolution qui renversa l'empire brésilien. Révolution idéale, si l'on peut dire, où l'on ne tira pas un coup de fusil et où ne coula pas une goutte de sang. Dieu me garde de froisser, en esquissant cette histoire, aucune susceptibilité! Nous autres, Français, nous savons peut-être mieux que personne combien sont ombrageuses les convictions en matière de régime politique.

Cette fois comme toujours, on mit en avant la volonté nationale. Y avait-il vraiment dans cet immense pays, une volonté nationale se prononçant contre l'empire et appelant la République? Toujours est-il qu'il se trouva à Rio de Janeiro un groupe d'hommes qui décidèrent la chose en petit comité, prirent leurs mesures dans le secret, et s'étant assuré la complicité d'un officier supérieur, proclamèrent, au jour convenu, l'avènement de la République. Cela fait, on envoya une députation porter la nouvelle à l'empereur et le prier de signer son abdication. Don Pedro II était un pacifique, grand voyageur, ami des sciences et des savants, sans aucun goût pour les aventures. Il se trouvait alors dans sa belle résidence de Pétropolis, où la société de Rio se réfugie pendant la saison chaude. Le jour suivant, il descendait à la capitale et rédigeait l'acte suivant :

> Sur le vu de la sommation qui m'a été remise aujourd'hui, à 3 heures du soir, cédant à la force des circonstances, je décide de partir demain matin avec toute ma famille pour l'Europe, abandonnant cette patrie aimée de nous tous, à laquelle je me suis efforcé de donner des témoignages constants de profond amour et de dévouement, pendant près d'un demi-siècle que j'ai rempli la charge de chef de l'Etat. En m'éloignant, j'en emporte, ainsi que toutes les personnes de ma famille, les plus vivants souvenirs, faisant des vœux ardents pour sa grandeur et sa prospérité.
>
> Rio de Janeiro, 16 novembre 1889.

Le lendemain, en effet, l'empereur déchu montait avec les siens sur un vaisseau de guerre qui devait les transporter à Lisbonne. On lui avait offert une indemnité d'une dizaine de millions qu'il refusa simplement et dignement. Don Pedro II ne survécut que deux ans à sa déchéance. Il mourut à Paris, le 5 décembre 1891. La République s'honora en lui faisant des obsèques royales. Don Pedro avait marié sa fille unique, l'héritière du trône impérial, à un prince français, le comte d'Eu. Des trois fils issus de ce mariage, le second épousait au mois de novembre dernier, à Cannes, l'une des filles du comte de Caserte-Sicile, cependant que son frère aîné épousait une comtesse hongroise. La branche brésilienne des Bragance a donc pour elle l'avenir; a-t-elle aussi des espérances? Y a-t-il au Brésil des chances de restauration monarchique? Je ne puis que poser le point d'interrogation, laissant la réponse à d'autres plus hardis, ou tout au moins mieux instruits des choses de là-bas. Il est certain que l'empire a ses partisans et que, d'un autre côté, il y a dans les entrailles du peuple un reste plus ou moins obscur d'attachement pour la dynastie qui représente cette puissance d'un caractère quasi surnaturel, que les ancêtres ont appelée pendant des siècles : *Nosso Senhor El Rei!*

Quoi qu'il en soit, bien qu'on interdise aux jeunes princes de toucher terre quand ils naviguent dans les eaux brésiliennes, il ne semble pas que les républicains brésiliens entretiennent aucune animosité contre ceux qui furent leurs souverains; ils ne renversent pas leurs statues, ils ne grattent pas les inscriptions qui rappellent leurs services et les grandes dates de leur règne; leurs livres et leurs journaux n'en parlent qu'avec convenance et respect. Voici un entrefilet découpé à la date du 5 décembre, dans une feuille de Bahia très dévouée à l'ordre de choses actuel :

C'est aujourd'hui le seizième anniversaire de la mort du magnanime empereur Don Pedro II, dont les yeux se sont fermés pour jamais dans l'exil où le jeta la proclamation républicaine du 15 novembre 1889, mais dont le nom ne s'effacera jamais de la mémoire des Brésiliens. La révolution lui a enlevé le trône; mais ce qu'elle n'a pu lui arracher, c'est le verdict honorable de l'histoire, c'est la reconnaissance de ses concitoyens pour ses services, et leur estime pour ses belles qualités d'intelligence, d'honnêteté et de grandeur d'âme. En soulignant cette date, nous offrons un tribut de regrets, de justice et d'admiration à la mémoire d'un homme éminent et qui a bien mérité du pays.

Je suppose que, dans la capitale fédérale, l'anniversaire de la proclamation de la République est solennisé avec tout l'apparat des pompes officielles. La bonne ville de Bahia ne semble pas prise d'enthousiasme. Il y a peut-être bien, flottant sur les édifices publics, une douzaine de drapeaux verts avec, au centre, un losange jaune, encadrant une sphère bleue semée d'étoiles et traversée par la légende : *Orden e Progresso*. C'est la bannière nationale, pleine de symbolisme, un peu chargée peut-être. Dès avant l'aube, quelques fanfares militaires se sont fait entendre; mais en ce pays-ci, la musique est de tous les jours; puis le fort de Sao-Pedro a tiré le canon. Dans l'après-midi, le *Chasseloup-Laubat*, de la marine française, mouillé à un mille de la côte, a fait lui aussi une salve de 21 coups de canon, laquelle lui a été rendue coup pour coup. Au dehors, les gens flânent comme à l'ordinaire, ni plus, ni moins. Pas de *foguetes*, je veux dire de fusées, ni de pétards, ce qui prouve que la fête n'est pas entrée dans les mœurs. Je ne vois pas non plus de groupes attablés comme chez nous devant des bocks ou des absinthes. D'ailleurs le café, tel qu'il existe chez nous, institution nationale au premier chef, ornement de nos boulevards et de nos places publiques, rendez-vous obligatoire des gens qui ont du temps à perdre, ne se rencontre guère en ce pays, où cependant on a plus qu'ailleurs besoin de se rafraîchir. J'entends dire que le diable n'y perd rien ; il y a une multitude de bars ou d'échoppes d'aspect peu engageant, mais où se fait une consommation inquiétante de *cachaça;* c'est le nom qu'on donne à l'eau-de-vie extraite de la mélasse.

Dans l'après-midi il y eut une séance de fin d'année au *Collegio de Nossa Senhora da Victoria* dirigé par la congrégation française des Petits-Frères de Marie. La scène avait été dressée en plein air dans la principale cour de l'établissement ; le soleil dardait tous ses feux ; mais trois ou quatre superbes manguiers étendaient au-dessus de l'assistance un dôme de feuillage impénétrable. La cérémonie était présidée par un personnage considérable qui, à quelques semaines de là, allait être élevé à la charge de *Governador* de l'Etat de Bahia. Un grand élève fit un discours de circonstance dont je compris au moins la formule finale : *Viva a patria brasileira!* accompagnée d'un geste brave. On entendit de la prose et des vers en quatre ou cinq langues, puis enfin une comédie portugaise. Je retrouvai, non sans quelque surprise, chez les jeunes acteurs brésiliens, cette aptitude naturelle aux jeux de scène, cette *mimica* que j'avais admirée autrefois dans les collèges italiens.

J'avais fait connaissance quelques jours auparavant avec l'établissement de nos excellents Frères ; on m'avait même prié d'adresser la parole aux plus grands élèves. Ce ne fut pas sans émotion, je l'avoue, que, à peine débarqué au Brésil, je vis devant moi une quarantaine d'adolescents buvant des yeux le petit discours français que je leur fis pour les exhorter au travail.

— Ah! me disait ensuite le Directeur, c'est bien le sujet qui leur convient. Intelligents, ils le sont plus que d'autres; mais travailleurs, non.

Qu'y faire? C'est la faute au soleil.

Quelques jours plus tard, c'était le tour du *Collegio* des Ursulines de Mercês. Celles-là aussi sont presque toutes des Françaises, expulsées de France sous le régime de la Liberté, de l'Egalité et de la Fraternité. Elles ne sont pas seules à Bahia; à l'extrémité opposée de la ville un autre essaim d'Ursulines occupe le vieux couvent de la Soledade. Puis, plus loin encore, au bout de la gracieuse presqu'île d'Itapagipe, une villa archiépiscopale abrite le *Collegio* de nos Sœurs françaises du Saint-Sacrement. Françaises encore pour la plupart les Sœurs de Saint Vincent de Paul du *Collegio* de la Providence, le plus ancien de tous. D'autres expulsées enfin, Franciscaines de Nîmes, ont ouvert cette année même un établissement d'éducation dans le vaste couvent du *Desterro*. L'antique capitale brésilienne n'est pas sans quelques prétentions au titre de ville savante; le nombre des *Collegios* ne suffirait peut-être pas à les justifier; en tout cas ils foisonnent. Mais, sans faire tort à personne, on peut bien dire que la faveur va à ceux que dirigent nos Congrégations françaises; on aime notre langue, on apprécie notre éducation, on estime nos Frères et nos Sœurs, lesquels d'ailleurs s'adaptent au milieu avec la facilité propre à notre race, aidés en outre par la grâce de la vocation qui leur fait trouver une patrie partout où ils trouvent des enfants à élever pour la religion et la vertu.

3

Au *Collegio da Victoria*, on avait acclamé la patrie brésilienne; à Mercês le même sentiment se traduisait dans une de ces gracieuses et naïves mises en scène dont nos religieuses enseignantes ont toujours un abondant répertoire. Deux groupes de jeunes filles, habillées les unes aux couleurs françaises, les autres aux couleurs brésiliennes, évoluaient, dansaient, chantaient, s'entremêlaient dans une série de figures savamment ordonnées, et finalement les deux drapeaux portés par les coryphées s'enlaçaient, salués d'un *Vivat!* qui réunissait les deux patries.

Le lendemain ce fut le tour des négresses; ces pauvres enfants ne voient pas partout des écoles s'ouvrir pour les recevoir. Les Ursulines françaises les accueillent par centaines; elles sont heureuses d'apprendre quelque chose, si peu que ce soit; leurs mères furent moins favorisées. Et c'était plaisir d'entendre les plus habiles réciter en zézayant : « Maître Corbeau sur un arbre *percé*... ou, Perrette, sur sa tête, ayant un pot au lait.... » Ces jeunes filles noires de Bahia, comme celles du Sénégal, confectionnent des ouvrages de broderies, qui sont des miracles de patience, désespérants pour des Européennes.

CHAPITRE III

L'ancien collège des Jésuites. — L'Ecole de Médecine. — Une solennité universitaire. — La cathédrale. — Sao-Francisco. — Le cloître aux *Azulejos*. — Le *Carmo*. — La famille royale de Portugal à Bahia en 1808. — La *Santa Casa da Misericordia*. — Institutions de bienfaisance. — Encore la *bahia ;* Cachoeira ; Nazareth. — Les urubus.

Naturellement Bahia possède une *Place du 15 Novembre*. C'est avec la *Place du Gouvernement*, la plus belle de toute la ville. Elle est aménagée en square et, grâce aux édifices qui l'encadrent, l'ensemble offre un aspect élégant et point banal. Elle s'appelait autrefois *Terrero de Jesus*. On va voir d'où lui venait ce nom.

— Quel est, demandai-je à un chanoine de Bahia, le plus ancien édifice de la cité?

— C'est, me répondit-il, le Collège des Jésuites, aujourd'hui la Faculté de médecine.

Je n'ai eu ni le loisir, ni les moyens de vérifier l'exactitude de cette affirmation. Ce qui est du moins hors de doute, c'est que les Jésuites figurent parmi les fondateurs de la cité. Ils avaient un embryon de collège au campement de Caramuru, à Villa-Velha. Quand le premier gouverneur général entreprit la construction de Sao-Salvador, ils furent obligés d'y transporter leur établissement. Le Père Simon de

Vasconcellos nous les représente allant à la forêt couper et tailler les arbres, pétrissant le mortier, construisant eux-mêmes leur maison et leur église; elle s'appelait Notre-Dame *da Ajuda*. Ce ne devait pas être un monument capable de braver les siècles. Au reste, ils durent la céder bientôt à d'autres et se faire un nouveau collège au Mont du Calvaire, à l'endroit, dit le chroniqueur, où nous voyons aujourd'hui le couvent du *Carmo*. Il y a loin de ce couvent au collège qui est devenu l'Ecole de médecine. Celui-ci sans doute ne fut entrepris que lorsque le roi Don Sébastien eut assuré son avenir en lui constituant une rente de 3000 cruzades, laquelle, dit Vasconcellos, « devait servir à l'entretien de 60 religieux, à raison de 20 milréis pour chacun. » La *cruzade* valait alors 3 fr. 30 de notre monnaie, ce qui fait ressortir la pension de chaque jésuite à 165 fr.

Voici, d'après le fidèle chroniqueur, l'état du collège en 1566, un an après la fondation royale : « On y comptait en tout trente religieux ; et il y avait quatre classes, une où l'on enseignait aux jeunes enfants la lecture, l'écriture et la doctrine chrétienne, deux autres pour le latin et une pour les cas de conscience. » Bien entendu, le plus grand nombre des Pères étaient employés dans les missions. Avec le temps, le collège prit des développements considérables; les gouverneurs généraux remplacèrent les bâtisses primitives par un de ces édifices aux vastes proportions et d'une solidité à toute épreuve, comme on en rencontre dans les anciennes villes de l'Amérique du Sud et qui sont l'honneur de la colonisation espagnole ou portugaise. Lorsque les Jésuites furent arrachés au Brésil par la tempête qui emporta l'Ordre lui-même, le collège de Bahia n'avait rien à envier aux établissements d'éducation les plus prospères qu'il possédait en Europe. Pendant plus de trente ans il eut le sort de la plupart des maisons religieuses dont la persécution chasse les habitants; laissé à l'abandon, il n'eût pas tardé à tomber en ruines. Il fut sauvé par le décret royal du 18 février 1808 qui créait l'Institut de chirurgie de Bahia et l'installait dans les bâtiments de l'ancien collège.

Au cours de l'année 1908, l'Ecole a célébré par diverses solennités le centenaire de sa fondation. Un journal du 3 octobre donne à ce sujet quelques détails intéressants. On avait choisi cette date parce qu'elle rappelle l'érection, en 1832, de l'ancien Institut de chirurgie en Ecole de médecine; laquelle ne fut élevée au rang de Faculté qu'en 1864. Des plaques commémoratives furent placées dans le salon d'honneur. L'une d'elles fait savoir à tous présents et à venir que « c'est en ce lieu que se firent les premières leçons du Collège de chirurgie, fondé le 18 février 1808, par le Prince Régent Don Joao, à son passage en cette cité. » L'article nous apprend que, à l'heure présente, l'enseignement médical est réparti en 6 années, qu'il se divise en 12 sections, comprenant 26 chaires. Parallèlement fonctionnent les Cours de Pharmacie et d'Odontologie. On termine par un petit couplet, dans la note sonore, familière aux pays du soleil : « Hosanna au Brésil, pour la démonstration qu'il fait aujourd'hui de ses merveilleux progrès dans la Science médicale, où resplendissent tant de gloires déjà consacrées qui lui appartiennent, et où tant d'autres s'apprêtent à luire, grâce au travail et au patriotisme de notre jeunesse ! »

Cette « jeunesse » se compose, m'assure-t-on, d'environ six cents étudiants. Il y a encore à Bahia une école libre de Droit, mais qui n'a pas à beaucoup près l'importance de la Faculté de médecine. Comme partout cette jeunesse, dite studieuse, prend volontiers son plaisir à troubler le repos du paisible bourgeois. Réunis par raison d'économie en petites communautés qui prennent le nom de *Républiques*, les carabins bahianais s'en donnent à cœur joie d'excentricités et de bruit. En ce pays où les fenêtres restent ouvertes la nuit comme le jour, c'est un délice pour eux de jouer du violon, de la flûte, voire du cornet à piston pendant que le commun des mortels essaie de dormir ; ils s'arrêtent aux premières lueurs de l'aurore. La police ferme les yeux, ou plutôt, sans doute, se bouche les oreilles ; elle est très indulgente.

Ne quittons pas l'Ecole de médecine sans assister à une réception de nouveaux docteurs. Il y a là, ce me semble, quelques traits caractéristiques des mœurs brésiliennes, encadrées de traditions universitaires. Je traduis le compte rendu donné par un grand journal de Bahia du 24 décembre 1907 :

Samedi à 10 heures et demie, dans la chapelle du Sacré-Cœur de Jésus à *Cova de Onça* (la Caverne du Jaguar), en présence des futurs docteurs, de leurs familles, des professeurs de la Faculté de médecine, de plusieurs membres des académies et d'un nombreux public de *gradués*, une messe d'actions de grâces a été célébrée par le chanoine Manuel de Silva Gomez, qui lut un discours substantiel, exhortant ceux qui allaient être diplômés à marcher avec constance dans le bon chemin, de façon à honorer toujours la brillante carrière où ils entraient. Pendant la cérémonie se fit entendre la musique du premier corps de police.

Avant une heure de l'après-midi, il y avait déjà grande affluence sur la place du 15 Novembre et dans le jardin devant la Faculté, dont la façade était magnifiquement décorée. A une heure un quart, la grande salle était remplie d'une assistance de parents, d'amis, de médecins, de bacheliers, etc., quand le premier magistrat de l'État, le docteur José Marcellino de Souza fit son entrée, accompagné du docteur chef de la police, du colonel commandant du district, de ses aides de camp, des officiers de police, des docteurs Alfred Britto, directeur, et Mathieu Vaz, secrétaire de la Faculté, du corps professoral et des onze récipiendaires (*doutorandos*).

La séance déclarée ouverte par le président pour conférer le grade de docteur aux nouveaux médecins, le secrétaire procéda à l'appel; après quoi, l'un des candidats, José Mendez Diniz da Goma, présenta requête, conformément à la loi, au Docteur Directeur pour qu'il voulût bien lui conférer à lui et à ses compagnons, le *grade de médecin*; ce qui leur fut octroyé par la remise de l'anneau symbolique à chacun des candidats, qui, en le recevant, prêtait le serment légal.

La cérémonie achevée, le Docteur Directeur donna la parole au nouveau docteur Thomé Diaz da Silva, orateur désigné, lequel lut, l'espace d'une demi-heure, un fort beau discours écouté avec une attention sympathique et salué sur la fin par de chaleureux applaudissements.

Le Docteur Directeur donna ensuite la parole au Docteur Pacifico Pereira, professeur d'histologie, choisi par les récipiendaires comme *paranymphe* en la solennité du jour, et dont l'apparition à la tribune fut accueillie par un tonnerre d'applaudissements, qui se renouvela quand il en descendit.

Il était trois heures quand la cérémonie se termina. Avaient prêté leur concours les musiques du 1er corps de police, du 2e corps du régiment de police, du 5e bataillon d'artillerie et du 16e bataillon d'infanterie.

Nous adressons nos félicitations aux jeunes gens qui ont terminé cette année leurs cours de sciences médicales et chirurgicales, et nous publions ci-après les noms de ceux qui reçurent dans la solennité d'avant-hier l'anneau symbolique.

On est en train de donner à la Faculté de médecine une installation digne de ses hautes destinées. Le vieux collège des Jésuites, en dépit des aménagements qu'on lui avait fait subir, répondait mal aux exigences de sa nouvelle affectation. Un incendie vint à propos, il y a quelques années, ouvrir la voie aux améliorations nécessaires. On n'arrête guère les incendies à Bahia; on l'a bien vu encore l'hiver dernier, où tout un quartier de la ville basse fut dévoré par les flammes. Du collège, hormis des murailles et des voûtes indestructibles, il resta peu de chose. Alors on entreprit un ensemble de constructions point encore complètement achevées, mais qui ont déjà fort grand air. C'est ce qui attire tout d'abord les regards des voyageurs quand le paquebot s'arrête en vue de Bahia. On y a déjà dépensé de très grosses sommes, et, conformément à un usage qui n'est pas spécial au Brésil, les devis ayant été dépassés de beaucoup, le Congrès dû voter, au cours de l'année 1908, une couple de millions supplémentaires.

Lors de l'expulsion des Jésuites, l'église du Collège fut remise à l'archevêque qui en fit immédiatement sa cathédrale. L'édifice n'est point indigne de la fonction. La façade, de style Renaissance combiné de portugais, tout entière revêtue de marbre blanc, présente des lignes simples, mais qui ne manquent ni de caractère ni de grandeur. Au centre, les statues de saint Ignace, de saint François Xavier et de saint François de Borgia. A l'intérieur, le monument ne répond pas précisément à notre esthétique; il n'en est que plus intéressant et mériterait d'être visité plus à loisir qu'on ne le peut faire. En ce pays-ci, l'usage veut que les églises ne soient ouvertes que pendant le temps des offices. Une seule nef, complétée par des chapelles latérales, mais avec des proportions d'une hardiesse qui étonne; elle n'a pas moins de 17 mètres de largeur, les parois revêtues de marbre blanc supportent un plafond en caissons dorés. Avec quels matériaux ou par quel artifice a-t-on pu suspendre ce plafond, qui est en place depuis trois cents ans? Le fond du chœur et des chapelles latérales est garni de retables énormes qui montent jusqu'au sommet de la nef, avec tous les motifs décoratifs imaginables, colonnes torses, guirlandes de feuillage, oiseaux, angelots, le tout étincelant d'or et de couleurs. Nous sommes tentés de trouver cela d'un goût détestable; ce qui, au fond, signifie que ce n'est pas conforme à notre goût. En tout cas, quel merveilleux et grandiose travail de sculpture sur bois!

Bahia est la ville aux églises. Outre la cathédrale, il y en a deux autres en façade sur la *Place du 15 Novembre*, puis deux autres encore, à quelques pas, dans la rue voisine, l'ancienne cathédrale, *antiga Sé*, et l'église de la Grande Confrérie de la Miséricorde. Ce n'est pas tout. Droit en face de la cathédrale, au bout d'une petite avenue qui sert de prolongement à la place, voici les deux églises de Sao Francisco, celle du monastère et celle du Tiers-Ordre, accolées l'une à l'autre comme deux sœurs, l'une plus grande et plus grave d'aspect, l'autre, la cadette, plus élégante et parée avec un peu de coquetterie.

Cet immense *mosteiro* est sans conteste le monument le plus curieux de la vieille capitale brésilienne. A lui seul, il constitue une sorte de musée, comme San Marco à Florence ou San Martin à Naples.

Dès l'entrée, vous vous trouvez dans un vestibule dont les parois sont couvertes de tableaux en carreaux de faïence bleue, représentant des scènes de la vie de saint François d'Assise. De là, vous pénétrez dans le grand cloître, vaste parallélogramme bordé de deux galeries à arcades superposées, et dont toutes les surfaces sont décorées de la même façon que le vestibule. Deux séries de grands panneaux, l'une au rez-de-chaussée, l'autre à l'étage, représentent des sujets fort divers, dont un bon nombre n'ont rien de particulièrement monastique. Des scènes champêtres, des chasses, des allégories voisinent avec les tableaux de l'Evangile; le tout encadré de décors charmants. Entre les deux étages, court une troisième série formée d'une multitude de tableautins d'inspiration fantaisiste et d'une grande perfection de dessin. Indépendamment des sujets de pure ornementation, je pense qu'il y a bien deux ou troix cents grandes compositions à personnages. Toute cette décoration, à fond bleu clair et avec le lustre de l'émail adouci par le temps, forme un ensemble d'une fraîcheur et d'une grâce exquises. Avec cela, ces tableaux, formés de petits carreaux de faïence, sont en leur genre de véritables chefs-d'œuvre d'un art perdu aujourd'hui et dont nos musées sont fiers de posséder quelques spécimens. Sans doute, les vénérables religieux qui occupent aujourd'hui le couvent de Sao-Francisco s'accommoderaient mieux d'un cadre de vie plus austère; ils n'ont, heureusement, ni les mêmes fantaisies ni les mêmes habitudes que certains de leurs prédécesseurs; mais ils ont assez de goût pour conserver de véritables joyaux que les amateurs seraient sans doute prêts à enlever, fallût-il les couvrir de banknotes.

Plusieurs églises de Bahia possèdent de ces tableaux en carreaux de faience bleue; appelons-les tout de suite de leur nom portugais *azulejos* (de *azul* bleu). Assurément, ils ne furent pas fabriqués au Brésil; ils y furent apportés de Portugal, comme les marbres et parfois même d'autres matériaux moins précieux. Pendant plusieurs siècles, l'art de l'*azulejo* fut florissant en Portugal. Voici à ce sujet, une page d'un érudit, qui est aussi un artiste, et qui n'a pas consacré moins de six volumes à des recherches sur les curiosités de Lisbonne.

Le riche Portugais, dit M. Julio de Castilho, ne sut jamais orner sa maison avec beaucoup de coquetterie.... Pourtant, un luxe qu'il se permettait *larga manu*, c'était l'*azulejo*. L'*azulejo* ne reluisait pas seulement aux murailles des églises, mais il ornait les salles et les escaliers de ce qu'on appelait des palais....

L'*azulejo* est très ancien en Portugal; probablement il y vint des Maures. Les *azulejos* de Grenade sont magnifiques ; vous voyez à l'Alhambra des *azulejos* en relief, colorés, dorés, avec l'émail de la plus belle époque arabe; ils témoignent du degré de perfection où cette branche de l'art céramique était parvenue. C'est à faire rougir les descendants dégénérés de nos artistes nationaux. Cette industrie est déchue chez nous ; elle a perdu son caractère artistique (*foros de arte*) pour devenir un vulgaire métier qui ne connaît que le moule et l'impression. Pourtant une réaction commence à se dessiner; on peut citer quelques essais modernes qui ne sont pas sans mérite.

Au XVIe siècle nous importions des *azulejos* du dehors ; mais on en faisait aussi dans le royaume; je ne sais pas distinguer les uns des autres; mais je sais du moins que nous en avons à Saint-Roch, qui ont été faits par des Portugais d'après des tableaux italiens. Ils sont signés *Francisco de Mattos*. Ainsi encore ceux que les Jésuites avaient fait faire en leur collège à Sao José, d'après des tableaux de maîtres hollandais, Téniers, Van Coypel, etc.

M. Julio de Castilho cite d'autres œuvres semblables qui ne sont point rares en Portugal, puis il conclut par un souhait dont nous pourrions prendre notre part : « Puissent nos compatriotes comprendre que de tels objets d'art ont plus de valeur que nos pauvres stucs et nos misérables papiers peints! »

Il semble bien que nous ayons repris goût depuis quelques années à la céramique décorative. Après les carrelages en mosaïques de plus en plus perfectionnés, on en est venu à fabriquer de vrais tableaux avec personnages; on reproduit ainsi, comme au moyen de la mosaïque proprement dite, les chefs-d'œuvre de la peinture. Mais je ne sache pas que nos céramistes aient essayé de renouveler l'art si gracieux de l'*azulejo*, et il est permis de le regretter.

Si, du grand cloître de Sao-Francisco, nous passons dans l'église, c'est une impression toute différente qui nous attend. Dès l'entrée, on est ébloui, le mot n'a rien de trop fort. Le vaisseau n'est pas très grand; mais, du pavé à la voûte tout est revêtu de boiseries finement ouvragées, et malheureusement surchargées d'ors et, par endroits, de couleurs criardes. Pour comble d'infortune, ce décor extra-riche a été remis à neuf depuis peu; il s'étale avec toute sa fulgurante crudité; je ne sais pas si jamais le genre rococo a remporté un triomphe aussi éclatant et aussi fâcheux. Dans un siècle ou deux ce pourra être très beau; il y a au Brésil même des exemples qui autorisent cet espoir. Sans sortir du monastère on peut voir une salle de bibliothèque, avec ses boiseries décorées dans le même goût que l'église. J'y ai lu la date de 1757. La patine du temps a éteint les ors et adouci les couleurs; jusqu'à présent, cette salle a été préservée de toute restauration; il ne pouvait lui arriver rien de mieux.

Conformément à l'usage assez commun au Brésil, tout à côté du monastère du Grand-Ordre se trouve le couvent du « Vénérable Tiers-Ordre. » Peut-être les deux églises ont-elles un mur mitoyen. Celle du Tiers-Ordre est décorée avec une élégance qui peut paraître de la simplicité en comparaison de sa voisine; on y trouve, comme dans toutes les églises de Bahia, et je pense du Brésil, pour ne pas parler du Portugal et de l'Espagne, des statues tout habillées de vraies robes, de vrais manteaux, de vraies chapes, avec chaussures, coiffures et même chevelures à l'avenant. Le cloître, plus petit que celui du monastère, est également orné de tableaux en *azulejos*. Ils représentent un cortège triomphal à Bélem, faubourg de Lisbonne, se déroulant sur les quatre faces du parallélogramme. On y voit des carrosses de gala, des seigneurs et des dames en costumes Louis XV, des clercs et des moines. Puis une série d'arcs de triomphe, avec des inscriptions en langue portugaise : *Arc des Confiseurs*, *Arc des Italiens*, *Arc des Marchands*, etc. Cela semble fait d'hier; ce genre de décoration a l'avantage de ne pas vieillir.

A un quart d'heure de distance de Sao-Francisco, un autre monastère, plus grand encore, ce me semble, couronne de sa masse imposante une colline aux flancs escarpés. Du côté opposé à la baie, le *Carmo* aligne au-dessus du vallon une façade de 120 mètres de longueur. Ses clochers, ses terrasses, ses robustes soubassements en arcades brisent agréablement l'uniformité des lignes horizontales; le temps a passé sur cet ensemble robuste une teinte sombre qui lui donne l'air des vieilles et nobles architectures. Dieu veuille qu'on ne s'avise pas un de ces jours de le déshonorer avec un badigeon jaune-crême! On aime tant les couleurs gaies en ce pays-ci! Pendant toute une semaine j'ai dû revenir de la *Soledade*, après la nuit tombée, en longeant le pied de la colline du *Carmo*; le trajet se faisait en petits cars attelés de deux mules au trot menu. Chaque fois, j'ai longuement arrêté mes regards sur la silhouette du vieux *mosteiro*, bien découpée dans un ciel demi-obscur, mais encore transparent. De telles visions donnent beaucoup à penser.

L'église du *Carmo* présente un assez grand vaisseau dans le style Renaissance italienne ; mais apparemment les anciens moines, dans des temps plus prospères, n'ont pas eu le loisir de lui donner une décoration qu'elle comportait ; aujourd'hui, il est sans doute trop tard. Il faudrait d'abord ramener la vie dans ce cloître devenu, non plus seulement au sens mystique, mais au sens réel et brutal du mot, une solitude. Deux ou trois moines le gardent, en attendant des jours meilleurs.

Comme à Sao-Francisco, le « Vénérable Tiers-Ordre » a sa demeure contiguë à celle du Grand-Ordre. Malheureusement, ici encore, église et couvent, d'ailleurs bien entretenus, ne semblent plus destinés qu'à abriter des ombres et des souvenirs. L'occasion se présentera de reparler de ces institutions, qui ont eu un rôle considérable dans l'histoire de l'Eglise brésilienne.

Comme à Sao-Francisco encore le monastère des Carmes possède une grande sacristie très richement meublée et décorée ; elle ne doit pas avoir moins de vingt mètres de longueur ; des boiseries finement sculptées et dorées recouvrent entièrement les parois ; dans les caissons du plafond sont représentées des scènes de la vie du prophète Elie ; tous les détails de cette opulente décoration sont combinés avec goût et harmonieusement fondus. Il n'est pas de cathédrale qui ne fût fière d'avoir pareille annexe.

On m'a montré dans cette sacristie un vaste fauteuil, avec dossier très haut surmonté de l'écusson royal. Il aurait servi à Jean VI, alors prince régent et plus tard roi de Portugal, pendant son séjour à Bahia. D'après la tradition du monastère, il habitait une maison d'assez belle apparence, qui fait face à l'église, et venait assister à l'office et même chanter avec les moines.

Le fauteuil est un document historique d'une authenticité indiscutable; mais l'histoire elle-même mérite peut-être moins de confiance. Justement, comme je l'ai dit à propos de l'Ecole de médecine, on a commémoré en 1908 le centième anniversaire de la venue de Jean VI au Brésil. C'est en effet pour le pays un événement considérable; car on peut bien dire qu'il fut le point de départ de son émancipation. La famille royale et la cour se trouvant installées au Brésil, on ne put moins faire que d'ériger la grande colonie en royaume. Et quand, après quatorze ans de séjour à Rio de Janeiro, Jean VI retourna à Lisbonne, ses sujets brésiliens s'étaient trop habitués à l'indépendance vis-à-vis de la métropole pour ne pas briser le lien qui les y rattachait encore. Aussi, à la date du 22 janvier, les journaux de Bahia relataient minutieusement les circonstances de l'arrivée à pareil jour, cent ans auparavant, de la flottille qui portait la reine Dona Maria et le prince régent. Cette page d'histoire n'est pas sans intérêt pour nous, car nous y avons notre rôle. Le Portugal venait d'être envahi par les armées de Napoléon, et c'est pour éviter le sort de leur voisin, le roi d'Espagne Ferdinand VII, que les héritiers du trône de Portugal cherchaient un refuge au Brésil.

La flottille composée de cinq vaisseaux, dont deux anglais, était partie de Lisbonne le 29 novembre 1807; le 21 janvier 1808, elle était signalée au large de Bahia et le lendemain elle franchissait la barre, saluée par le canon du fort Sao-Pedro; on n'était pas prévenu de l'arrivée des souverains, mais on avait reconnu la bannière royale arborée au grand mât. La traversée avait duré cinquante-six jours.

Le lendemain, le Prince régent débarqua et se rendit à la cathédrale où fut chanté un *Te Deum* solennel. La reine était restée à bord, parce que la chaleur était trop forte ce jour-là. Elle descendit le lendemain, 24 janvier, avec la régente et les jeunes princes, et se rendit, elle aussi avec toute sa suite, à la cathédrale où l'on chanta un nouveau *Te Deum*. Toute la ville fut illuminée sept jours de suite, et chaque soir la foule remplit la place devant le Palais du gouvernement où la famille royale avait établi sa résidence, et on donna des sérénades « qui plurent fort à Leurs Altesses. » Le jeudi 28, le Sénat fait chanter un autre *Te Deum* à la cathédrale; il y a sermon, et les princes y assistent. Le dimanche 31, messe pontificale célébrée en actions de grâces par l'archevêque de Bahia, Dom José de Sainte Scolastique, en présence de *Leurs Altesses Royales*. La chronique du temps, reproduite par les journaux, note au jour le jour une multitude de cérémonies semblables; chaque *Irmandade* veut avoir la sienne; on fait assaut de dévotion et de loyalisme. Le prince paraît ici ou là; mais la reine ne sort plus de ses appartements que le soir pour faire une promenade en voiture. De son côté le Prince régent fait des visites aux monastères, aux *fazendas*, aux fabriques de sucre; il passe des revues et assiste à des manœuvres militaires; enfin il distribue *cinq cents* distinctions honorifiques entre propriétaires, chanoines, curés, médecins et officiers. En retour les Bahianais offrent au prince des pyramides de leurs plus beaux fruits. La famille royale séjourna à Bahia exactement cinq semaines; le 26 février la petite escadre partait pour Rio de Janeiro.

Parmi ces grands monastères qui forment un des traits saillants de la physionomie de la vieille capitale brésilienne, il faudrait encore citer celui de Sao-Bento, le mieux situé de tous, et dont le grand dôme revêtu de céramique apparaît de loin comme le point culminant de tout le panorama. Nous aurons occasion de reparler de cette vénérable abbaye, ainsi que de l'ordre bénédictin au Brésil. Un peu au-dessous, à mi-hauteur sur le flanc de la falaise, c'est encore l'ancien couvent des Carmes Déchaussés, Santa Teresa, aujourd'hui occupé par le séminaire. Sans avoir la splendeur déconcertante de Sao-Francisco, l'église possède, elle aussi, des spécimens d'art portugais intéressants : plusieurs de ces hauts retables de bois merveilleusement ouvragés, et malheureusement trop chargés de dorures; puis une douzaine de grands personnages en *azulejos*, papes, évêques, religieux et religieuses de l'ordre du Carmel. Une sorte de relique conservée précieusement en cette église, c'est un ample siège de bois sans ornement, qui servait de chaire au Père Antoine Vieira, le plus illustre prédicateur qu'ait connu le Portugal.

Je ne dirai rien des couvents de femmes; ils sont nombreux et quelques-uns assez importants; au surplus on n'y entre pas comme au moulin. Mais je me reprocherais de ne pas parler des établissements de bienfaisance. Le Brésil en est abondamment pourvu, et c'est une gloire pour un pays relativement jeune et qui est loin encore de posséder tout son outillage éco-

4

nomique. Au point de vue des institutions charitables, il est peut-être en avance sur bien d'autres.

Au premier rang il faut placer la *Miséricorde*.

Cette institution, dit le P. Galanti, fut fondée à Lisbonne en 1498, par Dona Léonor, veuve du roi Jean II. Le but de la Confrérie de Notre-Dame de la Miséricorde était d'accomplir à l'égard des malheureux toutes les promesses de la miséricorde divine. Aucune des disgrâces humaines n'échappait à sa sollicitude; depuis l'assistance des pauvres et le soin des malades jusqu'à la sépulture des morts et aux prières pour le repos de leurs âmes, toutes les œuvres pies rentraient dans son domaine. Dès le début la Confrérie compta dans ses rangs toute la plus haute noblesse du royaume. Elle fut inaugurée solennellement dans la chapelle de Notre-Dame-de-Pitié de la cathédrale de Lisbonne, le 15 août 1498. Le roi Don Manuel la prit sous sa protection et jeta les fondements d'un somptueux édifice qui devait être la première *Santa Casa da Misericordia*. Elle fut achevée par Don Jean III en 1534. Tous nos rois se plurent à enrichir l'institution de nombreux privilèges. La *Miséricorde* de Lisbonne servit de modèle à toutes celles qui furent érigées soit en Portugal, soit dans les possessions d'outre-mer. La première qui s'établit au Brésil fut celle de Santos, fondée par Braz Cubas en 1537 et confirmée par décret royal de 1551.

La *Santa Casa da Misericordia* de Bahia a créé au fur et à mesure de ses ressources cinq ou six institutions de bienfaisance, dont la plus importante est le magnifique hôpital de Santa Isabel, auquel on vient d'annexer une vaste maternité. Il serait difficile, je crois, d'imaginer une installation des services mieux appropriée au climat. Le département de la chirurgie, spécialement, m'a paru aménagé avec une véritable coquetterie, ou du moins avec un luxe de précautions qui n'est peut-être, après tout, que l'application rigoureuse des théories modernes de l'antisepsie. J'y ai vu, par exemple, une salle d'opérations, avec un petit amphithéâtre réservé aux étudiants en médecine qui assistent au cours. Afin d'éviter le danger qui pourrait résulter pour le patient de la présence et surtout de la respiration de tant de personnes, l'amphithéâtre a été fermé par une glace d'une seule pièce, qui a toute la largeur et toute la hauteur de la salle. Je regrette de n'avoir pas pris la mesure exacte. Il fallait d'ailleurs qu'elle fût d'une parfaite limpidité pour permettre aux assistants de ne rien perdre des détails de l'opération. La glace fut commandée à Seraing, en Belgique; elle arriva sans accident au port de Bahia; mais elle se brisa à la douane; on en commanda une seconde, qui se brisa dans le trajet de la douane à l'hôpital. La troisième est en place; elle a dû coûter cher. Combien y a-t-il d'hôpitaux où l'on isole derrière des glaces monumentales les étudiants qui suivent les opérations chirurgicales?

J'ai vu dans les salles de Santa Isabel des malades atteints d'une affection curieuse; c'étaient pour la plupart de jeunes nègres; très enflés de tout le corps, ils paraissaient accablés d'une langueur insurmontable. Ils ont, me dit la sœur, le sang envahi par des légions d'animalcules; ils guérissent assez souvent, excepté ceux qui ont l'habitude de manger de la terre. La *géophagie* n'est pas rare chez les indigènes, surtout parmi les gens de couleur. D'ailleurs les tares qui s'abattent sur la pauvre humanité sont particulièrement nombreuses en ces climats où la vie pullule.

L'asile des Enfants-Trouvés, *Expostos*, est à peu de distance de Santa Isabel; le *tour* y fonctionne avec la simplicité primitive; l'établissement est d'aspect fort gracieux et nos sœurs de Saint Vincent de Paul y entretiennent une propreté méticuleuse qui est ici une nécessité de premier ordre. L'asile date de 1700; j'ai vu dans la salle de réception le portrait en pied du fondateur. C'est un chevalier de l'Ordre du Christ, du nom de Mattos, en costume de l'Ordre, curieux mélange d'écclésiastique et de militaire, lévite noire, rabat, épée et chaussure à *talons rouges*.

L'orphelinat du Sacré-Cœur et la *Providence* confiés aux Sœurs de Saint Vincent de Paul possèdent l'un et l'autre une charmante église gothique, à la française, œuvre d'un Lazariste français. Je ne sais si cette architecture svelte, avec sa décoration sobre et discrète, plaît beaucoup aux Brésiliens; en tout cas, elle est aux antipodes de celle qu'ils ont reçue de leurs ancêtres, les Portugais.

A mentionner encore le très bel asile de Bon-Voyage construit, il y a une vingtaine d'années, sur la grève d'Itapagipe, tout au bord de l'eau; l'hôpital des Portugais, admirablement placé, lui aussi, mais trop ressemblant, peut-être, à un casino, avec toutes ses enjolivures et ce peuple de statues qui garnissent les abords. L'énumération est loin d'être complète.

Toutes ces institutions jouissent d'une large autonomie; elles sont administrées par des *Irmandades* (Confréries) qui en sont, à vrai dire, propriétaires, et dont plusieurs ont une fortune considérable. D'après un ouvrage publié en anglais, il y a quinze ans, la *Miséricorde* de Bahia possédait 240 maisons. Chaque année, le Bureau expose sa gestion dans un rapport imprimé et rendu public. Elle n'est pas soumise à d'autre contrôle; le gouvernement n'a rien à voir dans le fonctionnement des œuvres d'assistance, qui d'ordinaire ne lui demandent rien et se suffisent.

Inutile d'ajouter que l'on n'a pas éprouvé jusqu'ici

le besoin de laïciser les services hospitaliers. C'est bien le contraire qui se produit en ce pays. Il y a plus d'un demi-siècle que la *Miséricorde* de Bahia se décida à faire appel aux Filles de la Charité, pour leur remettre l'un après l'autre tous les établissements dont elle a la charge. L'ouvrage cité plus haut, qualifié de *publication officielle*, ne fait pas difficulté de déclarer que cette mesure fut prise pour remédier à d'effroyables abus qui mettaient en péril l'institution elle-même. Le fait n'est pas isolé; je pourrais citer par douzaines les *Irmandades* brésiliennes qui ont confié à des Communautés religieuses françaises leurs hôpitaux et orphelinats. Et combien qui feraient de même si les Congrégations étaient en mesure de répondre à toutes les demandes!

C'est ainsi que les Sœurs du Saint-Sacrement sont d'ores et déjà installées ici dans plusieurs villes de l'intérieur. Naturellement, celles qui s'échelonnent sur le pourtour de la baie, Feira Santa-Anna, Cachoeira, Nazareth, etc., furent pourvues les premières.

La visite de ces établissements reste un souvenir gracieux entre tous de mon séjour à Bahia. La traversée du *Reconcavo* n'a vraiment rien de banal pour un étranger. On s'embarque à l'aube du jour sur un coquet petit vapeur. A cette heure matinale, l'atmosphère est d'une douceur exquise; bientôt, le soleil montera de l'océan derrière les collines qui portent la cité, et alors les clochers blancs, les maisons rouges ou bleues se détacheront comme dans un reflet d'incendie. A mesure qu'on avance, des îles surgissent, les rivages émergent sous la lumière intense. Les contours sont moelleux et d'une monotonie reposante; l'immense nappe semble à peine bordée comme d'un ourlet lilas qui se confond avec le ciel. Au bout d'une heure et demie, on double la pointe nord de la grande île d'Itaparique; il y a là une ville avec un fort qui vous menace de ses deux ou trois vieux petits canons. On pousse encore vers l'ouest, et on entre dans le Rio Paraguassu, qui ressemble moins à un fleuve qu'à un joli bras de mer serpentant capricieusement entre des collines; à la hauteur de Maragogipe, il s'épanouit et forme un lac encadré de forêts; le paysage est charmant. On arrive à Cachoeira (*La Cascade*) quand le soleil est au zénith. Il y a deux villes au lieu d'une; de l'autre côté du fleuve, Sao-Felix, un nom fameux dans tout le Brésil et au delà. Les meilleurs cigares brésiliens sont les cigares de Bahia : or, les cigares de Bahia sont fabriqués à Sao-Felix par une Compagnie allemande.

Pour aller à Nazareth, il faut redescendre plus au sud, entre la grande terre d'Itaparique et le continent, parmi un fouillis de petites îles merveilleusement boisées qui ressemblent à des corbeilles de verdure flottant sur l'eau; puis, arrivé en vue de l'Océan, on s'engage dans un arroyo à travers les palétuviers; bientôt on est en plein dans le marécage tropical; la chaleur est lourde et mauvaise; on a l'impression qu'il se dégage de toute cette végétation aquatique, des effluves dangereux. Le petit vapeur manœuvre péniblement entre des rives imprécises; il s'envase de temps en temps et est obligé de faire machine en arrière pour reprendre sa route. Aux approches de la ville, les arbres qui bordent les deux rives servent de perchoir à des centaines d'*urubus*, qui regardent avec de gros yeux ronds, étonnés et tranquilles; ils sont presque à portée de la main, mais ils n'ont garde de se déranger. Ces oiseaux, de la taille d'un dindonneau, avec un beau plumage noir, font ici un service public de nettoyage, à peu près comme les chiens de Constantinople. Ce n'est pas à dire que l'on pratique dans les villes du Brésil le *tout à la rue* et qu'on laisse aux oiseaux le soin d'enlever les ordures ménagères et de dépecer les animaux morts. En général, la propreté n'y est pas plus négligée qu'ailleurs. Mais, peut-être bien y a-t-il jusque dans l'intérieur des agglomérations considérables, et surtout dans leur voisinage immédiat, certains quartiers qui échappent à la sollicitude municipale. C'est là que les escouades d'*urubus* (prononcez *ouroubous*) trouvent à s'employer; on apprécie leurs services; personne ne s'aviserait de les molester; aussi vivent-ils avec la population sur le pied d'une pleine confiance. On voit à leur attitude grave qu'ils ont le sentiment de leur importance.

La ville de Nazareth est située à l'extrémité supérieure d'un de ces estuaires qui ressemblent à des tentacules que la *bahia* projette à travers les terres pour aspirer leurs produits. Immédiatement au-dessus, le rio Jaguaripe descend en rapides sur des rochers qui forment barrage. Aussi le petit port qui sert d'unique débouché à la région est-il très animé. Je débarquai à Nazareth en plein champ de foire; la foule grouillante des gens et des animaux, toute saupoudrée de poussière grise, sous le soleil étincelant de midi, me rappelait la classique vision des grands marchés arabes. Une autre note pittoresque, c'étaient des files de paysans brésiliens regagnant leurs demeures sur des montures très diverses, les uns sur leurs chevaux ou leurs mulets, mais un plus grand nombre, je crois, sur des bœufs et quelques-uns sur des moutons.

CHAPITRE IV

Dévotion démonstrative et bruyante. — Une gracieuse *Prière de Noël.* — M. Ruy Barbosa, l' « ambassadeur du Brésil à la Conférence de La Haye. » — Réception de la cité de Bahia « au plus illustre de ses enfants. » — Spécimens de littérature triomphale. — Modestie et désintéressement du triomphateur. — Une procession à Bahia. — La fête des Rois. — Les *Africains* au Brésil. — Bomfim. — Le *sabia.*

La quinzaine de Noël ramène à Bahia une série de réjouissances et de manifestations moitié religieuses, moitié profanes, mais empreintes d'une couleur locale très accentuée. Il ne faut pas oublier qu'on est alors au fort de la saison chaude; l'oscillation du thermomètre ne dépassait pas 4° à 5° dans les vingt-quatre heures, entre un maximum de 32° et un minimum de 27° à 28°. Dans une telle ambiance, la vie populaire prend fatalement une allure exubérante et tapageuse. La piété elle-même aura ce caractère.

Déjà la fête du 8 décembre avait donné l'occasion de faire parler la poudre. Chaque soir, pendant toute une octave, autour de l'église de la *Conceiçao*, près de l'arsenal maritime, les fusées et les détonations, mariées au carillon ininterrompu des cloches, avaient dit l'ardeur de la dévotion du peuple bahianais. Jamais je n'avais entendu tirer tant de pétards en l'honneur de la sainte Vierge. La nuit de Noël, l'explosion fut plus générale, sinon plus bruyante. Tous les carillons de la ville, et Dieu sait s'ils sont nombreux, faisaient leur partie au concert; des musiques jouaient dans les rues; les *foguetes* éclataient de toute part. On ne trouve point malséant ici d'ébranler les voûtes par des détonations à la porte de l'église, au moment les plus solennels de la fonction sainte. C'est au contraire une façon de témoigner sa joie et son respect dans les grandes circonstances. Ainsi encore, on fera tomber une pluie de fleurs sur le prêtre à l'autel. Chaque peuple met un peu de son tempérament dans sa liturgie. Libre aux pharisiens de se scandaliser.

Je veux transcrire ici une *Prière de Noël* que j'ai trouvée la veille de la fête dans le *Jornal de noticias*, de Bahia. Elle est signée d'un nom qui fut presque célèbre à ce moment, même en Europe, mais auquel le Brésil fit une auréole. Le *conselheiro* Ruy Barbosa est né à Bahia; il y fut l'objet d'une réception enthousiaste à son retour de la Conférence de la Haye, où il avait représenté le Brésil. Je ne me flatte pas de faire passer en notre langue tout le charme de cette prose étincelante. Je crois aussi qu'il n'est pas toujours possible de suivre les contours de la pensée. C'est bien le cas de dire que le dessin disparaît çà et là sous le coloris et que la parole se noie dans la sonorité.

PRIÈRE DE NOEL

Pardonne, ô Mystère divin, dans le sein duquel s'épanouit depuis dix-neuf siècles la civilisation chrétienne; pardonne à ceux qui, en cette région de faiblesses et de passions, osent de leur pensée effleurer la pureté de ton essence. Les moules de la seule éloquence capable de ne te point profaner se sont brisés avec l'inspiration qui a produit le dernier des Livres saints. Depuis lors, chaque fois que l'homme se dégage de lui-même et que son âme aspire à l'idéal éternel, dans la tristesse des époques troublées et ténébreuses sous le coup de l'injustice ou du doute, de l'oppression ou du malheur, c'est au cristal de tes fontaines que va s'étancher notre soif. Dans le roc de ta vérité tu les laissas ouvertes, et voilà dix-neuf siècles que leur flot bouillonne, toujours avec la fraîcheur même des premières larmes de Celle dont la virginale maternité éclot aujourd'hui pour donner au monde la fleur de la Rédemption.

... On entrevoit l'éternité et ses splendeurs à travers la moindre déchirure dans la voûte céleste ; mais sur ses bords apparaît encore je ne sais quoi d'obscur et de menaçant. Le trône d'où tu pénètres les cœurs avec la douceur d'une universelle caresse, c'est cette crèche où ta bonté a fait luire à nos yeux l'aurore dans le sourire d'un petit enfant.

Pendant que César était occupé par les affaires de l'empire et Rome par celles du monde, tu apparaissais dans le fond d'une province reculée et dans la pauvreté d'une étable, sans que Rome, non plus que l'empire, non plus que César y prît garde ; donnant ainsi à la postérité une leçon inoubliable, à savoir que la politique ignore toujours ce qui devrait l'intéresser par-dessus tout. Tu as eu pour berceau la paille d'une bergerie. La dernière des mères se sentirait humiliée d'avoir à reposer son enfant à l'endroit où la tienne te donna ses premières caresses. Mais la mangeoire, où tes yeux s'ouvrirent à la lumière, a exhalé jusqu'aujourd'hui le parfum de la poésie la plus exquise, et le jour de ta naissance est devenu dans la chrétienté le plus riant des jours, tout d'azur et de rose, comme le ciel du matin et le visage des enfants.

Eux, les petits, de génération en génération, ils ont su par cœur l'histoire de ta naissance. Et ces fêtes de leur bonheur et de leur innocence, elles sont, ô Dieu des humbles et des petits, ce qu'il y a de plus charmant dans votre culte, le rayon le plus caressant de votre toute bienfaisante lumière. Ces rites enfantins éclairent de joie les neiges des pôles, ils versent une rosée sur les ardeurs des tropiques, ils étendent un peu de ciel dans nos demeures, et à nos esprits ravagés, inquiets, tristes, ils font luire une heure d'aube radieuse.

O Christ, comme nous sentons ta bonté quand nous te voyons parmi les enfants et que les enfants te rencontrent parmi eux!... Pères, frères, bienfaiteurs, tous ceux à qui tu as accordé la bénédiction d'aimer un de ces petits, qu'ils le tiennent en leurs bras ou qu'ils l'aient perdu, tous ils voient en lui ton image, une copie idéalisée par la foi et par l'amour, du type éternel de la beauté. En divinisant l'enfance en ta personne, en naissant et fleurissant comme elle, tu as laissé à l'humanité le souvenir le plus aimable et le plus céleste de ta miséricorde à notre égard.

De chacune des maisons où gazouillait ce matin un de ces petits êtres façonnés par la tendresse des mères pour la consolation de nos douleurs, se sont exhalés vers toi nos supplications et nos cantiques. C'est pour ces chères créatures, Seigneur, que notre esprit se travaille d'inquiétudes; c'est à cause d'elles que, en ce moment même, il serait enténébré de présages funestes, si nous ne t'apercevions pas entre eux et l'avenir chargé de tempêtes. Dieu de bonté et de miséricorde, qui en chacun de ces enfants nous as laissé une miniature de ta face adorée, épargne-leur l'expiation de nos fautes. Ajoute à nos souffrances pour retrancher autant des leurs. Dore leur avenir de ton sourire compatissant. Guéris notre patrie de la sécheresse de cœur qui la tue; inocule un peu de sève vivifiante à cette génération épuisée. Accorde-nous, enfin, que nos enfants puissent célébrer avec les leurs, en des jours meilleurs que les nôtres, les allégresses de Noël.

On peut encore dans une traduction faire entrevoir les envolées hardies de l'imagination brésilienne; mais comment rendre la musique de cette jolie langue portugaise, maniée par un virtuose tel que M. Ruy Barbosa, le *grande artista da palavra*, comme l'appellent ses compatriotes?

Toutefois, ce n'est ni l'homme de lettres, ni le poète que la ville de Bahia allait acclamer quelques jours plus tard. M. Ruy Barbosa est en outre un juriste de marque, et c'est à ce titre qu'il avait été choisi comme délégué de son pays à la *Conférence* réunie à La Haye pendant l'été de 1907. Lors de la première

Conférence, en 1899, les Républiques sud-américaines s'étaient abstenues; c'était donc la première fois que la nation brésilienne, avec beaucoup d'autres d'ailleurs, faisait entendre sa voix dans le concert du monde civilisé. Elle le fit avec éclat, grâce au talent et à la science de son représentant. M. Ruy Barbosa y soutint et y fit prévaloir la thèse de l'égalité juridique des nations, basée sur la nature de la souveraineté, identique partout, et donc indépendante du chiffre de la population et de la puissance militaire.

Je crois bien qu'on s'est un peu exagéré, au Brésil, l'importance de ce succès. A en juger par les articles de journaux et les discours auxquels donna lieu le retour de M. Ruy Barbosa dans sa patrie, ce succès serait la plus grande victoire des temps modernes, et M. Ruy Barbosa lui-même le héros le plus glorieux de l'un et l'autre hémisphère. Bahia, sa ville natale, détient le record de cette extraordinaire littérature. Je résiste à la tentation d'en donner des extraits; je craindrais qu'on y trouvât une intention malicieuse et ironique; je citerai du moins un passage de la réponse de M. Ruy Barbosa aux discours qu'il dut subir à son passage à Bahia, le 30 décembre 1907. Il lui fait plus d'honneur que les félicitations hyperboliques dont on l'accablait :

Béni soit Dieu qui m'a toujours accordé la grâce de sentir mon néant, pour m'empêcher de connaître le vertige de la fortune et de boire l'ivresse avec la capiteuse liqueur de la vanité; pour m'obliger dans des moments comme celui-ci à m'anéantir aux pieds de mon créateur, en lui criant du plus profond de mon être : Non pas à moi, Seigneur, non pas à vos misérables instruments tels que moi, mais à vous-même dans vos plus grandes créations ou vos plus belles images, je veux dire le Peuple, le

Droit, l'Humanité; à elles la gloire, les bénédictions, l'honneur des grandes œuvres qui remplissent les siècles et qui renouvellent au milieu de nos maux le témoignage de votre bonté!

Voilà un langage peu familier aux hommes publics contemporains, y compris les « ambassadeurs » à la Conférence de la Paix. Sans leur faire tort, on peut croire que le sentiment de leur néant leur est généralement assez étranger. M. Ruy Barbosa n'a peut-être pas toujours possédé à ce degré l'esprit évangélique. Il fut un des ouvriers de la première heure dans l'établissement de la République au Brésil; un projet de Constitution dont il fut l'auteur portait la trace de préventions fâcheuses chez un catholique. Sa haute intelligence et sa droiture de caractère lui ont permis de s'en affranchir pleinement.

Le temps manqua aux Bahianais pour remplir tout le programme de la réception qu'ils avaient préparée pour leur illustre concitoyen. Le paquebot anglais qui l'avait amené le matin repartait avant midi, continuant sa route sur Rio de Janeiro.

L' « ambassadeur » du Brésil à la Conférence de la Paix allait rendre compte de l'accomplissement de son mandat. L'ovation de Bahia s'y renouvela sur un mode moins lyrique. Le gouvernement et le Sénat fédéral dont il est membre rivalisèrent pour lui exprimer l'admiration et la gratitude du pays. On chercha quelle récompense nationale pourrait lui être offerte. On ne pouvait pourtant pas le nommer colonel. Alors on se décida pour un certain nombre de *contos de milréis*, un hommage en espèces, à l'anglaise. M. Ruy Barbosa fit agréer son refus.

— Des services de ce genre, dit-il, ne se paient pas avec de l'argent.

Il a beau s'américaniser, le Latin garde toujours quelque chose de son beau don-quichottisme.

***

Les embarcations de toute sorte mouillées le long du rivage et jusqu'aux grands paquebots ancrés loin dans la baie s'étaient couverts de banderoles en l'honneur du grand citoyen de Bahia ; lui parti, la joyeuse décoration se trouva toute prête pour la fête traditionnelle et très populaire du « Seigneur Bon Jésus des Marins et de Notre-Dame de Bon-Voyage. »

Le dernier jour de l'année, 31 décembre, à 8 heures du soir, la procession se formait à l'église de Bon-Voyage. Procession un peu tumultueuse, avec accompagnement de torches, de pétards et de musiques. Elle escorte la statue du *Bon Jésus des Marins* debout sur un brancard, en costume superbe, robe de soie brochée d'or, manteau royal, couronne en tête. On se rend au bord de l'eau ; le *Bon Jésus* est installé sur une chaloupe prêtée par la capitainerie du port. Toute une flottille de barques, avec des lanternes vénitiennes pendues aux mâts et aux vergues, lui fait cortège ; le trajet dans la baie est d'environ une lieue. On aborde au quai Sao-Joao, au centre de la ville basse. Là, nouvelles manifestations, lumineuses et éclatantes, de la piété populaire. La procession reformée et augmentée des *irmandades* du quartier se rend à la *Conçeicao da Praia*, la belle église de la plage, dont toute la façade de marbre fut apportée jadis de Portugal. Le *Bon Jésus* placé sur un trône reçoit les hommages de la foule des fidèles qui ne se retire que fort tard dans la nuit. Ce n'est là que le premier acte d'un *scenario* pieux et symbolique, dont on trouverait sans doute le sens complet dans l'histoire locale.

Le lendemain, après une messe célébrée à 9 heures du matin, la procession refait en sens inverse le parcours de la veille, parcours terrestre et maritime; en descendant à terre, elle est accueillie par un autre cortège qui amène de l'église la statue de la Madone, elle aussi royalement parée. La rencontre du *Seigneur Bon Jésus des Marins* et de *Notre-Dame de Bon-Voyage* est saluée par les acclamations de la foule mêlées au bruit des fanfares, aux détonations de la poudre et au sifflement des fusées. Ici on tire volontiers les fusées en plein jour. La cérémonie s'achève à l'église par une messe solennelle, après que les statues ont été réintégrées dans leurs niches parmi les fleurs et les lumières. Le soir, feu d'artifice, complément obligé de toute fête sacrée ou profane, en ce pays où se fait une invraisemblable consommation de poudre.

***

Ce jour du 1er de l'an 1908 me fournit très naturellement l'occasion de parler d'une des curiosités les plus merveilleuses du Brésil. Ce jour-là, par tout pays, on concède quelque latitude à la gourmandise; l'usage le veut; les plus austères se font indulgents aux autres et à eux-mêmes. Chez nous, comme l'hiver bat son plein, ce sont les sucreries de toutes sortes qui triomphent; la politique elle-même subit la trêve des confiseurs. A Bahia, qui est en pleine région tropicale, je me trouvai à une table amie et on me fit les honneurs des fruits de la saison. Une corbeille, artistement arrangée, en contenait de neuf espèces, dont une seule n'est pas étrangère à nos climats. Encore lui donne-t-on là-bas un nom bien fait pour nous dérouter. A la base de la pyramide s'étalait une *mélancia*.

Le vocable ne me disait rien ; mais la figure ne m'était pas inconnue ; en Italie, en Orient et en Provence même, nous avons des pastèques, et la *mélancia* brésilienne est bien la sœur jumelle de la pastèque provençale, avec cette nuance que sa chair, plus cuite par le soleil, est aussi plus douce et plus légère à l'estomac.

Parmi les autres fruits qui garnissaient la corbeille, l'*abacaxi*, autrement dit l'ananas, est sans doute une vieille connaissance. Toutefois que les amateurs ne se fassent pas d'illusion ; la différence est grande entre l'ananas mûri sur la plante et celui qui nous arrive en Europe, cueilli depuis des semaines et bien avant maturité pour pouvoir supporter le voyage.

Il en faut dire autant de la banane, en attendant que le progrès des transports frigorifiques permette d'envoyer d'un continent à l'autre des fruits véritablement à point. Nous aurons chance alors de voir apparaître sur nos marchés ceux dont je vais dire un mot.

Voici d'abord le *mamao* (prononcez *maman*). Un petit melon, moins savoureux que nos cantaloups, mais aussi plus inoffensif. Chaque convive peut manger son *mamao* sans risquer de se faire mal. Ce fruit est une bénédiction pour un pays où la paresse est obligatoire. La *mamoeira* vient sans culture, un peu partout. C'est, comme le bananier, une plante arborescente qui peut atteindre 4 et 5 mètres de hauteur. Je ne saurais le comparer qu'à un chou géant. Au sommet de la tige une touffe de fleurs blanc-verdâtre qui se renouvellent sans cesse ; les fruits se forment au fur et à mesure, suspendus en couronne autour du tronc ; les plus bas mûrissent, en prenant une teinte jaune, pendant que les autres sont encore verts. On voit ainsi à la fois sur la même tige toutes les phases de l'évolution, depuis la fleur en bouton jusqu'au fruit mûr. Et cela dure toute la vie de la plante qui est de quatre à cinq ans, pendant lesquels elle donnera plusieurs centaines de *mamaos* pesant chacun de 500 à 1500 grammes.

Il y a lieu de s'étonner qu'on ne tire pas meilleur parti d'une telle ressource, d'autant que les différentes parties de la *mamoeira* se prêtent à des usages multiples. C'est la réflexion que je trouve à la fin d'un article publié par un médecin, le Dr Eduardo Magalhaens, dans le plus grand journal de Rio de Janeiro. Mais, ajoute-t-il, « ce précieux végétal a le tort d'être commun, et les hommes ont coutume de n'apprécier que ce qui est rare et coûte cher. »

Un autre produit de la flore brésilienne dont le même docteur exalte les vertus bienfaisantes, c'est le *cajù*. Le *cajù* est un fruit de conformation assez bizarre ; il se compose de deux parties qu'on ne dirait pas faites l'une pour l'autre. La principale, le fruit proprement dit, ressemble quelque peu à ces jolis concombres du Midi, rouges et jaunes, d'aspect si engageant. L'autre est un appendice qui a vaguement l'apparence d'une châtaigne, dont il a d'ailleurs le goût. Le *cajù*, pressé comme un citron, donne un quart de verre d'un liquide acidulé, agréable et plus encore salutaire. Généralement on le suce à même le fruit. Le Dr Magalhaens le préconise comme un spécifique : « On vante, dit-il, la cure par les fruits, cure de raisin, cure d'oranges, cure de cerises, cure de dattes ; la meilleure est sans doute la cure de raisin ; mais il faut mettre bien au-dessus la cure de *cajù*. »

L'arbre qui donne le *cajù* manque de grandeur et de beauté ; c'est le contraire pour celui qui produit la *mangue*. Le manguier atteint des proportions énormes ; le tronc, les racines, les maîtresses branches ont la structure noueuse et robuste de nos vieux chênes ; leur feuillage touffu et persistant fait une voûte d'ombre impénétrable au soleil ; comme arbre d'agrément et d'ornement, il serait déjà de toute première valeur. Cela ne lui suffit pas ; il lui faut encore, au moins deux fois par an, se couvrir de fruits, et, à vrai dire, il en donne plus ou moins toute l'année. On ne peut guère en cette saison, aller prendre l'air dans le jardin public de Bahia sans voir tomber les mangues au moindre souffle de brise qui frémit dans les vieux arbres.

Il y en a de nombreuses variétés, très différentes de taille et de mine. La mangue vulgaire, la meilleure peut-être, est de forme ovale, grosse comme le poing, avec une peau unie, verte comme celle de la coque d'une noix fraîche. La pulpe jaune et juteuse, adhérente à un gros noyau, est fine et savoureuse, malheureusement avec un arrière-goût de térébenthine qui déplaît de prime abord aux Européens. L'expérience m'autorise à dire que l'on s'y fait ; la saveur désagréable est d'ailleurs localisée dans la région de l'ombilic. Je sais que, même en dehors des indigènes, les amateurs de mangues ne sont point rares. Ils le seront bien moins encore, quand on aura trouvé le moyen d'apporter des mangues mûres sur le marché de nos grandes villes.

Je mentionnerai encore, dans la garniture de notre corbeille du jour de l'an, un petit fruit qui ne paie pas de mine, à la peau grisâtre et rugueuse et ressemblant de loin à une nèfle. Avec une apparence modeste, le *sapouta* est un fruit très méritant ; il a presque le goût et la consistance d'une poire à moitié cuite ; agréable et parfaitement sain, des malades en pourraient faire leurs délices. On le récolte par milliers sur des arbres de médiocre hauteur.

Ce ne sont là que quelques spécimens de la richesse fruitière du Brésil ; elle est véritablement prodigieuse. L'*abacate*, que l'on traduit par *poire d'avocat*, mériterait une mention honorable ; de même le *fruta do conde* (fruit du comte), et combien d'autres encore ! Le catalogue en serait infini.

Il est à remarquer que ces fruits sont un pur présent de la nature. Elle les prodigue avec une magnificence faite pour rendre jaloux les habitants d'autres régions où elle se montre plutôt avare. Mais je me permettrai d'appliquer ici le mot que saint Paul a dit dans un sens plus élevé : « La nature ne conduit rien à la perfection. » Sauf une ou deux exceptions, ces fruits de la zone torride ne valent pas les nôtres ; ils n'en ont pas la délicatesse ; ils ont toujours quelque chose de rudimentaire et d'inachevé. Ce n'est pas que nos essences fruitières soient par elles-mêmes de qualité supérieure ; il n'y a qu'à voir ce qu'elles produisent à l'état libre ; mais ces arbres et ces plantes ont été modifiés et perfectionnés par la culture ; des siècles de travail humain les ont transformés. Dans les pays où la nature plus indulgente se charge d'une plus grande part du travail, l'homme la laisse faire ; il se contente d'étendre la main pour cueillir le fruit, sans se mettre en peine de stimuler par la culture les qualités natives des plantes et des arbres. C'est l'histoire de ces beaux fruits des tropiques et de la plupart de ceux du Brésil. Ce sont de merveilleux fruits sauvages ; mais ce sont des fruits sauvages ou à demi-sauvages. Ils attendent encore l'aide des fils d'Adam que le Créateur a placés en ce coin du paradis terrestre « pour le cultiver, *ut operaretur eum.* »

J'ai dit qu'il y a quelques exceptions. En effet, certaines essences sont l'objet d'une culture plus ou moins soigneuse. Ce sont celles précisément dont les produits ont atteint une perfection relative. Tel l'ananas et même le bananier, qui vient de lui-même et donne abondamment sans culture, mais qui pourtant sait récompenser les soins qu'on lui donne.

Le manguier est aussi l'objet de l'attention de quelques propriétaires de *fazendas* qui ont obtenu des fruits superbes, à la peau rosée, très appétissants à l'œil et chez lesquels la saveur empyreumatique est déjà atténuée. Une sélection intelligente la ferait sans doute disparaître complètement.

A signaler encore l'oranger, très commun au Brésil, mais qui, laissé à lui-même, ne donne que des produits misérables. L'orange cultivée à Bahia jouit d'une réputation méritée; c'est une variété de tout point remarquable : très grosse, atteignant facilement un poids de 700 à 800 grammes, avec 35 centimètres de tour, peau verte, chair blanche et fine, sans pépins. Le jour où elle pourra faire son entrée sur les marchés de Paris et de Londres, il est hors de doute qu'elle détrônera les pommes d'or les plus fameuses du vieux monde. D'ailleurs elle régnerait sans rivale; car l'orange, est dans l'hémisphère austral aussi bien que dans le nôtre, un fruit de la saison d'hiver: ce qui veut dire qu'elle nous arriverait en été, alors que nous n'en avons pas d'autres. Comment se fait-il que les *fazendeiros* et les commerçants bahianais ne se soient pas encore avisés d'écouler en Europe leurs oranges et les autres fruits dont ils surabondent? Il faudrait croire que le souci de leur tranquillité prime chez eux tout autre appétit, y compris l'*auri sacra fames*. Et pourtant, la belle orange de

Bahia n'est pas le produit spontané d'une terre généreuse; l'arbre exige des soins et ne rend qu'en proportion de ce qu'il reçoit.

Au surplus, à mesure qu'il s'éloigne de l'équateur, le cultivateur brésilien se montre plus diligent. On a acclimaté dans les Etats du Sud toutes les plantes et tous les arbres à fruits d'Europe, sans en excepter les pommiers de Normandie. Je croirais même qu'on se donne plus de mal pour naturaliser ces étrangers que pour développer et perfectionner les indigènes. La mode impose sa tyrannie ici comme en tout le reste. On est plus fier d'avoir sur sa table de mauvaises poires venues d'Europe, ou péniblement obtenues au Brésil, à l'instar de l'Europe, que d'excellentes bananes cueillies à volonté dans la *roça* (verger bahianais). Chez nous, on fera exactement l'inverse; en vertu du même principe, ou plutôt de la même manie.

Sans plus philosopher, je transcris ici les noms de quelques autres fruits brésiliens que j'ai notés au fur et à mesure qu'ils venaient à ma connaissance : *araça*, *cambuca*, *araticum*, *inga*, *jambo*, *jaboticaba*, *genipapo*, *goiaba*, *guabaroba*, *maracuja*, *pitanga*, *pinha*.... Je détache du groupe la *jaca*. Aussi bien se met-elle assez d'elle-même en évidence parmi ses congénères. Si La Fontaine eût connu la *jaca*, il n'aurait pas pu écrire *Le Gland et la Citrouille*. C'est, en effet, la gourde pendue au grand arbre et qui, si elle fût tombée sur le nez de Garo endormi, ne lui eût pas laissé le loisir de reconnaître la sagesse de la Providence.

La *jaqueira*, qu'il faudrait traduire d'après l'analogie par le *jaquier*, atteint de grandes proportions, comme le manguier avec lequel il a de la ressemblance. Le fruit pousse à même le tronc et les grosses branches, soutenu par un pédoncule puissant qu'il faut couper avec la hache. Il a tout l'aspect d'une citrouille de forme ovale, avec une peau rugueuse, comme du chagrin. Une *jaca* peut peser de cinq à six kilos et, je crois même, bien davantage. L'intérieur présente des rangées de gros haricots noyés dans une sorte de crème épaisse, gluante et très sucrée. Il s'en exale une certaine odeur qui n'est pas un parfum. On peut puiser là-dedans à bouche que veux-tu. La *jaca* n'est pas un manger distingué; on ne la sert pas sur la table à des invités; mais le peuple s'en accommode et les enfants en raffolent. Une *jaca* peut régaler tout un petit bataillon.

Je parlerai ailleurs du coco et des innombrables produits alimentaires des palmiers. Au surplus, je n'ai pas la prétention d'énumérer toutes les sortes de fruits que l'indigène trouve à portée de sa main dans les *roças*, aux environs de Bahia; tout au plus lui en coûtera-t-il la peine de planter quelques arbres autour de sa demeure. S'il prend soin d'y mettre un *frutapao*, qui lui donnera plusieurs centaines de pommes grosses comme la tête d'un enfant, et qui, passées au four, peuvent tenir lieu de pain; s'il ajoute encore un carré de manioc ou de patates douces, qui ne lui demanderont pas une journée entière de travail, le voilà approvisionné du nécessaire et même de l'agréable. Tout cela sans doute est peu substantiel; le dessert abonde plus que les plats de résistance; mais aussi l'organisme fait si peu de dépense! On comprend que, dans ces conditions, la créature humaine devienne indolente et paresseuse; la générosité de la nature l'y invite.

— Mais, dira peut-être le *fazendeiro* en s'étendant sur sa chaise-berceuse, ce n'est pas parce que la table est toute servie que nous ne travaillons pas, comme on le fait chez vous. C'est le soleil qui ne le permet pas. Mais, du reste, nous aussi nous mangeons notre pain à la sueur de notre front. Voyez plutôt.

— Soit; alors il vous reste à remercier Celui qui a dit au soleil : Puisque tu empêches ces gens-là de travailler, tu te chargeras de les nourrir.

***

Dans la nuit du 5 au 6 janvier, j'assistai à un épisode point banal de la vie bahianaise. C'étaient les premières vêpres de la Fête des Rois. L'excellent docteur Alfredo de Ma... m'avait offert pour la circonstance une fenêtre de son salon. Nous étions là aux premières loges, la maison se trouvant en bordure au milieu de la rude montée de la *Soledade*, par où devait passer tout le défilé. On avait disposé dans la rue des lampes électriques; fort heureusement elles fonctionnèrent assez mal; trop de lumière eût gâté le tableau. La *Soledade* est une façon de faubourg, sur une hauteur, à l'extrémité nord de la ville. Il y a là une chapelle solitaire, dite de la *Lapinha* (petite caverne), au bout d'une esplanade qui domine la baie. Elle fut bâtie, me dit-on, par le P. Malagrida, le vénérable missionnaire que Pombal fit brûler à Lisbonne en 1761. La *Lapinha* est le but du pèlerinage qui s'accomplit tous les ans en la vigile de l'Ephiphanie; on va visiter le *presepe* et rendre ses hommages au *Senhor Menino Jesus*. Ce pèlerinage rappelle celui qui a immortalisé chez nous le nom de Longchamp. Tout Bahia est là, surtout le Bahia de couleur.

Vers 10 heures du soir, les premières vagues humaines commencèrent à envahir la montée. La foule passait à plein chemin, animée, joyeuse, bruyante, mais pourtant paisible. Les femmes et jeunes filles négresses sont en toilettes claires, la plupart en robes blanches, — tout est blanc, *senao o rosto* (excepté le visage); — elles ont leurs grands atours et beaucoup sont fort élégantes.

— Ces pauvres créatures, me dit Mme M..., se sont privées de tout pendant six mois pour se faire belles cette nuit.

De distance en distance arrivent les *ranchos* et les *ternos*. Je ne sais pas bien où gît la différence. Peut-être serait-ce que le *terno* est formé de petites gens, et le *rancho* de *senhores* et de *senhoritas*. Ce sont des groupes, plus ou moins nombreux, de 50 à 100 personnes, garçons et filles, tous en blanc et très parés, chacun portant, suspendues à un bambou, une ou plusieurs lanternes vénitiennes de formes et de couleurs variées. Chaque groupe arbore un insigne dont il prend le nom : c'est le *Soleil*, la *Terre*, le *Papillon*, l'*Aurore*, l'*Agneau*, la *Lyre*; il y a même l'*Urubu* et le *Dieu Cupidon*! et le *Bœuf-étoile*! Ces symboles, de grandes dimensions et brillamment éclairés, provoquent les applaudissements. La *Terre* me paraît remporter un vif succès. C'est un énorme globe en baudruche transparente, avec une lumière dans l'intérieur. On y aperçoit le profil des continents, et le Brésil se détache en couleurs étincelantes. Le patriotisme ne perd jamais ses droits. Chaque *rancho* ou *terno* est précédé d'une musique qui accompagne le chant des noëls. D'après le programme, la fête dure jusqu'à l'aube du jour, *até romper o dia*. A cinq heures du matin, tous les *ranchos* et les *ternos* devaient se trouver réunis sur la place du Gouvernement, apparemment pour la distribution des prix.

C'était vraiment la belle nuit des Tropiques, avec un ciel profond et plein d'étoiles; 27° centigrades; et du moment qu'il s'amuse, ce brave peuple n'a pas besoin de dormir.

Manifestement c'était l'élément noir qui prédominait dans l'interminable défilé. Ce fut pour moi l'occasion d'une petite enquête auprès de l'aimable docteur Alfredo. Nul ne pouvait me renseigner mieux sur les choses de son pays.

— Dites-moi donc, Docteur, quel est le chiffre de la population nègre au Brésil?

— Il est bien difficile de le savoir, me répond-il; nos statistiques ne sont pas tenues avec la même exactitude qu'en Europe; puis l'état civil des nègres est loin d'être à jour. Les estimations oscillent entre 3.000.000 et 1.500.000. La vérité est sans doute entre ces deux extrêmes.

— Et, depuis qu'elle est devenue libre, cette population tend-elle à augmenter?

— C'est plutôt le contraire. Il est hors de doute que la race nègre pure s'appauvrit; beaucoup de personnes estiment qu'elle est appelée à disparaître dans un avenir un peu éloigné.

— Mais alors la liberté ne lui aurait pas été profitable?

— Il ne peut y avoir de doute à cet égard. L'affranchissement trop brusque lui a été fatal; il équivaut presque à un arrêt de mort.

— Et comment cela, Docteur?

— C'est bien simple. Ces gens-là, esclaves de père en fils depuis des siècles, n'étaient pas préparés à la liberté. Ayant toujours vu les blancs vivre de loisirs, ils se sont persuadés qu'être libres signifiait être dispensés de travailler. La liberté fut pour eux le droit de ne rien faire. Ils en ont usé largement. La paresse a engendré la misère ; ils vivent de privations ; ils se nourrissent beaucoup plus mal qu'au temps de l'esclavage. De là des tempéraments délabrés, proie de toutes les maladies infectieuses, qu'ils se passent les uns aux autres. Ajoutez l'alcoolisme ; ils boivent la *cachaça* comme l'eau, et la *cachaça* les tue.

— En définitive, Docteur, y a-t-il, oui ou non, au Brésil, une question *nègre* comme aux Etats-Unis?

— Non, assurément, si l'on parle du Brésil dans son ensemble. Hors l'Etat de Bahia, et deux ou trois autres dans le nord, les noirs n'y constituent qu'une infime minorité. Ici, où ils sont très nombreux, ils ne laissent pas que d'être inquiétants. Au cours du siècle passé les insurrections d'esclaves ont été fréquentes ; on en a eu raison, mais l'animosité persiste. Il y a toujours dans l'âme du noir un trésor de rancunes accumulées pendant des siècles, les rancunes de l'opprimé contre l'oppresseur. Il faut bien l'avouer, les blancs ont à faire leur *meâ culpâ* ; les difficultés d'aujourd'hui sont l'expiation des abus d'autrefois. Pourtant, l'esclavage était peut-être moins inhumain chez nous qu'ailleurs ; dans les derniers temps il était même assez doux. Assurément, l'émancipation était devenue inévitable ; le progrès des idées ne tolère plus l'esclavage ; le Brésil était en retard sur le reste du monde civilisé. Il fallait en finir. Déjà nous avions une loi en vertu de laquelle tout enfant naissait libre. L'extinction de l'esclavage se trouvait assurée au bout d'une génération. C'était une méthode sage et sûre. On n'a pas eu la patience d'attendre. Nous avons fait la loi du 13 mai 1888 ; nous avons aboli l'esclavage en bloc, d'un trait de plume, d'une façon que l'on peut qualifier de révolutionnaire, sans indemnité d'aucune sorte pour les propriétaires d'esclaves qui, pour la plupart, se sont vus ruinés du jour au lendemain. Beaucoup de *fazendas* durent être abandonnées faute de bras pour les cultiver; partout la rareté de la main-d'œuvre provoqua une crise qui n'est pas encore conjurée. Il n'est pas démontré que cette hâte ait profité aux noirs.

— Et maintenant, Docteur, ils sont non seulement libres, mais ils sont vos égaux devant la loi et devant les urnes; ils sont citoyens et électeurs. N'avez-vous pas à craindre que, étant le nombre, ils ne deviennent les maîtres?

— Oh! grâce à Dieu, nous n'en sommes pas encore là. Jusqu'à présent, leurs votes sont de peu de poids dans les scrutins. D'abord, pour être électeur chez nous, il faut savoir lire et écrire; ensuite, les élections en ce pays-ci....

— Eh bien, les élections?

— Mieux vaut n'en pas parler.... Oui, certes, les noirs pourraient devenir les maîtres, s'ils savaient tirer parti des avantages que notre Constitution démocratique leur assure. Mais ce qui nous sauve, c'est que la race ne produit que par exception des hommes d'intelligence au-dessus de la moyenne et capables de haute culture. Il y en a; je pourrais en citer, parmi les morts et les vivants; mais, une fois encore, ils sont rares.... Je parle, remarquez-le bien, de la race noire, des Africains, comme nous les appelons ici; car il en va tout autrement pour la race mixte, issue du mélange des blancs avec les noirs ou les Indiens. Cette population de sang mêlé constitue la véritable race brésilienne, plus vigoureuse, plus résistante, parce que mieux adaptée au climat que les éléments de race européenne sans alliage.

J'ai entendu plusieurs fois formuler cette dernière observation, spécialement par des maîtres et des maîtresses qui avaient dans leurs classes toutes les nuances de teints. Blanc ou noir, le sang pur ne leur paraissait pas être d'ordinaire un indice de supériorité physique ou morale. Si je suis bien informé, le nègre brésilien ne partagerait pas cette manière de voir. S'il n'aime pas le blanc, il déteste le mulâtre. « Dieu, a-t-il coutume de dire, a fait le café qui est noir et le lait qui est blanc ; mais il n'a pas fait le café au lait, qui n'est ni noir ni blanc. »

Quoi qu'il en soit de ces aversions réciproques fondées sur les différentes colorations de la peau humaine, je ne vois pas qu'il y ait ici ce fossé, ni ces barrières que les blancs des Etats-Unis mettent entre eux et leurs concitoyens nègres. Sur les bateaux, dans les tramways, dans les hôtels, dans les églises, et je pense aussi dans les théâtres et les spectacles où je ne suis pas allé, nègres et négresses prennent place à côté des *senhores* les plus corrects et des *senhoras* les plus élégantes. Je vois dans les *républiques* d'étudiants la jeunesse blanche fraterniser avec la noire ; je vois dans les fanfares militaires ou civiles un cornet à piston noir à côté d'une clarinette blanche ; je vois surtout, dans les rangs des fantassins ou des cavaliers qui paradent ici et là, des figures de toutes couleurs, avec pourtant prédominance du noir. A en juger par l'extérieur on pourrait croire que la fusion de tous les éléments disparates s'est accomplie au souffle de la liberté ; il n'y aurait plus ni maîtres ni esclaves, ni blancs ni noirs, rien que des citoyens libres et égaux. Mais gardons-nous de nous fier aux apparences.

Au surplus, il est bien historiquement vrai que la colonisation espagnole et portugaise eut de tout temps, à l'égard des populations indigènes ou asservies une attitude toute différente de celle de la colonisation anglo-saxonne. L'Anglo-Saxon refoule l'indigène et finit par l'anéantir, comme aux Etats-Unis, en Australie, en Nouvelle-Zélande ; ou bien, comme aux Indes, il se contente de gouverner, d'administrer et d'exploiter, mais en gardant toujours impitoyablement ses distances. L'Espagnol, le Portugais, le colonisateur latin, se mêle à la race dite inférieure; la sienne en est sans doute altérée; mais il en résulte des peuples nouveaux, qui ont leur originalité et leur valeur propre. Laquelle des deux méthodes est la meilleure? On ne peut disconvenir que la latine ne soit au moins la plus humaine; l'avenir démontrera peut-être qu'elle était encore la plus habile et la plus sage. En attendant, le Brésil lui doit de n'avoir pas à résoudre chez lui le terrible problème qui trouble les Américains du Nord et qui s'appelle la *Question nègre*.

On me permettra de placer ici une note extraite d'un petit livre qui me tomba sous la main pendant mon séjour dans la vieille cité de Sao-Salvador. En voici le titre : *L'animisme fétichiste des nègres de Bahia, par le docteur Mina Rodriguez, professeur de médecine légale à la Faculté de Bahia, 1900*. Il est écrit en français et imprimé à Bahia même. L'honorable professeur y a consigné le résultat de ses études et de ses enquêtes poursuivies pendant plusieurs années. Il aurait constaté que les nègres ont conservé en Amérique les traditions, les légendes et les pratiques du fétichisme africain; la foi catholique et les exercices du culte ne seraient pas pour eux un obstacle; il se fait dans leur cerveau un amalgame bizarre de croyances hétérogènes; ils identifient les saints avec leurs fétiches; ils se réunissent dans des conciliabules d'où les profanes mêmes ne sont pas exclus, pour y accomplir des rites religieux; l'auteur y a été témoin de phénomènes qu'il attribue à l'hystérie, mais où il est bien difficile de ne pas reconnaître la possession diabolique. Enfin les sorciers jouissent parmi leurs congénères d'un prestige et d'un pouvoir presque sans limite. Et l'auteur conclut sur ce corollaire que je transcris tel quel, en lui en laissant la responsabilité :

> Le nombre de blancs, de mulâtres, d'individus de toutes les couleurs et de toutes les nuances qui, dans leurs chagrins, dans leurs malheurs, vont consulter les nègres sorciers et les écoutent, est incalculable, dirais-je, s'il n'était pas plus simple de dire tout de suite que c'est la population entière, à l'exception de quelques esprits supérieurement éclairés qui ont la notion vraie de ces manifestations psychologiques (page 147).

Apparemment le savant professeur généralise un peu plus qu'il ne convient. Mais après tout, l'empressement des Bahianais et des Bahianaises de la bonne société auprès des sorciers nègres n'a rien qui doive nous surprendre. S'il en venait un à Paris, il aurait sûrement la vogue.

Je ne voudrais pas non plus donner à entendre que la population noire de Bahia est, dans son ensemble, adonnée au fétichisme. Sans doute ces pauvres gens n'ont pas une religion très épurée; on les a baptisés, mais on ne les a pas instruits. Il se mêle à leur croyance et à leur pratique religieuse une bonne dose de superstition; mais à cet égard la masse de la population blanche n'a guère de reproche à leur faire. Au surplus, ils ont en général un respect naïf mais sincère des choses saintes ; ils ne passent guère devant une église sans s'arrêter un peu et se signer ; leur dévotion a besoin de se prendre à quelque chose de sensible ; ils s'enrôlent volontiers dans les confréries et sont heureux de figurer avec leurs insignes dans les processions. Je les ai vus, les hommes comme les femmes, sans en excepter les soldats, baiser avec transport l'image de l'Enfant Jésus que je leur présentai après la messe de Noël. Les belles statues habillées de brocart et chargées de brillants leur inspirent une vénération qui ne se lasse pas ; ils passeront des heures à les regarder et à leur adresser des hommages et des prières. Ils ont un saint de famille, un saint noir, bien authentique, que l'on trouve dans toutes les églises, vêtu de sa robe de bure ; car il appartenait à l'ordre franciscain. Je demandai un jour à un nègre le nom de ce *Santo* ; il me regarda d'un air étonné, et je dus répéter ma question.

— Mais, c'est *Sao Bento !* fit-il d'un ton qui voulait dire que mon ignorance le scandalisait.

Dans le courant de janvier, je passai une semaine à la *Penha* (la Roche), à l'extrémité de la presqu'île d'Itapagipe, qui termine elle-même la bande de rivage sur laquelle s'allonge la ville basse de Bahia. Il y a là tout un quartier d'usines laides et de villas très gracieuses. La pointe se relève en terrasse plantée d'arbres, du milieu desquels émerge le dévot sanctuaire de *Nossa Senhora da Penha*. La *bahia* se présente là, tout entière, comme un lac tranquille bordé d'un rideau de collines uniformes qui, dans la lumière pure, se colorent en bleu pâle. Le paysage a un caractère doux et reposant. On peut trouver qu'il y manque quelque motif un peu saillant, quelque silhouette de montagne pour rompre la monotonie de ces lignes basses.

Entre la Penha et la cité de Sao-Salvador s'avance le promontoire de Bomfim, qui, avec son église toute blanche, flanquée de deux tours à contrevents verts, forme une des notes les plus gaies du panorama de la vieille capitale. *Nosso Senhor Jesus de Bomfim* (littéralement *de la Bonne Mort*) est l'objet d'une dévotion très expansive et très bruyante, selon l'usage de ce pays. Nous sommes précisément à l'époque de la grande neuvaine annuelle. Tous les soirs l'église et les tours sont illuminées, et le bruit des musiques et des pétarades nous arrive en glissant sur les eaux sans rien perdre de son intensité. A l'occasion de la fête, l'église reste ouverte pendant le jour; j'ai donc pu la visiter. On y accède par une esplanade en pente douce, au milieu de laquelle se dresse la statue en marbre blanc du Christ Rédempteur du monde. En ce moment, la place est encombrée de baraques, de jeux de foire, d'exhibitions sensationnelles, de chevaux de bois : toute la civilisation. Dès le seuil de l'édifice, on aperçoit dans le fond le *Bon Jésus* à qui il est dédié. C'est une reproduction d'un grand crucifix, très réaliste, vénéré à Setubal. Elle fut apportée à Bahia, vers 1740, par le capitaine Rodrigue de Faria qui a voulu être enterré tout près de la sainte image. La nef unique, grande et bien proportionnée, ne manque pas d'une certaine beauté. J'y ai remarqué, comme dans plusieurs autres églises de Bahia, la voûte en bois, ornée de peintures à fond de sépia, qui est, paraît-il, de tradition dans l'architecture portugaise. Dans les bas-côtés se trouvent de beaux spécimens de tableaux en *azulejos*; entre autres une réduction des *Noces de Cana* de Paul Véronèse. D'innombrables *ex-voto*, témoignages d'un art encore plus candide que la foi qui l'inspire, tapissent les murs ou pendent à la voûte. J'y ai remarqué un portrait en pied, avec une inscription qui m'a appris que j'avais devant moi le docteur José Marcellino de Souza, gouverneur actuel de l'état de Bahia. Comme il rentrait en ville, à la descente du bateau, un misérable lui tira presque à bout portant un coup de revolver. Son Excellence fut atteinte, mais *Nosso Senhor de Bomfim*, dit l'inscription, avait fait trembler la main de l'assassin, et la blessure n'eut pas de suite fatale.

Dans la jolie église de la *Penha*, toute blanc et or, nos religieuses françaises, réunies là pour prendre un peu de repos, célébraient elles aussi les aimables fêtes de cette époque de l'année. Elles chantaient comme l'on chante chez nous, soit des morceaux liturgiques, soit des cantiques français. Je remarquai que les assistants écoutaient avec un air étonné et ravi. J'eus la curiosité d'interroger l'un d'eux, homme instruit et âgé.

— Me permettriez-vous, Senhor, de vous demander votre impression sur le chant des *freiras* françaises?

— *Suave*, *Suave*....

Ce mot portugais *suave*, qui veut dire *doux*, était le fond de sa réponse, qu'il développa d'ailleurs abondamment. Comme j'avais eu maintes fois l'occasion d'entendre chanter des femmes et des jeunes filles du pays, cette appréciation ne m'étonna point. Elles ont en effet un timbre de voix qui n'a rien de particulièrement doux, je dirais presque rien de féminin. On croirait plutôt entendre des jeunes gars. Est-ce le soleil qui donne à leur organe cette robustesse quelque peu excessive ? Je l'ignore. Mais ce n'est pas elles seulement qui ont dans la voix je ne sais quoi de rude et d'antimusical. J'ai du moins personnellemeut ressenti cette impression dans une multitude de circonstances et dans des milieux très divers.

Au surplus, c'est un fait indéniable que les oiseaux du Brésil ne sont pas bien doués du côté de la voix. Ils sont mieux habillés que les nôtres, mais en revanche ils ne sauraient rivaliser avec nos chanteurs des bois. On ne peut pas tout avoir; le créateur a fait de ses dons une répartition équitable. Le rossignol n'a qu'une pauvre robe grise, mais le paon ne sait que miauler d'affreuse façon. Toutes les couleurs de l'arc-en-ciel ont été mises à contribution pour décorer le plumage des innombrables races de perroquets et de tant d'autres volatiles qui peuplent la *floresta* brésilienne, mais leur ramage est insignifiant, quand il n'est pas désagréable. La ravissante famille des colibris ignore jusqu'aux rudiments de l'art musical ; ces petits êtres aériens, qui semblent faits de lumière et de couleurs, s'annoncent par un crissement de cigale ; vous les voyez alors fondre sur une fleur, et sans se poser, leurs ailes agitées d'un frémissement si rapide qu'elles paraissent immobiles, puiser de leur long bec dans le calice le suc qui suffit à les nourrir.

Il faut pourtant faire mention honorable du *sabia*, le seul oiseau du Brésil, à ma connaissance, qui ait quelque prétention en musique. Le *sabia* est, si l'on peut dire, un oiseau représentatif de son pays d'origine ; il devrait figurer dans l'écusson du Brésil, comme le coq dans le nôtre, ou l'oiseau de Minerve dans les monuments athéniens. Pour les poètes brésiliens, le Brésil, c'est le pays où chante le *sabia*.

C'est un pays splendide
Que cette terre de Tupa,
Depuis l'Amazone jusqu'au Rio de la Plata,
Du Rio Grande jusqu'au Para.
Il a des chaînes de montagnes géantes
Et des forêts profondes
Qui retentissent perpétuellement
Des chants du *Sabia*.

Or, le *sabia* ressemble trait pour trait au merle de chez nous, sauf pourtant le bec jaune qui lui manque; il a, lui aussi, un beau manteau de satin noir, l'air éveillé et un peu fripon, et il siffle bien plus qu'il ne chante. Son instrument a de la puissance, de l'éclat, mais pas de moelleux; c'est le défaut, ou si l'on veut, le caractère des voix du pays. Puis, — je demande pardon aux Brésiliens de toucher avec si peu de révérence à l'oiseau national, — sa chanson est d'une monotonie exaspérante. On aime beaucoup à avoir un *sabia* dans sa maison. J'en ai vu à Bahia presque autant que de perroquets. J'ai noté les cantilènes que ceux du voisinage m'ont fait entendre, du matin au soir, pendant trois mois. Les voici :

CHAPITRE V

De Bahia à Rio de Janeiro. — Aperçu historique. — Le *descobrimento*. — La « première messe au Brésil. » — Pedro Alvarez Cabral. — Les Capitaineries. — Nicolas de Villegaignon. — Les Hollandais au Brésil. — *O mundo portuguez*. — Préliminaires de l'émancipation. — Le *Fico*. — L' « Indépendance ou la mort. » — L'Empire. — Abdication de Don Pedro Ier. — Soixante ans de règne. — L'avènement de la République. — Les Etats-Unis du Brésil. — Constitution. — Population. — Institutions anglo-saxonnes.

A bord du *Magellan*, 31 janvier 1908.

Arrivé dans l'après-midi, le paquebot a pris son mouillage, selon l'ordinaire, très loin de la terre. Le branlebas du départ a lieu seulement à 11 heures du soir. On y gagne de contempler tout à son aise, du haut du pont, le panorama de la cité de Sao-Salvador par une nuit calme et limpide. Depuis le gros feu du Pharol, à l'entrée de la *Bahia*, jusqu'à la pointe d'Itapagipe, sur une quinzaine de kilomètres de longueur, une ligne interrompue de lumières dessine la courbe du rivage. De divers points de la ville haute on voit partir des fusées ; on n'y ferait pas autrement attention, car rien de plus fréquent ici ; mais aujourd'hui il y a une raison particulière de brûler de la poudre; on vient en effet de voter pour l'élection du nouveau gouverneur de l'Etat de Bahia; il y a au moins l'un des deux partis rivaux qui célèbre sa victoire. Peut-être même la célèbrent-ils tous les deux.

De Bahia à Rio de Janeiro, l'indicateur maritime marque 736 milles, soit 1.420 kilomètres environ. En ce pays-ci les distances se comptent par gros chiffres. Nous nous imaginons faire un voyage quand nous allons en Algérie; 800 kilomètres en mer! Quand les Brésiliens veulent se rendre à Rio de Janeiro leur capitale fédérale, ils ont, s'ils viennent du nord, des traversées de 1.420, 2.100, 3.600, 4.000 kilomètres suivant qu'ils s'embarquent à Bahia, à Pernambuco, à Sao Luiz du Maranhao ou à Bélem du Para. La distance est de 6.000 kilomètres pour ceux qui partent de Manaos, la capitale de l'Amazone. Du côté du sud, on est moins éloigné du centre. Pour venir à Rio de Janeiro, de Porto-Alegre capitale du Rio Grande do Sul, l'Etat le plus méridional de la Confédération, on a seulement à naviguer l'espace de 1.800 kilomètres.

Nos vapeurs des Messageries maritimes couvrent le petit trajet de Bahia à Rio en 52 heures environ. C'est à peine le temps de s'installer. On comptait un peu sur les baleines pour agrémenter le voyage. Elles apparaissent en effet par bandes nombreuses en ces parages pendant une moitié de l'année, de juin à décembre. On les poursuit et on les capture jusque dans la baie de Tous-les-Saints; il n'y a guère plus de quarante ans que le gaz a détrôné l'huile de baleine pour l'éclairage de la ville de Bahia. Dans l'île d'Itapagipe où se fait le dépeçage des monstres, on voit des clôtures de jardins en os de baleines. Notre attente fut déçue; les voyageuses étaient reparties pour les mers polaires.

La poésie brésilienne a célébré l'amour maternel des baleines; c'est en effet pour mettre au monde leurs petits qu'elles viennent de si loin chercher des eaux dont la température sera plus clémente à leur délicatesse. Mais il paraît qu'il y a bien d'autres espèces qui sont attirées par un motif analogue vers les côtes du Brésil. A plusieurs reprises le *Magellan* creuse son sillon dans des eaux jaunâtres, d'apparence épaisse et visqueuse, et cela sur un espace de plusieurs centaines de mètres. Je pensai d'abord que c'étaient des débris végétaux charriés par l'estuaire de quelque fleuve. Mais la côte est à peine perceptible et la carte n'indique aucun rio de quelque importance; l'explication n'est donc pas admissible. Intrigué, j'allai aux informations et ce ne fut pas sans quelque stupéfaction que j'appris que l'on naviguait ainsi dans du frai de poisssons. Oh! alors, l'Océan n'a pas à craindre le fléau de la dépopulation.

Tout le parcours de la baie de Tous-les-Saints à celle de Rio de Janeiro se fait en longeant la côte dont le relief est assez puissant pour se laisser apercevoir à 40 ou 50 milles au large. Pendant des heures, grâce à la transparence de l'air, l'œil peut suivre le profil des *serras* nettement découpé sur un ciel laiteux. C'est le cas de jeter un regard d'ensemble sur ce pays si merveilleusement doté par la nature et que rend plus attachant encore le demi-mystère dont il est resté enveloppé jusqu'à ce jour. Pour goûter l'histoire, et même pour la comprendre, il n'est rien tel que de voir les lieux où se sont déroulés les événements. Aussi bien nous voici par le travers de Porto-Seguro où Pedro Cabral aborda pour la première fois, il y a un peu plus de 400 ans. En face du mont Pascoal que je devine à l'horizon, j'ai relu le récit du *descobrimento* du Brésil. Chose étrange, les Portugais le trouvèrent par hasard en cherchant autre chose[1].

1 « Que o descobrimento do Brazil fosse obra do acaso hoje não se pode mais duvidar. » Galanti. *Historia do Brazil*. T. I, p. 31.

Le roi Don Manuel voulant développer ses établissements de l'Inde, avait fait équiper une flotte de dix caravelles et de trois gros vaisseaux de charge, montés par 1.200 hommes; certains auteurs portent ce chiffre à 1.500. Le commandement en fut confié à Pedro Alvarez Cabral. Il devait obtenir des rajahs indiens la liberté pour les Portugais de faire le commerce et de prêcher l'Evangile, et en cas de refus en appeler aux armes. Le départ de l'expédition fut entouré d'une solennité extraordinaire. Le 8 mars 1500, Don Manuel avec toute la cour assista à la messe célébrée à Bélem par l'évêque de Ceuta; Cabral était à la droite du roi. L'office achevé, l'évêque bénit la bannière de l'Ordre du Christ, arborée sur l'autel, puis la présenta au roi qui la remit à Cabral. On se rendit ensuite processionnellement au bord du Tage, où une foule immense était accourue pour assister au départ des vaisseaux. Toutefois, à cause du vent contraire, il ne put avoir lieu que le jour suivant. L'expédition devait longer la côte d'Afrique et doubler le cap de Bonne-Espérance. Parvenu au golfe de Guinée, Cabral, conformément à ses instructions, prit le large afin d'éviter les calmes plats; mais ce fut pour donner dans des courants que l'on ne connaissait point encore, et qui emportèrent la flotte vers l'ouest. Quarante jours après la sortie du port de Lisbonne, le 21 avril, on reconnut le voisinage de la terre aux signes accoutumés : des oiseaux, des herbes, des bois flottants. Le lendemain, les vigies aperçurent la silhouette ronde d'une grande montagne. Cabral ordonna alors de rassembler les vaisseaux et de jeter l'ancre. Tous les capitaines se réunirent et comme l'on était au mardi de Pâques, on donna à la montagne le nom de *Monte Pascoal.*

Le 23 avril, on envoya des barques au rivage, où se trouvaient déjà des multitudes d'indigènes attirés par la curiosité. Le samedi 25, toute la flotte se mettait à l'abri dans le port naturel d'où la ville de Porto-Seguro devait plus tard tirer son nom, et enfin le dimanche de *Quasimodo*, 26 avril 1500, Frei Henrique de Coimbra célébrait en plein air, dans la petite île de *Coroa vermelha*, devant tous les Portugais assemblés, la première messe dite en la nouvelle conquête. *La première messe au Brésil* a fourni à un peintre brésilien, Victor Meirelles, le sujet d'une vaste composition qui compte parmi les œuvres les plus remarquables de la galerie des Beaux-Arts de Rio de Janeiro.

Au surplus le moine franciscain est resté dans la mémoire du peuple étroitement associé à l'heureux *découvreur* lui-même. On les voit l'un à côté de l'autre dans le monument érigé à Rio, en 1900, à l'occasion du quatrième centenaire de la découverte. C'est au bord de la baie, dans le cadre ravissant de la *Gloria*, Cabral apparaît debout, tête nue, regardant le ciel; de la main gauche il tient le drapeau et de la droite il salue; sur l'autre face Frei Henrique, en costume de moine, étreint la croix sur sa poitrine dans un geste fervent d'adoration et de reconnaissance.

Le dimanche suivant, 3 mai, une autre messe solennelle fut célébrée sur la terre ferme, au pied d'une grande croix que Cabral avait fait planter en signe de prise de possession. C'était d'ailleurs la fête de l'Invention de la Sainte Croix. C'est sans doute à cette occasion que l'on donna au pays le nom de *Vera-Cruz* ou *Santa-Cruz*; celui de Brazil ou Brésil ne prévalut que plus tard. C'est aussi ce qui explique pourquoi la fête du *Descobrimento* se célèbre au Brésil à la date du 3 mai.

Quant à Pedro Cabral, il finit dans l'obscurité, sinon tout à fait dans la misère comme Christophe Colomb. L'histoire avait complètement perdu sa trace lorsque, en 1839, on découvrit son tombeau, un peu par hasard, comme lui-même avait découvert le Brésil. Tout récemment ses cendres furent transportées à Rio de Janeiro. Arrêté, un jour où il y avait foule à la cathédrale, dans le couloir de la sacristie, j'y copiai l'inscription suivante gravée en portugais sur une plaque de marbre que j'avais devant les yeux :

> Le 30 décembre 1903, Dom Joachin Arcoverde de Albuquerque Cavalcanti étant archevêque de cet archidiocèse, fut déposée ici une urne double de plomb et de bois contenant les restes mortels de Pedro Alvarez Cabral, *descobridor* du Brésil, extraits le 14 mars 1903 de son tombeau en l'église de Notre-Dame-des-Grâces de Santarem en Portugal, où ils se trouvaient depuis l'an 1529 dans une sépulture de famille, apportés et donnés à cette cathédrale par le B[el] (Bacharel) Alberto de Carvalho.

La monarchie portugaise ne s'intéressa pas beaucoup tout d'abord à sa nouvelle possession. Ses regards et ses préoccupations se tournaient du côté des Indes. On croyait alors que l'Amérique n'en était que le prolongement, et c'est pourquoi on la désigna longtemps sous le nom d'Indes occidentales, de même que les indigènes furent appelés Indiens; usage qui s'est perpétué jusqu'à nos jours. Toutefois, même après que Magellan eut doublé la pointe méridionale du continent américain, les flottes portugaises continuèrent de se rendre aux Indes par le cap de Bonne-Espérance. On ne se pressa pas beaucoup d'explorer la côte brésilienne; la prise de possession se fit lentement et non sans de grandes difficultés.

Bien qu'il fût alors à l'apogée de sa puissance maritime, le Portugal ne se trouvait pas en mesure d'occuper effectivement les immenses territoires qui lui appartenaient en vertu du droit international de l'époque. Le roi imagina donc de distribuer son nouveau domaine à quelques personnages considérables de la noblesse qui se chargeraient à leurs risques et dépens de l'organiser, de l'administrer et, si possible, de le mettre en valeur. C'était, sous une autre forme, le système des concessions aux Compagnies coloniales. La partie de la côte déjà reconnue fut donc découpée en tranches de longueurs inégales, qui avec leur *hinterland* formèrent les capitaineries. Malgré les avantages attachés à la concession on eut peine à trouver une douzaine de seigneurs pour accepter la libéralité royale. La tâche à accomplir était au-dessus des forces de simples particuliers, même riches et entreprenants. Pour la plupart des capitaineries héréditaires le régime ne dura pas vingt ans. Il y eut alors un gouverneur général, puis deux, le premier pour les capitaineries du nord, avec résidence à Bahia, le second pour celles du sud avec résidence à Rio de Janeiro. Plusieurs de ces gouverneurs généraux portèrent le titre de vice-roi. De nouvelles capitaineries s'ajoutaient aux douze premières, au fur et à mesure des progrès de la colonisation. Mais les Portugais durent payer chèrement l'extension et l'affermissement définitif de leur domination. Indépendamment des luttes fréquentes et meurtrières qu'il fallut engager avec les tribus indigènes, ils eurent à défendre leurs possessions contre des compétiteurs puissants et acharnés.

Dès l'époque des grandes découvertes, les rois de Portugal avaient pris des mesures pour s'assurer la paisible possession des terres nouvelles. On sait que le pape Alexandre VI, pris pour arbitre, avait tracé une ligne idéale qui partageait entre Espagnols et Portugais toutes les Indes découvertes ou à découvrir. Mais il fallait se garantir contre d'autres ambitions. C'est pourquoi des ordonnances furent portées, qui interdisaient sous des peines très rigoureuses aux sujets de Leurs Majestés de fabriquer des cartes et des sphères terrestres, aussi bien que de prendre du service dans les marines étrangères. On croyait pouvoir cacher des continents comme une trouvaille quelconque. Mais la curiosité des rivaux était éveillée. Tout le monde voulait avoir sa part de l'aubaine. Nos armateurs et nos corsaires furent les premiers à troubler le Portugal dans son installation au Brésil. Dès 1503 des vaisseaux partaient de Dieppe pour les Indes occidentales et faisaient le commerce avec les tribus. Ces relations se prolongèrent pendant plus de vingt ans. Don Manuel fit faire des plaintes par son ambassadeur auprès du roi de France. Il paraît que la voie diplomatique ne lui réussit pas; car nous avons vu plus haut Christophe Jacques couler des vaisseaux français dans la baie de Tous-les-Saints, pour le service de son roi.

Ce fut ensuite la brillante et stérile aventure de Villegaignon. Le personnage n'est guère sympathique. Deux fois apostat, il ne semble pas avoir cherché dans l'expédition dont il fut le chef d'autre intérêt que celui de sa fortune personnelle.

Nicolas de Villegaignon arrivait en 1555 dans la baie de Guanabara (baie de Rio de Janeiro) avec deux vaisseaux bien armés et une troupe de six à sept cents hommes. Il s'empara d'une île où il bâtit un fort auquel il donna le nom de Coligny, en l'honneur du fameux amiral huguenot. Tout chevalier de Malte qu'il était, il passa lui-même au protestantisme. Il fut un moment maître de la baie; mais il dépensa en querelles religieuses une activité qui eût été mieux employée à affermir son établissement. Son mauvais caractère et des rigueurs inutiles suscitèrent de tels mécontentements qu'il dut abandonner la partie et regagner la France. A force d'énergie ses compagnons parvinrent à se maintenir quelque temps encore dans leurs positions; mais réduits à leurs propres forces, ils finirent par succomber sous le nombre. Ce fut en 1567 que les survivants de la petite troupe s'embarquèrent pour gagner Pernambuco où ils tentèrent vainement de s'établir. L'occupation française de la baie de Rio de Janeiro n'avait pas duré plus de deux ans. Il n'en resta pas d'autre souvenir que le nom de Villegaignon que porte encore la première ile que l'on trouve à gauche en entrant dans la baie. L'historien protestant Southey termine ainsi le récit de cette lutte : « Jamais guerre soutenue avec de si faibles moyens n'eut d'aussi graves conséquences. Si le gouverneur portugais Mem de Sa eût été moins résolu et le Père Nobrega moins infatigable, cette cité qui est aujourd'hui la capitale du Brésil serait encore française. »

Henri IV encouragea une nouvelle tentative d'établissement français aux Indes occidentales; l'expédition, préparée de son vivant, ne put avoir lieu que deux ans après sa mort. Trois vaisseaux sous le commandement de La Ravardière abordèrent au mois de juin 1612 sur la côte du Maranhao, dans le voisinage de l'Equateur. Nos compatriotes s'y établirent et bâtirent le fort qui fut le berceau de Sao-Luiz.

Mais là encore ils durent se retirer devant des forces supérieures envoyées par le gouverneur de Pernambuco.

Un siècle plus tard, en 1711, le Portugal se trouvant engagé contre la France dans la guerre de la succession d'Espagne, Duguay-Trouin, à la tête d'une puissante escadre, força l'entrée de la baie de Rio de Janeiro, et s'empara de la ville, à laquelle il imposa une forte contribution. Il en eût fait autant à Bahia; mais les vents contraires l'empêchèrent de donner suite à son dessein. Notre pavillon ne reparut plus qu'une seule fois dans les eaux brésiliennes avec des intentions non pacifiques. Ce fut en 1828, quand l'amiral Ronsin vint exiger réparation pour la capture de quelques vaisseaux de commerce français.

Le Portugal eut dans sa colonie des ennuis bien autrement sérieux de la part de la Hollande. La guerre dura, avec des intermittences, près de 40 ans, de 1624 à 1661. La Compagnie des Indes orientales avait valu à la Hollande un empire colonial qui fait encore sa fortune. Ce brillant résultat provoqua la création d'une Compagnie des Indes occidentales, laquelle profita du moment où le Portugal avec toutes ses possessions passait sous la couronne d'Espagne pour jeter son dévolu sur le Brésil. J'ai dit déjà que les Hollandais maîtres de Bahia ne tardèrent pas à en être repoussés; mais ils furent plus heureux à Pernambuco qui demeura en leur possession pendant toute cette longue période. De là, ils étendirent successivement leur domination sur toutes les capitaineries du nord.

Ces succès étaient dus pour une bonne part au génie de Maurice de Nassau. Après son retour en Europe les affaires changèrent de face. Le patriotisme des colons portugais, qui avait subi une éclipse pendant la durée de l'annexion à l'Espagne, se réveilla à la restauration du Portugal; la haine de l'étranger doublée de la haine contre l'hérétique souleva tous les cœurs; la lutte fut implacable de part et d'autre; mais la Hollande, obligée de tenir tête à d'autres adversaires, ne put envoyer des renforts suffisants. La victoire finale resta aux colons portugais de Pernambuco et du Maranhao. La paix fut signée en 1661. Les Hollandais renonçaient à toute prétention sur le Brésil et recevaient en échange d'autres possessions du Portugal en Océanie, avec une indemnité pécuniaire et des avantages pour leur commerce.

Débarrassée de la Hollande, la grande colonie portugaise n'eut à se débattre qu'avec l'Espagne. L'arbitrage d'Alexandre VI n'avait pas tranché toutes les difficultés entre les deux couronnes qui avaient à se partager les trois quarts du monde. On ne s'entendait pas sur le point de savoir où passait la ligne de partage, et par conséquent si les terres convoitées se trouvaient à l'est ou à l'ouest. Dans la plupart des cas litigieux on en appela aux armes ou bien on fit des accords qui consacraient le droit du premier occupant. Il est bien vrai que, en aucune hypothèse, l'extension du Brésil vers l'ouest ne peut concorder avec la fameuse ligne de démarcation. Mais d'ailleurs la part de l'Espagne qui comprenait tout le reste de l'Amérique méridionale pouvait suffire à son appétit.

De son côté le Portugal détenait, aux XVIe et XVIIe siècle, sous une domination plus nominale sans doute qu'effective, une bonne moitié du globe. J'ai vu dans les atlas de géographie qu'on met aux mains des élèves en Portugal et au Brésil, une carte intitulée *O mundo Portuguez* (le monde portugais), 1400-1600. Le trait de couleur qui marque les possessions portugaises suit, presque sans interruption à partir du Maroc, le pourtour du continent africain, puis il dessine pareillement le littoral des deux presqu'îles indiennes, il atteint la Chine, englobe une bonne partie des archipels du Pacifique et enfin découpe à peu près une moitié du continent Sud-Américain. Comme, en vertu de la fiction juridique traditionnelle, l'*hinterland* appartenait à qui avait pris pied sur la côte, on voit quel invraisemblable empire était censé reconnaître la souveraineté du roi de Portugal.

***

Le Brésil formait assurément le plus beau fleuron de sa couronne. Une partie relativement considérable du territoire était réellement occupée ou soumise; les limites étaient fixées; sur la fin du XVIIIe siècle, après trois cents ans de régime colonial, la nationalité brésilienne était constituée. Dès lors elle aspirait à l'indépendance. Les fautes de la métropole rendaient inévitable le mouvement de séparation. Le gouvernement de Lisbonne considérait les colonies comme une propriété dont il fallait tirer tout le bénéfice possible. Il ne fut pas le seul à donner dans cette erreur. De là une série de mesures vexatoires et ruineuses pour les colons, qui ne pouvaient ni faire librement le commerce, ni surtout créer d'industries qui eussent été une concurrence pour celles de la métropole. L'antagonisme, ou pour mieux dire l'antipathie entre les deux peuples était dès lors passée à l'état aigu. D'autre part, l'émancipation des Etats-Unis avait déterminé dans toutes les colonies américaines une fermentation que rien désormais ne pouvait arrêter. La partie la plus cultivée de la population brésilienne était déjà imbue des idées qui préparaient la Révolution française. Leur première tentative d'insurrection s'organisa dans la province de Minas en 1791 ; les conjurés avaient dressé le plan d'une République indépendante. Le complot échoua, et celui qui en avait été l'âme, Tiradentes, fut condamné et exécuté le 21 avril 1792. Cette date a été inscrite parmi les fêtes nationales, pour perpétuer la mémoire du premier martyr de la liberté. On a aussi donné le nom de Tiradentes à l'une des plus belles places de Rio de Janeiro.

On pouvait croire que le séjour de la famille royale au Brésil (1808-1821), allait calmer les rancunes, dissiper les malentendus et finalement resserrer les liens qui unissaient la colonie à la métropole. Ce fut le contraire qui arriva. Sans doute ce fut pour le peuple brésilien l'occasion de manifester hautement son loyalisme à l'égard de la maison de Bragance; mais dès le premier jour, Don Jean VI put discerner parmi les acclamations du peuple de Rio celles qui saluaient *l'empereur du Brésil*. Il s'empressa d'ailleurs de donner à la monarchie un titre qui, dans sa pensée, devait tout à la fois satisfaire l'amour-propre brésilien et rendre la séparation impossible ; elle s'appela le « Royaume-Uni de Portugal, Brésil et Algarve » (1815).

En même temps il procédait à l'affranchissement économique de la colonie en ouvrant les ports au commerce de toutes les nations, et en accordant la liberté de créer des fabriques de toute sorte: La première imprimerie brésilienne fut alors créée à Bahia. Appelé au trône à la mort de sa mère en 1816 et proclamé roi à Rio de Janeiro, Jean VI acheva d'organiser l'autonomie du Brésil en dotant la capitale de plusieurs institutions que la métropole s'était réservées jusque-là. Tout cela n'empêchait pas la révolution d'éclater à Pernambuco l'année suivante; cette fois encore on parvint à l'étouffer et la clémence du souverain adoucit la répression. Mais le mouvement était irrésistible; Jean VI eut assez de clairvoyance pour le comprendre, et il semble bien que, s'il essaya de s'y opposer, ce fut sans espoir de succès, et seulement parce qu'il y fut contraint par le sentiment national portugais. Obligé de repartir pour Lisbonne, où les Cortès et le peuple réclamaient sa présence, Jean VI laissa au Brésil Don Pedro son fils et son héritier. On raconte que, au moment de le quitter, il lui dit : « Pedro, le Brésil ne tardera pas vraisemblablement à se séparer du Portugal; en ce cas, ne manque pas de mettre la couronne sur ta tête, plutôt que de la laisser prendre par quelque aventurier. »

Le roi avait quitté Rio-de-Janeiro le 26 avril 1821. Le 29 septembre suivant, un décret du gouvernement de Lisbonne rattachait toutes les possessions d'outre-mer à l'administration centrale de façon plus étroite que jamais, et donnait ordre au prince royal de rentrer dans le royaume. A cette nouvelle l'émotion au Brésil fut à son comble. Le Sénat de Rio supplia le prince de rester, lui représentant que son départ serait le signal de la révolte et de l'anarchie. Après un instant d'hésitation, Don Pedro prononça le mot fatidique : *Fico!* (Je reste).

En quelques instants le *fico* libérateur fit le tour de la capitale et y souleva un enthousiasme qui tenait du délire. Le commandant des forces militaires portugaises troubla la fête en occupant avec de l'artillerie le *Morro do Castello*, d'où il s'apprêtait à bombarder la ville. Mais on parvint à l'en dissuader, et quelques jours après il se laissa embarquer pour l'Europe. Dès lors cependant il fallait se préparer à la guerre; car le Portugal ne se laisserait pas déposséder sans tirer l'épée. C'est le 9 janvier 1822 que le jeun prince, tremblant d'émotion, avait dit : Je reste; le 7 septembre, comme il se trouvait à Ypiranga, dans la province de Sao Paulo, on lui remit de nouvelles sommations qui venaient d'arriver de Lisbonne. C'est alors qu'il lança une parole plus fière qui allait devenir le cri de ralliement du patriotisme brésilien : « L'Indépendance ou la mort! »

Quelques semaines plus tard, Don Pedro Ier, qui portait déjà le titre de *Défenseur perpétuel du Brésil*, était proclamé empereur. L'issue de la lutte avec la mère-patrie était comme d'avance. Que pouvait le petit Portugal contre un peuple qui s'éveillait frémissant d'un bout à l'autre de son immense territoire au souffle de la liberté? Les milices brésiliennes improvisées furent d'ailleurs conduites à la victoire par un habile homme de guerre, le général anglais lord Cochrane. De proche en proche les garnisons portugaises, aussi bien que les renforts envoyés de la métropole, durent se rendre après des résistances généralement peu meurtrières. La guerre de l'Indépendance était virtuellement terminée avant la fin de 1824. L'année suivante, cédant à la pression des grandes puissances qui avaient déjà reconnu le nouvel Etat, le Portugal, par l'intermédiaire de l'ambassadeur d'Angleterre, qui avait reçu des pleins pouvoirs à cet effet, signa le traité du 29 août qui consacrait l'indépendance du Brésil.

Moins d'un an après Jean VI mourait, et Don Pedro, pour ne pas compromettre le sort du jeune empire, abdiquait ses droits à la couronne du Portugal en faveur de sa fille Dona Maria da Gloria. Il fut d'ailleurs assez mal payé de son dévouement. Son règne ne fût qu'un perpétuel conflit avec les représentants de la nation. De part et d'autre on était mal préparé pour le régime constitutionnel ; l'empereur dominé par la tradition familiale du pouvoir absolu, et les mandataires du peuple encore dans l'effervescence révolutionnaire ne parvenaient pas à s'entendre. L'orage qui renversa le trône de Charles X eut son contre-coup au Brésil ; les rapports du souverain avec son parlement devinrent plus tendus ; du parlement le mécontement se répandit parmi le peuple. On fit sentir à Don Pedro que sa personne avait cessé de plaire. Pour éviter de plus grands maux, le jeune empereur — il n'avait que trente trois-ans — abdiqua, laissant le trône à son fils, enfant de six ans, et se retira en Europe, où il mourut quatre ans plus tard.

La régence fut d'abord exercée par un triumvirat, puis, en 1835, confiée à un régent unique désigné par une sorte de suffrage universel ; ce fut Antonio Feijo, un prêtre qui avait peut-être des qualités d'homme politique, mais fort peu celles de son état.

Les compétitions des partis lui rendirent la tâche difficile, si bien que, ne pouvant arriver au terme de son mandat, il fit avancer la date de la majorité du jeune prince. Don Pedro II commença à gouverner par lui même en 1840 ; il avait à peine quinze ans.

Son règne dura près de 60 ans ; ce devait être le dernier. Il ne serait pas exact de dire que ce fut une ère de paix pour l'empire brésilien ; les agitations politiques dégénérant en insurrections se produisirent tantôt sur un point, tantôt sur un autre ; l'ex-régent Feijo lui-même donna l'exemple de l'insubordination. D'autre part, la guerre avec les voisins, Rosas en Argentine et Lopez au Paraguay, exigea des efforts et des sacrifices considérables d'hommes et d'argent. Néanmoins la période impériale fut féconde pour le Brésil. Le commerce, l'industrie, tous les arts de la paix, à commencer par les lettres et les sciences, y réalisèrent de merveilleux progrès,

Quelles causes amenèrent la chûte du régime impérial, quels griefs la nation brésilienne avait-elle contre la dynastie, quels motifs la poussaient à préférer la forme républicaine? Ce sont des questions complexes et délicates, que les étrangers ne sauraient résoudre sans témérité. Il y a du moins certains faits dont il n'est pas permis de ne pas tenir compte dans le jugement à porter sur cette révolution. Peut-être bien d'abord était-elle la conséquence logique et l'achèvement de celle qui avait donné au Brésil son autonomie. La persistance du pouvoir monarchique, avec des princes de la famille royale du Portugal, pouvait paraître aux yeux de la nation fraîchement émancipée comme un souvenir et un reste de son ancienne dépendance. D'autre part, toute l'Amérique, d'un pôle à l'autre, vivait sous le régime républicain. L'âme américaine, si hautaine parfois et si méprisante vis-à-vis de la vieille Europe monarchique, se fait un point d'honneur de répudier pour elle-même la monarchie; il ne doit pas y avoir de pouvoir héréditaire sur une terre américaine. Je me suis laissé dire par un archevêque mexicain que, si le plan napoléonien eût réussi, l'empire de Maximilien aurait eu immédiatement la guerre avec les Etats-Unis. De fait, dans la sommation qui fut adressée à Don Pedro au lendemain de la proclamation de la République, on ne faisait pas valoir d'autre argument que celui-ci : L'Amérique est républicaine.

Cet état de choses, combiné avec la mentalité spéciale aux peuples jeunes et sans traditions, explique la facilité avec laquelle un petit groupe d'hommes devaient, à la première occasion, renverser le trône impérial des Bragance. Cette fois encore l'exemple venu de chez nous mit en mouvement les forces révolutionnaires.

C'est au lendemain de la chûte de Napoléon III que se fondait à Rio de Janeiro le premier club républicain; en même temps deux journaux radicaux fusionnaient et se transformaient en un seul qui prit le nom de *République*.

On mit encore près de vingt ans à préparer l'opinion. Le complot s'organisa sans beaucoup de mystère. Don Pedro II n'était pas homme à user de la « manière forte; » il n'avait rien du chevalier antique; pacifiste avant la lettre et croyant à la vertu du savoir, il eût voulu, dit un publiciste brésilien distingué, faire de tous les prêtres des maîtres d'école et de tous les soldats des cultivateurs et des marchands. Honnête jusqu'au scrupule, il porta le respect des libertés constitutionnelles jusqu'à laisser ruiner son pouvoir sans essayer de le défendre. Au moment où se préparait l'assaut final, il voyageait en Europe, visitant les musées, les collections et les sociétés savantes. Ce fut la Régente, sa fille, qui signa en son absence, la loi qui abolissait définitivement l'esclavage (15 mai 1888). Cette mesure, contraire aux intérêts de la classe possédante, ne contribua pas peu à précipiter la ruine de de l'empire. J'ai dit plus haut comment les choses se passèrent le 15 et le 16 novembre 1889.

La Constitution républicaine a été calquée sur celle des Etats-Unis du Nord. Les anciennes capitaineries sont devenus des Etats confédérés sous le nom de République des Etats-Unis du Brésil. Ils sont au nombre de vingt, auxquels il faut ajouter le district fédéral comprenant la ville de Rio de Janeiro avec ses alentours immédiats. D'après l'Acte constitutionnel, la capitale fédérale ne devrait pas être à Rio de Janeiro. De même que les Américains du Nord ont créé Washington pour y installer le gouvernement dans des conditions qui ne pourraient éveiller aucune susceptibilité, les constituants brésiliens ont stipulé la création d'une ville avec un territoire réservé de 14.000 kilomètres carrés, à prendre dans la partie centrale de l'Union. Il ne paraît pas que le Congrès éprouve aucune hâte d'aller se fixer dans les déserts de Goyaz où la Constitution lui assigne sa résidence; le provisoire qui dure depuis vingt ans a beaucoup de chance de se prolonger encore. En attendant, par respect sans doute pour ce texte intangible, on s'est abstenu jusqu'ici de construire à Rio de Janeiro les palais qui doivent abriter la représentation nationale et les grands services fédéraux. La ville y perd en magnificence; mais c'est tout bénéfice pour les finances publiques.

Le Parlement fédéral comprend deux Chambres : le Sénat composé de 63 membres et la Chambre des Députés qui en compte 225. Chaque Etat nomme trois sénateurs, quelle que soit sa population, et un député par 75.000 habitants. Le président est élu pour quatre ans et non rééligible. Ses ministres ne sont point responsables devant les Chambres.

La Confédération brésilienne embrasse un énorme territoire d'environ 9 millions de kilomètres carrés, soit près de 18 fois l'étendue de la France. Il s'est agrandi encore en ces dernières années par des rectifications de frontières que le baron de Rio-Branco, ministre des Affaires étrangères, a su obtenir à force de persévérance et d'habileté. Nous avons dû nous-mêmes lui abandonner l'arrière-pays de la Guyane. Mais cette immmensité même risque de devenir pour le Brésil une cause de faiblesse; car elle offre à tous les fauteurs de désordre le plus sûr moyen de se soustraire à la répression. J'ai recueilli un dicton en usage, paraît-il, chez les gens qui ont des raisons de se tenir hors des atteintes de la force publique : « Dieu est grand; mais le *mato* aussi. » Le *mato* c'est la brousse brésilienne, inhabitée et la plupart du temps inhabitable; elle couvre des espaces sans fin, souvent encore inexplorés; telle dans l'Etat de Saint-Paul, le plus riche de tous, la partie Sud-Ouest, qui figure encore sur les cartes avec la mention : région inconnue.

La population, répartie de façon nécessairement très inégale sur cet énorme territoire, peut-être évaluée à plus de 20 millions d'habitants; les chiffres diffèrent suivant les sources. Ce chiffre est plutôt un mininum; ici ou là il s'enfle jusqu'à 25 millions. Le Brésil devra attendre sans doute longtemps avant de connaître les recensements exacts. C'est encore un des inconvénients de la grandeur.

Dans ce total sont compris des éléments très divers. Le roi Don Carlos estimait, il y a quelques mois, à 2 millions le nombre des sujets portugais résidant au Brésil; on peut bien y ajouter de 1.200.000 à 1.500.000 Italiens plus ou moins stables et 300.000 à 400.000 Allemands définitivement fixés dans leurs colonies du sud. On compterait en outre quelques centaines de mille, peut-être 1 million d'Indiens menant encore la vie sauvage, et, au maximum, 2 millions d'Africains, nègres affranchis et devenus citoyens. La masse de ce peuple est nettement marquée de l'empreinte portugaise; des rives de l'Amazone à celles du Rio de la

Plata on parle le portugais; et il n'y a peut-être pas de fait plus à l'honneur de la race portugaise que d'avoir ainsi poussé un rejeton déjà plus fort que la souche mère, enraciné dans un territoire cent fois plus grand que celui qu'elle occupait elle-même.

Cette empreinte suffira-t-elle à maintenir dans l'unité tous les éléments qui composent la Confédération brésilienne? Aura-t-elle assez de puissance pour neutraliser les tendances régionales et particularistes résultant des divergences d'intérêts entre le Nord et le Midi, aussi bien que des différences de tempéraments, sans parler des rivalités politiques et des ambitions personnelles? L'avenir le dira. L'exemple des colonies espagnoles, morcelées en une infinité de républiques fort peu amies les unes des autres, bien que toutes marquées, elles aussi, à une effigie unique, serait plutôt peu rassurant à cet égard. Il faut souhaiter que les Etats brésiliens sachent se contenter de l'autonomie dont ils jouissent dans la Confédération.

Chacun d'eux, comme dans la grande République du Nord que l'on a prise pour modèle, a gardé une bonne part des droits de la souveraineté. Chacun a sa Constitution, qui reproduit avec des nuances celle de la Confédération. Dans la plupart des Etats le pouvoir législatif est exercé par deux Chambres; ceux qui n'en ont qu'une sont l'exception. L'exécutif est au mains d'un président ou gouverneur. Le régime parlementaire est-il bien celui qui convenait à la nation brésilienne, et surtout à ces fragments de nations qui s'appellent les Etats confédérés? Terrible question, que l'on ne peut guère poser, sans susciter des colères. Mais pourtant, comme me disait un vénérable prêtre brésilien, « nous sommes des Latins, et les institutions anglo-saxonnes ne sont pas faites à notre mesure. »

Ce qui me rappelait la comparaison de Joseph de Maistre : Nous avons importé chez nous le régime parlementaire, à peu près comme ce général romain qui envoyait un cadran solaire pris à Syracuse pour le placer au Forum, sans se préoccuper d'orientation ni de méridien.

L'histoire de toutes ces jeunes Républiques issues du dépècement de l'Amérique espagnole est bien faite pour inspirer des inquiétudes sur l'avenir de leur grande voisine portugaise. Oscillant perpétuellement entre l'anarchie et l'autocratie, elles se sont déchirées elles-mêmes dans des luttes de partis plus calamiteuses que les guerres avec l'étranger. Si la mère-patrie avait eu besoin d'une vengeance pour la défection de ses colonies, elles se sont chargées de la lui fournir par la manière dont elles ont usé de leur liberté. C'est que, de fait, le régime parlementaire, sans le contrepoids d'un esprit public formé de longue date par la tradition, par les mœurs politiques, par le tempérament même, aboutit fatalement aux pires excès, gaspillages, oppression, tyrannie, tyrannie d'une faction ou tyrannie d'un homme. Or, ce contrepoids, que nous ne nous flattons pas de trouver chez nous, il n'y a guère apparence qu'on le rencontre chez des populations nées d'hier à la liberté, où les masses sont encore fort ignorantes et qui, par surcroit, vivent dispersées sur des espaces immenses ? Il ne faut pas oublier que, parmi les Etats confédérés, il y en a dont l'étendue égale deux, trois ou même presque quatre fois celle de la France ; quatorze d'entre eux comptent moins d'un million d'habitants. Dans l'ensemble, le Brésil ne possède guère plus de 2 habitants par kilomètre carré. Dans notre pays où la densité de la population est relativement faible, la moyenne atteint encore 72. Dans de telles conditions, il paraît inévitable que la chose publique devienne la chose de quelques-uns, qui l'exploitent à leur gré, au bénéfice de la *camarilla*.

J'ai ouï dire que c'est en effet ce qui arrive souvent, pour ne pas dire toujours. Les élections sont d'ordinaire une formalité qui ne trompe personne ; le résultat est fixé d'avance par la volonté de ceux qui détiennent le pouvoir. L'Etat de Bahia, pour ne citer qu'un exemple récent, vient de procéder à l'élection d'un nouveau gouverneur. Il y eut, dans la capitale, 5583 suffrages exprimés, sur un total de 8.445 électeurs. La population dépassant 250.000 habitants, il s'ensuit qu'il y a bien peu de citoyens jouissant de tous leurs droits. Au reste cette proportion est partout très faible. J'ouvre l'annuaire de Campinas, un riche canton de l'Etat de Saint-Paul; j'y vois tout juste 1.545 électeurs pour une population estimée à 90.000 habitants. Tout l'Etat de Bahia ne donna pas au delà de 18 à 20.000 suffrages, partagés entre deux prétendants. Lequel eut la majorité? Il fut impossible de le savoir; les chiffres les plus contradictoires étaient publiés tour à tour. Le Congrès devait, selon la Constitution, faire l'apurement des comptes et proclamer l'élu, trois mois après l'élection. Bien avant cette date, le Président de la République envoyait un télégramme de félicitations au candidat qui avait l'appui du gouvernement, ce qui était manifestement préjuger la décision du Congrès. Au reste, comme on prévoyait que cette décision pourrait bien être favorable au candidat adverse, on s'arrangea pour entraver les opérations du Congrès; une bonne moitié de ses membres, y compris le président, un chanoine de Bahia, s'abstinrent d'y prendre part; ce qui n'empêcha pas le favori du pouvoir d'être proclamé et de prendre possession du gouvernement. Le Sénat, par manière de protestation, se mit en grève; mais, sans doute, le conflit est maintenant apaisé.

Au fort de la querelle, les sénateurs opposants avaient requis du gouvernement de Rio une sentence d'*habeas corpus*. Encore une institution anglo-saxonne introduite dans la Constitution brésilienne. L'*habeas corpus* confère au citoyen une inviolabilité relative que les sénateurs bahianais n'avaient peut-être pas besoin de réclamer dans la circonstance. On dit — les mauvaises langues sans doute — qu'elle est au Brésil une garantie insuffisante contre l'arbitraire des puissants. Tant il est vrai que les institutions valent ce que valent les hommes.

Au surplus, nous aurions mauvaise grâce à jeter la pierre aux Brésiliens, sous prétexte qu'ils pratiquent mal le régime républicain, démocratique et parlementaire; ils auraient vraiment trop beau jeu à riposter par le mot de l'Evangile : *Medice, cura teipsum!*

A quoi nous pourrions répondre, en tournant quelques pages : Vous avez bien raison ; nous sommes, hélas ! *in eadem damnatione*.

CHAPITRE VI

Rio de Janeiro. — La baie de Guanabara. — Le charme de Rio. — Transformation d'une grande ville. — L'*Avenida Central*. — La lutte contre la fièvre jaune. — Population de la capitale. — Un peu de statistique. — Une ville au large. Quelques monuments. — La *Santa Casa da Misericordia*.

Le lundi, 3 février, au petit jour, le *Magellan* pénètre dans la baie de Rio de Janeiro. Depuis plusieurs heures, il a ralenti son allure, car il n'est pas permis de franchir la passe avant l'aube. J'ai pu voir tout à l'aise, dans la nuit claire, la fameuse Croix du Sud, le *Cruzeiro*, dont le Brésil a fait un symbole national. De Bahia on l'apercevait difficilement. A la latitude de Rio, la Croix du Sud se montre très distinctement un peu au-dessus de l'horizon, au bord de la Voie lactée. Ce sont quatre belles étoiles qui figurent une croix renversée; il faut y mettre un peu de bonne volonté, mais pas autant que pour voir une ourse dans un autre groupe de sept étoiles, dans l'hémisphère opposé.

Le cercle de montagnes qui entoure la baie ne laisse qu'un étroit passage vers le Sud; on dirait d'une brèche ouverte par des géants fabuleux. Le paquebot se glisse doucement à travers des îlots rocheux de formes capricieuses et presque fantastiques dans la pénombre. A gauche, le *Pao de Assucar* (Pain de Sucre), cône de granit de 385 mètres de

ENTRÉE DE LA BAIE DE RIO-DE-JANEIRO

haut, émerge, sombre et menaçant, comme une formidable sentinelle chargée de barrer la route à l'océan. Entre les deux forts de Sao-Joao et de Santa-Cruz qui se regardent à l'étranglement du goulet, la passe ne mesure pas plus de 1.500 mètres; un écueil la divise en deux moitiés inégales. Ce couloir franchi, la merveilleuse baie développe ses contours dans une lumière vaporeuse, sans que le soleil paraisse encore. C'est un moment exquis. Puis, peu à peu, les parties hautes de la ville se révèlent, collées aux flancs des collines, avec, pour rideau de fond, la *Serra* aux cimes hardiment découpées, le Corcovado, le pic de Tijuca, le Doigt de Dieu, *Dedo de Deus*, etc.; du côté opposé, la chaîne des Orgues dessine sur le ciel une silhouette dentelée qui lui a valu le nom qu'elle porte.

Le panorama de la baie de Rio est un thème inépuisable à description. Touristes et poètes s'y essayent depuis des siècles; les géographes eux-mêmes ne manquent pas à ce devoir. En lisant quelques-uns de ces essais, on en vient vite à se demander si le peintre — c'est Fromentin, je crois — n'avait pas raison quand il disait avec une apparence de paradoxe : Un paysage, c'est un état d'âme! On en jugera par l'impression que produisait l'incomparable baie de Rio à une époque où l'on était peu sensible à certaines magnificences de la nature. Voici ce qu'écrivait dans sa chronique ce brave Père de Vasconcellos qui nous a déjà fait les honneurs de la *Bahia* de Tous-les-Saints.

La baie de Rio de Janeiro est un des morceaux (*hum pedaço*) de l'Amérique les plus extraordinaires qu'ait façonnés la nature.... Ce fut toujours un site redoutable à un ennemi maritime; car, en vérité, elle est horrible et effrayante, cette muraille naturelle qui l'entoure comme d'une ceinture de rochers les plus étranges qui se puissent voir. C'est un sujet de terreur pour les flottes les plus puissantes quand, arrivant de la haute mer, elles aperçoivent, au lieu de plages riantes, les formes tourmentées de ces roches qui s'élèvent jusqu'aux nues. D'après leurs figures, on les appelle le *Moine*, la *Citadelle*, la *Cellule*, etc. Quand on approche de la barre, on voit se dresser de part et d'autre deux géants en pierre, qu'on nomme Pains de Sucre, qui ont la tête dans les nuages et le pied dans la mer. Chacun d'eux, quand il entre en colère, vomit d'une forteresse, comme de ses entrailles, du feu et des boulets. Pas un capitaine ennemi n'oserait forcer le passage; car la barre n'a pas plus de 900 brasses; tenter d'aborder d'un côté ou de l'autre, c'est faire naufrage, et prendre par le milieu de la passe, c'est se livrer au canon comme à portée de la main.

Du côté de la terre, la baie est enserrée par la chaîne de montagnes qui, comme je l'ai dit, court tout le long de la mer. A cet endroit, elle porte le nom de montagne des Orgues, parce que les sommets inégaux s'élèvent les uns au-dessus des autres, comme les tuyaux d'un orgue, jusqu'à des hauteurs incroyables, qui semblent atteindre la seconde région de l'air. Cette chaîne tient lieu de murailles et de tours entre nous et les Barbares qui habitent de l'autre côté; la nature, en effet, prend soin d'y faire éclater des orages et des tonnerres effroyables.

Les tribus sauvages sont persuadées que ces montagnes ont été faites tout exprès pour la défense des Portugais. Par le beau temps, ces crêtes inaccessibles ne laissent pas que d'être agréables à voir pour leur hauteur et leurs formes; elles sont couvertes de forêts et il en descend une multitude de cours d'eau qui vont porter leur tribut à la mer et charment les regards des habitants.

La baie de Rio de Janeiro, rivale de celle de *Tous-les-Saints* est formée par la poussée de l'Océan qui, après avoir franchi la barre, s'en va presque baigner le pied de ces montagnes que nous appelons les Orgues; elle a environ huit lieues de large et vingt-quatre de circonférence. Elle est toute semée d'îles; on en compte bien quarante grandes ou petites; elle reçoit quantité de rivières, les unes venant du *Sertao* (l'intérieur sauvage du pays), les autres des

LE PAIN DE SUCRE
à l'entrée de la Baie de Rio-de-Janeiro.

110

montagnes voisines, de sorte que dans son sein il y a une lutte perpétuelle entre les eaux douces et celles de la mer. Le poisson y est tellement abondant que, à une certaine époque, on était obligé, quand on allait en barque, de prendre beaucoup de précautions; il arrivait en effet que des poissons, sautant à droite et à gauche du bateau, tombaient quelquefois dedans et blessaient au visage et aux yeux les personnes qui s'y trouvaient.

Ce dernier trait ferait croire que la Garonne se déverse dans la baie de Rio. Elisée Reclus est, comme il convient à un géographe, moins imaginatif et plus précis. Et pourtant, au tableau qu'il esquisse, on voit que le savant est fortement impressionné, qu'il désespère même comme un simple artiste, de traduire cette impression :

L'aspect de Rio de Janeiro est saisissant. Le massif, au pied duquel elle s'étend, est un monde de croupes, de pitons et d'aiguilles.... De loin, on cherche à identifier les diverses montagnes que signale la carte; on en reconnaît les terrasses, les saillies, les précipices;... mais l'ensemble présente une si prodigieuse variété de crêtes, de pitons et de cimes que les formes individuelles se perdent dans le chaos des roches.... Par un beau temps, lorsqu'une lumière abondante, contrastée par les ombres, éclaire diversement les escarpements de roches, les gazons, les forêts..., le massif de Rio offre un tableau gracieux par le charme du coloris et l'infinie diversité des aspects changeants. Mais quand un ciel bas et gris isole le groupe des monts avancés et que les strates de nuages ou les stries d'averses cachent ou montrent tour à tour les pyramides aiguës, les murailles à pic, les ravins sombres, le paysage prend une apparence polaire; on croirait approcher d'une île de désolation, comme dans les archipels groenlandais ou dans la Terre de Feu, et l'on se demande comment les hommes ont pu fonder en pareil lieu une grande cité, pourtant l'une des plus charmantes de l'univers.

De vrai, le site de Rio de Janeiro a je ne sais quoi

d'extraordinaire, d'imprévu, de déconcertant. Cela ne ressemble à rien de ce qu'on a vu ailleurs, même après avoir beaucoup voyagé. On n'imagine pas un décor où le gracieux, le bizarre et le grandiose se mélangent et voisinent de façon plus inattendue, et en somme, plus harmonieuse et plus agréable. On dirait, si on l'osait, un coin de paradis dans le chaos.

Le mot de la fin d'Elisée Reclus est en effet simplement exact. Le paysage de Naples a une splendeur incomparable; le panorama de Constantinople a son genre de magnificence à part; d'autres villes maritimes, Lisbonne, Alger ou Nice, ont un cadre de beauté dont le soleil fait les principaux frais; Rio a pour elle le charme, un charme malaisé à définir, mais qui, ce me semble, résulte de la beauté un peu étrange de ses aspects qu'enveloppe une légère teinte de mélancolie. Son ciel n'a pas la profondeur ni la limpidité du ciel de Provence; il se voile fréquemment. Le Père de Vasconcellos ne commet pas d'hyperbole virgilienne quand il dit que les montagnes des Orgues élèvent leurs cimes jusqu'aux nuages; c'est que les nuages viennent volontiers s'agripper à elles. Pendant mon séjour à Rio, j'habitais tout au pied du *Corcovado* (le Bossu), dont la silhouette tortueuse est, avec le *Pain de Sucre*, le trait le plus caractéristique du paysage; il se dresse tout d'un jet à 710 mètres au-dessus du niveau de la mer; ce n'est pas sans doute l'altitude des grandes montagnes ; pourtant le malheureux était presque tous les jours encapuchonné jusqu'à la ceinture. Je n'ai jamais vu la baie avec cette teinte bleue que prennent les grandes nappes d'eau sous un ciel pur. L'atmosphère, plus chaude que lumineuse, a je ne sais quoi de ouaté et de cotonneux. Cela fait un ensemble doux, paisible et reposant; la ville elle-

RIO-DE-JANEIRO
La Passe. Le *Cattete*.

112

même n'est point du tout bruyante ; aux endroits où il y a presse, les gens paraissent éviter l'agitation et le tumulte. Les voitures particulières sont rares ; elles coûtent horriblement cher ; en revanche, les tramways électriques — les *bondes*, comme on les appelle ici — foisonnent ; mais ils glissent discrètement, sans bruit de ferrailles, de cloches, ni de cornes. Il y a pareillement d'innombrables petits cars sur rails, traînés par des mules ; il serait fâcheux qu'on les remplaçât par des *bondes* ; l'aspect de Rio y perdrait une de ses notes les plus pittoresques.

Il est heureux que le progrès ait ainsi multiplié les moyens de transport à l'usage du public ; car la capitale du Brésil, comme le Brésil lui-même, occupe des espaces hors de proportion avec le chiffre de ses habitants. Il faudra souvent compter une heure, même en tramway électrique, pour aller d'un quartier à un autre, et cela sans atteindre les extrémités.

La ville primitive était pourtant fort resserrée. Elle forme un damier à l'américaine de rues étroites, d'une régularité et d'une monotonie déplorables. Mais Rio se mettant à grandir, il a fallu se donner du champ. Rio avait pour s'étendre la plaine, ou pour mieux dire la plage, entre la baie et les montagnes qui l'encadrent. A travers cette plaine surgissent, de distance en distance, des *morros*, ce que nous avons traduit aux Antilles par *mornes*. Sur le plan de Rio on en peut bien compter une trentaine.

Les *morros* sont des monticules rocheux, de forme généralement conique ou ovale, qui ne tiennent à rien et ressemblent vaguement à de monstrueuses cloches qui seraient tombées là on ne sait d'où. La cité s'installa d'abord sur les deux *morros* du Castello et de Sao-Bento qui se font pendant tout près du rivage; elle se trouvait ainsi fortifiée naturellement; elle s'étala ensuite au bord de l'eau au pied des deux citadelles; puis, au fur et à mesure qu'elle grandissait, elle poussait en avant dans la plaine, entourait les *morros*, escaladait leurs pentes, se faufilait dans les vallons et grimpait jusque sur les hauteurs. Aujourd'hui, après tous ses développements, la ville de Rio fait penser à une pieuvre qui, avec ses tentacules, a pris possession de tous les espaces laissés libres par la mer et la montagne.

Devenue une grande capitale, avec plus d'un demi-million d'habitants, Rio de Janeiro, en dépit de tous les avantages de sa situation, était restée une ville coloniale, laide, malpropre et malsaine; on ne savait d'elle qu'une chose, c'est qu'elle était, avec la Havane, la terre d'élection de la fièvre jaune. Les voyageurs, obligés d'y faire halte, admiraient le merveilleux paysage, mais avaient hâte de s'enfuir. Je sais bien que les *Fluminenses* protestent contre ce qu'ils appellent une légende injuste et injurieuse. Les *Fluminenses*, ce sont les habitants de Rio de Janeiro. Rio, en effet, signifie *fleuve*, en latin *flumen*, d'où le dérivé *fluminenses*, en portugais, comme en latin. Les *Fluminenses*, donc, soutiennent que l'on a calomnié leur ville; ils prétendent établir, avec chiffres à l'appui, que la fièvre jaune n'y fit jamais autant de ravages qu'on s'est plu à le dire et que, en somme, la mortalité n'y était pas en moyenne plus élevée que dans telle capitale européenne. Quoi qu'il en soit de ce point qui désormais appartient à l'histoire, il est certain qu'une transformation, qui tient du prodige, vient de s'accomplir en ces dernières années.

Tout d'un coup, après bien des essais timides et

inefficaces, la municipalité de Rio, aidée par le gouvernement, a entrepris une œuvre colossale, téméraire en apparence, et déjà réalisée pour une bonne part. Tout le front maritime de la ville sera bordé de quais ; la longueur totale dépasse quinze kilomètres. La partie achevée, du *Morro do Castello* à la *Praia Vermelha*, sur une étendue de six kilomètres environ, sans parler du port, peut donner une idée de la magnificence de ce travail. Les quais de Rio de Janeiro sont dès maintenant une parure dont la plus grande et la plus riche capitale du monde aurait lieu d'être fière. La muraille de granit a été jetée assez avant dans la baie pour ne pas laisser de plages découvertes aux basses eaux : on a de la sorte conquis de vastes espaces ; on en pouvait faire des terrains à bâtir, qui eussent produit beaucoup d'argent. Il faut féliciter les *Fluminenses*, leur édilité et leur gouvernement d'avoir résisté à la tentation. Pas la moindre parcelle du sol gagné sur l'eau n'a été vendue ; tout a été aménagé en promenades et en jardins.

Voilà un exemple à proposer aux gens qui président à l'enlaidissement de Paris, qui ont laissé couvrir de bâtisses à six étages la moitié du Champ-de-Mars et qui, sans doute, s'apprêtent à faire de même pour les terrains des fortifications.

A l'endroit où s'arrête présentement le quai, commence l'*Avenida central*, l'autre gloire de Rio rajeunie. J'ai dit que la ville primitive s'est blottie contre les deux *morros* qui s'avancent en promontoires dans la baie, le Castello et Sao-Bento. C'est à travers cet entassement de maisons pressées les unes contre les autres que l'on a imaginé un beau jour de percer une large et splendide avenue. L'inscription gravée sur la base d'une colonne nous apprend que l'opération fut décidée en 1902, et achevée en 1906. *L'Avenida central* va de la mer à la mer, — la mer, ici, c'est la baie — sur une longueur de 1.800 mètres et 33 mètres de largeur. Les *Fluminenses* ont mis toute leur coquetterie à la border des deux côtés d'une série d'édifices plus élégants les uns que les autres, l y en a de tous les styles, de tous les goûts, de toutes les couleurs, y compris une sorte de palais mauresque ou byzantin tout doré. Les grandes administrations, les banques, les compagnies de navigation, les grosses entreprises commerciales y ont construit leurs demeures et ont rivalisé de luxe et d'ingéniosité dans le décor. Ce sont les grands journaux qui ont réalisé les morceaux d'architecture les plus tapageurs et les plus regrettables. Ils ont fait énorme et laid.

En somme, l'*Avenida central* avec ses deux rangées de façades toutes fraîches, toutes pimpantes, offre une perspective très gaie, je ne dirai pas très majestueuse. Peut-être qu'avec le temps.... Mais non, en ce pays-ci on n'apprécie pas la nuance grave que le temps met sur les vieilles pierres. La pierre elle-même paraît triste ; on ne pourrait pas la badigeonner en rose ou en vert-pomme. Aussi on ne bâtit pas en pierres. Toutes les montagnes de Rio sont d'un granit clair qui fournirait des matériaux d'une incomparable beauté pour les architectures un peu grandioses. Il y a deux ou trois façades dans toute la ville qui permettent de s'en faire une idée. Mais le goût du jour n'est pas aux constructions de granit. Tout au plus l'emploiera-t-on dans le soubassement des édifices les plus solennels ; puis on aligne des maçonneries de briques, sur lesquelles les *artistes* italiens viennent plaquer des cordons, des corniches et toute leur col-

BAIE DE BOTAFOGO
Rio-de-Janeiro.

lection de sculptures en ciment. Malheureusement cela ressemble trop à nos *palais* d'exposition.

Le premier édifice qui se présente à l'entrée de l'*Avenida* est le théâtre municipal. L'architecte ne s'est pas mis en frais d'invention ; il a copié, en le réduisant, l'Opéra de Paris. L'effet est plutôt malheureux ; c'est le sort de toutes ces imitations de monuments hors de pair. Avec les dimensions qu'on a données à ce théâtre, et surtout avec les millions qu'il a absorbés, une œuvre originale eût paru grandiose ; le postiche a l'air mesquin.

Infiniment mieux réussi, à quelques pas de là, le fringant palais Monroë, bâti tout exprès pour recevoir le dernier congrès panaméricain ; c'est pourquoi sans doute on lui a donné le nom de l'inventeur de la fameuse formule : l'Amérique aux Américains. Tout au bord de l'eau, entouré de pelouses et de verdures qui en font ressortir l'éclatante blancheur, cet édifice met une note d'élégance souriante dans la première apparition de Rio aux voyageurs arrivant de la mer.

Je n'ai pas l'intention d'énumérer tous les travaux accomplis ou en cours d'exécution pour l'haussmanisation de la capitale du Brésil. C'est affaire aux *Guides*, ou aux Rapports officiels qu'il serait d'ailleurs facile de copier. Je m'en tiens à ce que j'ai pu observer moi-même. Or, je vois qu'on remue la pierre et la terre avec une sorte de frénésie, sur différents points de la ville ; on bâtit beaucoup, on démolit, je crois, plus encore ; on éventre de vieux quartiers délabrés et malsains. Toutes ces transformations ne sont pas louables : on s'acharne à raser des *morros* ; l'idéal pour certains *Fluminenses* serait de les jeter tous dans la mer ; alors la ville pourrait s'étendre sur une surface plane et unie ; les Américains du nord l'eussent déjà fait sans doute, et ils en seraient très fiers. Heureusement les *morros* de Rio sont de taille à se défendre.

Ce qui est mieux peut-être que ces « embellissements, » c'est que la municipalité *Carioca* (nom synonyme de *fluminense*) a entrepris la lutte contre l'insalubrité qui avait valu à la ville une si mauvaise réputation.

On sait que le virus de la fièvre jaune est véhiculé par les moustiques. Pour avoir raison du fléau, il suffisait donc de supprimer les moustiques. Or, cette engeance vit et se reproduit dans les eaux stagnantes et corrompues. Faites disparaître tous ces foyers d'infection, la fièvre disparaît du même coup. Les Américains avaient ainsi triomphé à la Havane, grâce à une énergie impitoyable. L'exemple fut suivi à Rio. On ne s'est pas contenté de recouvrir, sur une longueur de près de trois kilomètres, une sorte d'estuaire, appelé le canal *do Mangue*, où venaient aboutir presque toutes les eaux souillées ; désormais les ordonnances de police ne tolèrent plus la moindre flaque d'eau dormante : « Nous avons, me dit l'excellent docteur C. S..., directeur de l'hôpital des maladies contagieuses, un bataillon de 1.500 agents chargés de veiller à l'exécution des règlements sanitaires. Ils y mettent une telle rigueur que les gens se plaignent souvent qu'on attente à leur liberté. Et de fait malheureusement, les tribunaux leur donnent raison. »

Je vois dans les journaux des avis ainsi formulés :

Tel jour, à telle heure, la commission sanitaire se rendra en tel quartier pour visiter les immeubles dont les numéros suivent. Les propriétaires et les locataires ou leurs représentants sont invités à se trouver présents à la visite, faute de quoi ils encourraient les peines édictées par les lois et règlements.

Le moustique n'est pas le seul ennemi dont on poursuive l'extermination. Nous savons aujourd'hui que les rats sont les propagateurs de la peste ; il ne faut pas s'étonner que leur tête soit mise à prix par les municipalités soucieuses de la santé publique. Je traduis un petit entrefilet cueilli le 12 mars dans un journal de Rio :

M. le ministre de l'Intérieur à fait payer sur les fonds du Trésor, la somme 6.390 milréis (9.575 fr.), pour prime des rats représentés aux autorités sanitaires dans le courant de février, à raison de 200 réis (30 centimes) par tête. Un des bénéficiaires de la prime, M. Joao Amancio Dias a présenté à la Direction de la santé 3.840 sujets, et a touché une somme de 768 milréis (1.152 fr.).

Sous la rubrique « Nécrologie, » pour la semaine finissant le 23 février, je lis, à la suite des morts classés par catégories de maladie, la mention suivante :

On a tué pendant la semaine 9.281 rats ; ce qui élève le total à 1.738.135.

Je suppose que ce total représente le nombre des rats qui sont restés sur le carreau depuis le commencement des hostilités.

D'autre part, le service de la voirie me paraît mériter les plus grands éloges ; la propreté des rues, même dans les quartiers populaires, laisse peu à désirer ; dans les quartiers élégants, elle est méticuleuse. De Botafogo à l'Arsenal de la marine, par le *Cattete* et l'*Avenida central*, je ne sais si l'on trouverait à ramasser un chiffon ; c'est la distance de l'Etoile à la place de la Nation.

Cette prophylaxie énergique a produit son effet. La fièvre jaune n'est plus à Rio qu'un souvenir. Les autres maladies infectieuses, y compris la peste, y font toujours leur apparition; mais grâce aux précautions d'isolement, on ne voit pas qu'elles y soient plus meurtrières qu'ailleurs. Voici un extrait du Bulletin mensuel de la Statistique municipale pour le mois de janvier 1908 :

Dans le courant de janvier l'état sanitaire de la capitale s'est maintenu dans d'excellentes conditions. Aucun cas de fièvre jaune ni de peste n'a été enregistré. On a compté dans le District fédéral 1.467 décès. En évaluant la population de Rio de Janeiro à 824.119 habitants, le tarif de la mortalité ressort à 21,04. (Le taux de la mortalité, c'est-à-dire le tant pour mille et par an, dans les grandes villes du monde, s'échelonne de 13,8 pour Amsterdam, à 30,5 pour Saint-Pétersbourg. A Londres, il atteint 15,6; à Paris. 17,6; à Rouen, 20,8; à Naples, 25,2; à Madrid, 28, etc....)

Les maladies infectieuses et contagieuses ont causé respectivement les décès suivants : variole, 64; rougeole, 7; scarlatine, 1; diphtérie, 4; grippe, 44; fièvre typhoïde, 7; beriberi, 7; paludisme, 49; tuberculose, 298.

Les délégations sanitaires ont accompli 12.524 visites domiciliaires.... Le service central de désinfection a désinfecté 2.037 locaux d'habitation et 2.994 pièces de lingerie ou d'habillement; il en a détruit par le feu 584. Enfin à la date du 31 janvier il avait incinéré 1.630.472 rats.

Aussi les *Fluminenses* entonnent-ils volontiers de petits couplets triomphants en l'honneur de leur belle cité. Le *Jornal do Commercio*, le plus important périodique de Rio, écrivait le 3 décembre dernier :

A en juger par la température de ces jours passés, l'été a enfin commencé à Rio de Janeiro, et il est intéressant de remarquer que l'on ne voit plus, comme les années précédentes, les personnes aisées s'empresser de partir pour la montagne ou pour des villégiatures voisines.

Le fait est tout à l'honneur de la cité. La chaleur a cessé de ramener cette espèce de panique causée par l'idée de la fièvre jaune et des autres maladies infectieuses que notre admirable service d'hygiène a combattues et vaincues. L'assainissement de Rio est une œuvre glorieuse pour tous ceux qui l'ont entreprise et menée à bonne fin.

D'ailleurs, en même temps que l'hygiène nous délivrait du danger des épidémies, de nombreuses améliorations ont rendu le séjour de la ville supportable, même au fort de l'été. Aussi les diplomates, qui jadis n'auraient pas consenti à passer une nuit hors de Pétropolis, ne craignent pas maintenant de rester en bas pendant les vacances, et les hôtels qui étaient déserts dès la fin de novembre, sont cette année au complet....

L'entrefilet a bien un arrière-goût de réclame; mais il ne dépasse pas les limites permises; j'en puis témoigner, ayant moi-même passé une bonne partie de la saison à Rio.

Le document municipal cité plus haut nous a fait connaître le chiffre de la population de Rio de Janeiro au commencement de janvier 1908. Quelques semaines plus tard, on a publié les résultats du dernier recensement officiel. Un passage de ce fascicule montre l'étonnante rapidité du développement de la grande capitale :

La population existant de fait à Rio de Janeiro dans la nuit du 19 au 20 septembre 1906 se composait de 463.453 hommes et de 347.990 femmes, formant un total de 811.443 habitants.... Rapproché du total de 522.651 habitants constaté au recensement de 1890, le chiffre actuel représente une augmentation de 288.792 âmes, soit 55,26 °/o pour une période de 15 ans, 8 mois et 20 jours.

Si l'on se reporte au recensement de 1872, qui accusait la présence de 266.831 habitants, on voit que, de cette date à 1890, l'augmentation avait été de 255.820 unités, soit de 96 °/₀ pour une période de 18 années....

L'accroissement dans la période qui vient de s'écouler est donc proportionnellement moindre que dans la précédente, bien que numériquement plus élevé. Sur quoi le Rapport démographique fait des considérations qui trahissent quelque désappointement. Mais, en vérité, il doit suffire à l'ambition d'une grande ville d'avoir plus que triplé sa population en l'espace de trois douzaines d'années. D'autant plus que, en attendant le prochain recensement, le Rapport estime que d'ores et déjà cette population atteint le chiffre de 867.628 habitants. Ce qui est vraiment anormal et inquiétant, c'est l'excédent énorme, accusé dans le recensement de 1906, du chiffre des hommes sur celui des femmes; excédent qui ne s'élève pas à moins de 115.000 unités. On en donne différentes explications dont la meilleure est assurément l'exécution de très grands travaux publics qui attirent des multitudes d'ouvriers.

La population de Rio qui, sans doute, atteindra bientôt un million d'habitants, a eu le bon esprit de se mettre au large. Aussi, même dans l'agglomération proprement dite, on ne voit pas de ces immenses caravansérails que nous appelons des maisons de rapport, où chaque famille occupe un étage, comme un rayon dans une armoire. Hors du centre des affaires, les maisons qui ont plus d'un étage sont presque une rareté à Rio; beaucoup n'ont qu'un rez-de-chaussée; mais en revanche les jardins petits ou grands sont chose commune; la chaleur et l'abondance des pluies y entretiennent une végétation qui ne s'arrête jamais. Aussi quand on s'élève assez pour embrasser la ville dans son ensemble, elle apparaît, si l'on en excepte le noyau primitif, comme éparpillée à travers un océan de verdure, verdure un peu pâle, moins tendre et moins veloutée que celle de chez nous, mais qui a l'avantage de durer toujours.

Si les villas gracieuses abondent dans les quartiers excentriques, par contre le cœur de la cité est plutôt pauvre de monuments. On n'en citerait pas un seul de premier ordre. La *Candelaria*, la plus belle église de Rio, n'appartient pas à cette catégorie. Le vaisseau, de style Renaissance, est parfaitement correct, de belles dimensions et luxueusement décoré de peintures et de mosaïques ; sa façade, toute en moellons de granit, ne manque pas d'une certaine majesté : son dôme et ses campaniles s'enlèvent avec grâce sur le front uniforme que la ville ancienne allonge au bord de la baie entre les deux *morros*. Néanmoins, on voudrait autre chose dans une grande métropole. La cathédrale est un joli salon, blanc et or ; j'en dirai autant de Sao Francisco de Paula, toute lambrissée du pavé à la voûte inclusivement, et peinte au blanc de céruse, avec force sculptures et enjolivures. Ces églises — et elles sont nombreuses, moins qu'à Bahia pourtant — m'ont paru décorées richement, bien qu'avec une sobriété relative, et entretenues avec beaucoup de soin et de propreté.

La plus remarquable assurément est encore l'église abbatiale de Sao-Bento. Le monastère couronne le *morro* auquel il a donné son nom ; voilà au moins un édifice où l'on n'a pas épargné les blocs de granit ; j'y ai vu des embrasures de fenêtres de deux mètres de profondeur. Le cloître, avec sa belle architecture un peu massive, vous donne une impression de force et de durée, à quoi on n'est pas accoutumé dans cette capitale qui a poussé trop vite et où il y a trop de bâtisses neuves, qui font penser aux villes d'eaux. L'église est, plus encore que le cloître, marquée de ce caractère vénérable. Le style en est mal défini, la voûte trop basse, les dimensions très modestes ; mais, comme le cloître aux *azulejos* de Sao-Francisco à Bahia, cette église constitue à elle seule un véritable musée. Toutes les surfaces, parois et colonnes sont revêtues de boiseries, non pas de placages à moulures, mais de bois épais, sculptés et fouillés en pleine œuvre, reproduisant en haut relief les spécimens les plus variés de la flore et de la faune tropicale avec, çà et là, des personnages de diverses grandeurs, et le tout couvert d'or, mais d'un or éteint par le temps, qui n'a plus rien d'aveuglant ni de criard, qui rutile discrètement, juste assez pour vous faire apercevoir, comme en une vision apocalyptique, une église toute en or! Ainsi émoussée, la dorure se contente de rehausser, et si je puis dire, de mettre en valeur un prodigieux travail de boiserie, sans attirer l'attention sur elle-même.

A défaut d'autre monument, Rio de Janeiro peut présenter son hôpital général qui ferait honneur à n'importe quelle ville de premier ordre. La *Santa Casa da Misericordia* est aussi ancienne que la cité elle-même; elle a grandi avec le temps, et elle est aujourd'hui riche et puissante. Outre l'hôpital général, elle administre plusieurs autres établissements charitables. Je trouve dans le Rapport annuel de 1907 présenté par le *Provedor* de la vénérable *Irmandade*, des chiffres intéressants à plusieurs points de vue. Ainsi le plan d'assainissement et de transformation de la capitale aurait eu pour effet, en l'espace de cinq années, de faire exproprier ou interdire 205 immeubles appartenant à la *Santa Casa*, et représentant un revenu de 437.440 milréis (environ 650.000 francs). Il s'en est suivi des embarras momentanés, mais finalement l'opération s'est liquidée en bénéfices. Le revenu de l'Institution dépasse 1.800.000 francs.

Avec ces ressources, dit le Rapport, nos cinq Bureaux de consultations ont reçu dans les douze mois qui viennent de s'écouler 225.030 malades, ce qui correspond à 26 °/₀ de la population; nos cinq hôpitaux ont abrité 17.061 personnes; 446 ont été en traitement à l'Institut Pasteur; nos asiles, nos orphelinats et nos refuges ont reçu 298 enfants en plus des 954 qu'ils comptaient déjà..., etc....

Enfin à 3.914 infortunés qui ont fermé pour toujours leurs yeux à la lumière, sans laisser un ami pour s'occuper de leurs restes mortels, nous avons donné un dernier abri au champ du repos.

Même dans un Rapport bourré de chiffres, le Brésilien ne se tient pas de faire un brin de toilette à la phrase. L'honorable *Provedor* termine son compte rendu par de chauds remerciements à tous ses collaborateurs et spécialement « aux pieuses et infatigables filles de Saint Vincent de Paul; » puis il ajoute :

C'est là, je l'avoue, une bien faible récompense; mais le vrai salaire, la distinction honorifique digne de leurs services sera donnée à tous par la *Charité*, cet aigle qui chaque jour prend son vol vers les cieux, les yeux fixés sur le soleil de l'éternité, portant aux pieds du Dieu de miséricorde, sur ses larges et puissantes ailes, les remerciements de ceux qui souffrent et qui trouvent en cette *Santa Casa* un soulagement à leurs souffrances.

Ceux qui administrent à Rio le patrimoine des pauvres n'ont pas encore éprouvé le besoin de laïciser les services hospitaliers. Les établissements de la *Miséricorde* ne sauraient évidemment suffire dans une ville aussi populeuse; elle en possède beaucoup d'autres;

on n'en compte pas moins de seize dirigés par les sœurs de Saint Vincent de Paul.

Le grand hôpital allonge sa façade au bord de la baie; il a peu à peu couvert de ses bâtisses tout l'espace jusqu'au pied du *morro do Castello*; il a envahi le tertre lui-même et maintenant, sans sortir de l'enclos, on arrive au sommet dans ce qui fut le collège des Jésuites. L'hôpital et l'observatoire se partagent les recoins habitables de l'antique demeure. L'aspect en est lamentable; l'église avec son lourd clocher est déjà envahie par des végétations vigoureuses; tout jusqu'aux ruines est condamné à périr, puisqu'on prétend raser le *morro* lui-même, déjà entamé par l'Avenue centrale. Ce ne sera pas le travail d'un jour; mais on espère bien découvrir dans les flancs de la montagne les trésors des Jésuites! C'est encourageant.

RIO-DE-JANEIRO
Rue 1° de Março.

CHAPITRE VII

Rio de Janeiro ville d'affaires et d'élégance. — La vie intellectuelle à Rio. — La culture française. — L' « Institut historique brésilien. » — L'Académie brésilienne. — La culture scientifique. — L'aviation. — La Bibliothèque nationale. — Une lettre du Père Anchieta. — Le Musée national. — La presse périodique. — Un spécimen de critique littéraire. — M. José Verissimo et le théâtre français contemporain.

La capitale fédérale du Brésil est sans doute avant tout une ville d'affaires, affaires commerciales plutôt qu'industrielles. Elle le doit à son port dont le mouvement lui assigne une place parmi les grands centres de commerce maritime du monde. Mais Rio est aussi une ville d'élégance. Siège du gouvernement colonial et, plus tard, résidence de la cour et de la société aristocratique dont s'entourait la monarchie, elle a gagné à ce contact un certain air de distinction assez rare dans les milieux où l'on se préoccupe par-dessus tout de faire de l'argent. On ne séjourne pas à Rio sans remarquer la politesse de ses habitants; c'est un témoignage que les étrangers leur rendent volontiers en retour des égards qu'on a pour eux. Je sais aussi que les dames de Rio sont renommées pour le bon goût de leurs toilettes ; ce sont les Parisiennes de l'Amérique.

Assurément la grande cité brésilienne connaît

toutes les conquêtes du progrès matériel et tout ce qui fait l'ornement et le charme d'une civilisation avancée. Mais où en est exactement la vie intellectuelle dans cette grosse agglomération d'hommes, il serait, je pense, assez malaisé de le dire. A en juger par certains indices, elle n'aurait pas encore atteint une intensité bien remarquable. Ainsi, par exemple, le commerce de la librairie n'y paraît pas très florissant. Pourrait-on compter à Rio plus de deux à trois maisons d'édition de quelque importance? Et encore ces maisons embrassent tous les genres et toutes les branches annexes de la librairie, et avec cela je crois bien qu'elles importent plus qu'elles ne produisent.

Notre pays n'a pas à se plaindre de la part qui lui revient dans cette importation. Ce qu'on voit le plus aux vitrines des libraires de la *Rua do Ouvidor*, ce sont des livres français. La langue française, la science française, la culture française gardent encore ici le pas sur leurs rivales. C'est la seule position que nous n'ayons pas perdue. — « Il y a trente ans, me dit-on, on ne trouvait dans les magasins de Rio que des articles francais; aujourd'hui tout est américain ou allemand. L'Angleterre a pris possession du pays par la finance, l'Allemagne l'exploite par le commerce; la France n'importe plus guère chez nous que des idées. »

Ce serait encore un beau lot; malheureusement ces idées ne sont pas toujours de celles dont on a lieu d'être fiers. J'ai vu, dans les librairies de Rio, de très bons livres français de droit, de médecine, d'histoire naturelle, etc., qui prouvent que la science française est en honneur au Brésil; dans les collèges même les élèves se servent de nos Manuels. Mais, d'autre part, les pires productions de certaine littérature, qui est une honte pour notre pays, ont ici un succès désolant. Les livres français qu'on voit aux mains des voyageurs en chemin de fer et sur les bateaux sont généralement de ceux qu'un honnête homme ne touche qu'avec des pincettes.

Tout compte fait, « le goût du livre, écrit un bibliophile brésilien, est un produit de la culture encore peu développé dans notre société. » Et entre autres causes de ce retard, il estime qu'on doit mentionner, « comme le faisait déjà avec tristesse le savant Humboldt, les conditions climatériques qui rendent difficile la conservation des livres ; c'est à savoir l'humidité de l'air et l'effroyable puissance de destruction des races de bestioles, si nombreuses que leur seule description remplit tout le volume de l'Anglais Gordon Duff : *Les ennemis du livre*.

« Ce qui n'empêche pas, continue le bibliophile, qu'on ne lise beaucoup en notre pays. » Je découpe dans le *Journal officiel* de la République un alinéa qui jette quelque lumière sur ce point :

Durant les 24 jours du mois de février 1908, pendant lesquels la Bibliothèque nationale a été ouverte, on y a compté 3589 personnes, qui ont consulté 1658 documents, 4880 volumes imprimés, 553 manuscrits, etc....

Les ouvrages imprimés se répartissent ainsi : Annuaires et Revues, 92 ; Arts et Industries, 42 ; Beaux-Arts, 42 ; Droit, Législation, 278 ; Histoire du Brésil, 62 ; Histoire, 120 ; Littérature, 985 ; Littérature brésilienne, 518 ; Sciences médicales, 524 ; Sciences naturelles, 172 ; Mathématiques, 126,... etc.

Ouvrages allemands, 19 ; espagnols, 33 ; anglais, 54 ; italiens, 30 ; français, 1093 ; portugais, 2472.

Les manuscrits consultés sont relatifs à l'histoire du Brésil, et tous en portugais.

Parmi les sociétés savantes qui témoignent de l'activité intellectuelle de la capitale, je citerai tout au moins la doyenne d'âge. L'*Institut historique et géographique brésilien* date de 1848. Il comptait parmi ses membres l'empereur Don Pedro; aucun n'était plus assidu que lui aux réunions; son fauteuil est encore en place dans la salle des séances; par respect pour la mémoire du souverain, on le laisse inoccupé.

Le 30 janvier de cette année (1908), il y avait à l'*Institut* séance solennelle; le vieux marquis de Paranagua transmettait la présidence au baron de Rio-Branco, ministre des Affaires étrangères ; il y eut naturellement échange de félicitations et force discours du genre académique. J'ai déjà dit combien cette éloquence est familière aux Brésiliens. Les discours de cette soirée, reproduits *in extenso* dans les grands périodiques du lendemain, en fournissent encore des spécimens intéressants et très curieux. J'en extrais seulement un petit alinéa, où l'on entend un écho des hymnes bahianais en l'honneur de M. Ruy Barbosa. L'orateur s'adresse au nouveau président :

Tout récemment, à la Haye, notre ambassadeur, tel les généraux de la Révolution française, a battu l'Europe coalisée; et cette fois, à l'Europe s'était encore alliée l'Amérique du Nord ; Rio-Branco, lui, en dirigeant la campagne du fond de son cabinet lointain, a réalisé le glorieux surnom de Lazare Carnot, *l'organisateur de la victoire* ! (Longs et chaleureux applaudissements.)

L'Institut fait mieux que des séances d'apparat; il a réuni une fort belle bibliothèque qui occupe tout un étage du vaste couvent des Carmes, devenu sa propriété. La collection des Mémoires qu'il publie en est arrivée au quatre-vingt cinquième volume. C'est le plus riche répertoire qui existe pour l'histoire et la géographie de l'Amérique du Sud.

Les hommes de lettres ont voulu, eux aussi, constituer l'Académie brésilienne à l'instar de l'Académie française; elle se compose également de quarante écrivains les plus méritants; j'ignore si le cénacle est au complet; l'Académie date seulement de 1896. On a commencé une anthologie des *Immortels* brésiliens. A mon humble avis, ils ont bien raison de s'entr'aider et de s'assurer la force qu'on trouve dans l'union. Nous savons trop que, même dans la république des lettres, la gloire ne va pas d'elle-même au mérite; là aussi il faut « organiser la victoire. » Je ne suis pas à même de juger la valeur respective des littérateurs portugais de l'un et de l'autre côté de l'Atlantique; mais je lis dans un classique brésilien : « Il y a chez nous des hommes qui savent écrire en portugais; cependant jamais un de nos écrivains, fût-il un Gonçalvez Dias ou un Alencar, n'a eu l'honneur de figurer dans un recueil de morceaux choisis des auteurs portugais. » L'exclusion n'est peut être pas inspirée par des motifs d'ordre purement littéraire. Puisse la jeune Académie obliger, à force de talent, les gardiens un peu jaloux du Temple de Mémoire portugais, à lui en ouvrir les portes!

S'il a ses gloires littéraires, encore discutées par les aristarques de la mère-patrie, le Brésil a aussi ses gloires scientifiques. Je me garderai d'en dresser le catalogue; mais il n'est pas permis de passer sous silence la part qui revient à la science brésilienne dans l'invention qui passionne en ce moment le monde entier et dont personne ne saurait encore calculer les conséquences. Je veux parler de la navigation aérienne. Dès 1891, un Brésilien, Julio César Ribeiro de Souza, venait faire à Paris des essais de dirigeable, avec son ballon *Victoria*; dix ans plus tard, Augusto Severo de

Albuquerque les renouvelait, d'abord avec succès, puis, malheureusement, venait s'écraser sur l'avenue du Maine dans une chûte de 300 mètres. On se rappelle l'affreuse catastrophe du ballon *Paz*, le 12 mai 1902.

Un autre Brésilien a poursuivi la conquête de l'air avec plus de bonheur. Aucun nom n'a été plus populaire chez nous que celui de Santos-Dumont. Peut-être bien est-ce parce qu'il est plus d'à moitié français. En tout cas ce nom figurera en bonne place parmi ceux des modernes *conquistadores*.

Mais, chose bien curieuse, le Brésil, quand il n'était encore qu'une colonie du Portugal, avait fourni un précurseur de l'aviation. Le 8 août 1709, un religieux brésilien, originaire de Sao-Paulo, le Père Bartholomeu Lourenço de Gusmao, s'était élevé dans les airs, à Lisbonne, devant toute la cour et une immense multitude de peuple. Son appareil, dont les estampes du temps ont conservé la figure, s'appelait la *Passarola* (l'oiseau); l'inventeur fut surnommé le *Padre Voador* (prêtre volant); on n'était pas loin de le tenir pour sorcier. Comment se fait-il que personne ne parle de cet homme qui semble avoir résolu le problème de l'aviation près de quatre-vingts ans avant la première ascension de Pilâtre de Rozier en montgolfière et deux siècles avant les découvertes actuelles? Serait-ce parceque l'inventeur brésilien avait le tort d'être prêtre[1]?

1. Cette année (1909), la navigation aérienne étant devenue la grande préoccupation du genre humain, on s'est souvenu du P. de Gusmao. A Paris même le journal *Le Brésil* a revendiqué pour lui le titre de précurseur de l'aviation. Une Revue savante du Portugal, *Broteria*, dans le numéro de septembre, a consacré à sa personne et à son œuvre un long article intitulé *Le deuxième Centenaire de l'invention des ballons*. En voici la conclusion : « Il est vrai que les études de Gusmao n'ont pas eu d'influence sur celles qui furent faites plus tard ; mais il n'est pas moins certain que la

La Bibliothèque nationale de Rio de Janeiro est de beaucoup la plus riche de toute l'Amérique du Sud. C'est vraisemblablement aussi la plus ancienne. En dehors de quelques monastères, on était assez peu curieux de livres à l'époque coloniale. La métropole se réservait la fourniture de l'aliment intellectuel. Ce n'est qu'en 1808 que Jean VI autorisa l'établissement d'une imprimerie au Brésil; le privilège fut accordé à Bahia en souvenir du séjour de la famille royale.

La Bibliothèque nationale reconnaît ce même prince pour son fondateur. Il avait en effet apporté au Brésil la collection de livres, de cartes et de médailles réunie par son grand'père Joseph Ier pour remplacer celle qui avait péri dans le tremblement de terre et l'incendie de Lisbonne. Installée dans le couvent des Carmes de Rio, la bibliothèque royale aurait compté, dès 1814, 6000 volumes, que le prince mettait gracieusement à la disposition du public. Successivement accrue par des dons et des achats, elle comprenait, d'après le catalogue de 1885, 140000 volumes imprimés. Il n'est pas douteux que le chiffre ne soit doublé aujourd'hui. Après avoir été hospitalisée cinquante ans dans la « catacombe » du couvent des Carmes, elle a passé un autre demi-siècle dans une maison assez vaste, mais point faite pour cet usage. Mais voici qu'en l'année du centenaire de sa fondation

conquête de l'air eût été réalisée beaucoup plus tôt s'il n'avait pas été enlevé par une mort prématurée et si ses contemporains, moins esclaves de l'envie et de leurs préjugés, avaient su apprécier à leur valeur ses travaux et ses expériences. »

D'après « le Brésil » et les journaux français qui l'ont répété, le P. de Gusmao était jésuite. C'est une erreur ; il entra bien au noviciat de la Compagnie de Jésus à Bahia, mais pour en sortir peu après (1705). Toutefois la Revue portugaise reporte sur un autre jésuite, le P. Lano le mérite d'avoir inspiré Gusmao.

s'achève le palais qui lui est destiné, à l'entrée de *l'Avenida central,* en face du malencontreux pastiche de l'Opéra parisien. L'édifice a grand air, et ses dimensions sont telles que la Bibliothèque nationale pourra s'enrichir longtemps encore sans s'y trouver à l'étroit. — « Notre bibliothèque, me disait le très distingué conservateur, sera installée aussi confortablement qu'aucune autre au monde. Un seul détail, le bois en est exclu ; tout le meuble est en acier poli. »

La section des manuscrits renferme d'inappréciables trésors, spécialement en ce qui concerne l'histoire du pays. Le rédacteur du catalogue de 1885 signale dans sa préface les lettres des Jésuites Nobrega et Anchieta : « Ils nous y apprennent, dit-il, avec une simplicité de véritables apôtres, comment l'Evangile a fait luire dans les forêts du Brésil l'aurore de la civilisation. » J'ai eu la curiosité de feuilleter un volume renfermant quelques-uns de ces autographes vénérables. Une longue lettre écrite en latin, de Sao-Vicente, par le P. Joseph Anchieta, à la date du 31 mai 1560, fixa particulièrement mon attention. Elle renferme quantité d'observations très curieuses, et je crois bien, un peu naïves, sur la faune et la flore brésiliennes. En voici un petit passage que je transcrivis à la hâte, le surveillant de garde m'ayant informé que je ne pouvais copier le document sans la permission du ministre de l'Instruction publique.

Il y a au Brésil un poisson que nous appelons le *grand bœuf* (son nom indien est *Iguaragua*) ; on le rencontre fréquemment dans les parages d'Espirito Santo[1] et en remontant vers le nord, où le froid ne se fait que très peu

1. L'Etat d'Espirito Santo comprend la côte entre celui de Bahia au Nord et celui de Rio de Janeiro au Sud. Sa capitale, appelée aujourd'hui Victoria, est par 20° de latitude sud.

ou même pas du tout sentir. Il est de très grande taille et il se nourrit d'herbes, comme en témoignent les gazons tondus qui couvrent les rochers le long des côtes. La grosseur de son corps dépasse celle d'un bœuf; sa peau est dure et ressemble par sa couleur à celle d'un éléphant; il a comme deux bras attachés à la poitrine, dont il se sert pour nager, et tout auprès des mamelles pour allaiter ses petits. Sa tête est tout à fait celle d'un bœuf. Sa chair est très bonne à manger, si bien qu'on ne saurait dire si c'est du poisson ou de la viande que l'on mange. La graisse, très abondante, surtout près de la queue, donne, fondue sur le feu, un liquide que l'on peut comparer au beurre et qui lui est peut-être préférable, excellent pour apprêter en place de l'huile toute sorte de mets. Tout le squelette est formé d'os très durs qui peuvent tenir lieu d'ivoire....

Et un peu plus loin, après avoir raconté un naufrage, le vieux missionnaire poursuit :

A cause des vents contraires, nous fumes obligés de rester sur cette plage (à 240 milles au sud de Sao-Salvador) huit jours entiers; et comme on risquait de manquer de provisions pour le reste du voyage, nos matelots jetèrent leur filet à la mer, et d'un seul coup ils prirent deux de ces « grands bœufs. » Et « bien qu'il y en eût tant, le filet ne fut point rompu [1] », alors qu'un seul de ces animaux eût suffi à mettre en pièces plusieurs filets; et ainsi pourvus par la libéralité divine, nous pûmes achever notre route.

Je savais déjà qu'il faut faire la part de l'hyperbole qui est, pour ainsi dire, de style dans la littérature de l'époque. D'un autre côté, il est certain que les *découvreurs* du XVIe siècle voyaient comme avec des verres grossissants les choses si étranges pour eux qu'ils rencontraient dans ces régions encore enveloppées de

1. Anchieta emprunte ici les paroles de l'Evangile de Saint Jean, dans le récit de la pêche miraculeuse : « *Cum tanti essent, non scissum est rete.* »

mystère. Leurs relations, même officielles, portent la trace de cette illusion d'optique. Ainsi averti, je cherchai quel habitant des mers pouvait bien répondre au signalement du P. Anchieta. Le phoque? Mais le phoque ne fréquente pas les mers des tropiques. Ce serait bien plutôt le lamantin ou le dugong, l'un et l'autre cétacés herbivores de grande taille, de 3 à 5 mètres de longueur, et dont l'habitat est plutôt dans le Pacifique. Je tentai d'éclaircir ce point dans une visite au Musée National. J'y trouvai en effet deux exemplaires du poisson-bœuf, *pesce-boi*; leurs tablettes ne portaient même pas d'autre nom. Le plus grand ne mesurait pas plus de 1 m. 30; la tête avait une ressemblance frappante avec celle d'un veau. Peut-être ces sujets étaient-ils des jeunes. Il ne me fut pas possible de pousser plus loin mes investigations. Mais sans doute le *pesce-boi* du Musée de Rio doit avoir sa place dans les classification des naturalistes.

Un autre détail relevé dans la lettre du P. Anchieta avait également piqué ma curiosité. Le Jésuite parle d'une grosse fourmi dont les Indiens et les missionnaires eux-mêmes faisaient volontiers leur nourriture. Il me fut plus facile de m'enquérir de cette bestiole que du monstre marin. Un Brésilien du meilleur monde que j'interrogeai m'affirma qu'en effet la fourmi comestible existe, que lui-même en avait mangé et que ce gibier en vaut un autre. La famille des fourmis compte au Brésil des races par centaines; elles sont toutes plus ou moins ravageuses; il n'est que juste que l'une d'elles au moins se laisse manger.

Je viens de mentionner un des établissements scientifiques dont Rio de Janeiro a le droit d'être fière. Le *Museu nacional* est installé dans le palais de *Boa-Vista*, ci-devant résidence impériale. L'édifice s'élève au sommet d'une colline, ou plutôt d'un renflement de terrain en pente douce, au centre d'un vaste parc à l'anglaise, avec pelouses, pièces d'eau, bosquets de grands arbres et rideaux de palmiers. De la terrasse la vue est admirable, d'où le nom donné à la *Quinta de Boa-Vista*[1]. On embrasse tout le panorama de la ville et de la baie, avec, comme à portée de la main, l'éventail de la *Serra* de Tijuca, couverte du haut en bas de son manteau de forêt vierge.

Dès l'entrée du palais, au milieu d'un somptueux vestibule, une pièce rare attire l'attention. C'est un aérolithe, de forme capricieuse comme un mâchefer énorme; il fut trouvé il y a vingt ans dans l'Etat de Bahia. Son poids, dit l'inscription, est de 5700 kilos; son volume de 800 décimètres cubes; il entre dans sa composition 95 °/₀ de fer, 3,5 °/₀ de nickel, etc. Malgré soi on devient rêveur devant ce bloc tombé du ciel. Le gros aérolithe du Muséum de Paris pèse seulement 600 kilos.

L'ancien palais de Don Pedro II est vaste sans doute, mais les collections d'histoire naturelle du Musée demanderaient encore beaucoup plus d'espace qu'il n'en peut offrir. Il faudrait plusieurs palais semblables pour loger convenablement les spécimens des trois règnes dans cet énorme et prodigieux Brésil. On aimerait à voir en bonne place, et non pas égarés dans la cohue, ces animaux étranges, ces oiseaux merveilleux, ces serpents innombrables. J'entends dire que le Brésil en possède environ quinze cents espèces. Effroyable opulence! Mais toutes ne sont pas dangereuses; celles-là sont même, paraît-il, en

1. *Quinta*, en espagnol et en portugais, jardin, maison de campagne; à Bahia, on dit de préférence *roça*.

assez petit nombre. Six ou sept tout au plus seraient armées de la glande venimeuse. Soit; mais si ces espèces pullulent! Les plus redoutables sont de taille très médiocre; tel ce terrible *cascavel*, comme on appelle ici le serpent à sonnettes; gros comme le doigt, long de trente à quarante centimètres, de couleur indécise, il pourra se dissimuler sous une feuille ou un fragment d'écorce; et ce n'est pas même sa sonnette, c'est-à-dire le frottement des anneaux de sa queue, qui vous avertira de vous garer; quand on l'entend, il est d'ordinaire trop tard. A tout prendre, mieux vaut avoir affaire à ces magnifiques boas, de cinq à six mètres de long; ceux-là du moins manifestent leur présence.

Le Brésil offre à vos regards dans son Musée National bien d'autres horribles bêtes dont ses *sertoes* sont pourvus plus abondamment qu'aucune région du monde. Il y a là dans les bocaux de monstrueux scorpions, d'affreux myriapodes. — « Voyez, me dit mon cicerone, l'aimable docteur Carlos S..., voyez ces petits crochets au bout des pattes; quand l'animal s'agrippe à un homme, ces crochets entrent dans la chair, et il nous faut arracher les pattes une à une; la bête se laisse mettre en pièces plutôt que de lacher prise. »

Quelque chose de plus hideux encore, ce sont les araignées velues et larges comme la main, venimeuses au point de donner la mort. Une autre famille brésilienne qui attire l'attention, est celle des chauves-souris, à laquelle appartiennent les vampires. Chez cette race curieuse, la souris atteint la taille d'un rat d'égout, au moins en longueur, tout en restant svelte. Comme il arrive dans les régions tropicales que l'on dorme les fenêtres ouvertes, et que souvent même, il n'y a pas de fenêtres à fermer, le vampire entre dans les maisons comme chez lui, il s'approche des gens endormis, rafraîchit les membres qu'il trouve à sa portée en agitant ses ailes, puis tout doucement se met à sucer le sang. Il s'y prend si bien que jamais il n'éveille le dormeur. Je raconte d'après le témoignage d'un Brésilien qui pouvait dire : *Experto crede Roberto*. Il avait par deux fois subi l'opération de la saignée nocturne.

Mais le Musée National n'est pas seulement un Musée des horreurs. Le Brésil y montre en raccouci son incomparable richesse; les galeries des minéraux vous ménagent un éblouissement. Il y a des vitrines où l'on a positivement entassé des monceaux de pierres précieuses. On sait que l'Etat de Minas Geraes a pris son nom des gisements miniers de toute sorte qu'il possède. Une de ses principales villes, Diamantina, porte également un nom assez expressif. Le Brésil fut à une certaine époque le grand fournisseur de joyaux du monde. Depuis, il a été supplanté par d'autres pays; ce n'est peut-être pas que ses ressources soient épuisées, mais les conditions d'exploitation sont, paraît-il, peu favorables. Puis, de nos jours, le charbon, le fer, le cuivre, le caoutchouc ont plus de valeur que les améthystes et les saphirs.

On ne peut évidemment parler de la vie intellectuelle d'une grande cité sans faire mémoire, tout au moins, de la presse périodique. Je n'ai pas la prétention de porter un jugement d'ensemble sur celle de Rio de Janeiro. Voici toutefois quelques notes sommaires recueillies au jour le jour.

Tout d'abord l'industrie du journal ne semble pas avoir encore atteint à Rio de Janeiro le développement qui convient à une grande capitale moderne. La production serait peu abondante, parce que la demande est plutôt restreinte. Le plus important journal de Saint-Paul publiait à ce sujet, il y a peu de temps, une *Lettre de Rio* remplie de doléances. J'en détache un passage qui me parait instructif à plusieurs égards.

La presse de Rio de Janeiro est pourtant excellente comme presse d'information. Elle ne se contente pas de collectionner les nouvelles d'une manière quelconque; elle va plus loin; elle s'offre le luxe de l'illustration; elle se ruine pour donner, à l'instar des opulentes feuilles yankees, le télégramme détaillé qui nous décrit par le menu les faits les plus lointains, l'article de spécialiste qui nous éclaire sur le problème du jour le plus complexe.

Et le public, pour qui on fait ces sacrifices, s'en désintéresse; il ignore les faits qu'on lui raconte, pour la bonne raison qu'il ne lit pas les journaux et ne veut pas les lire.

Le nombre des abonnés de n'importe quel journal *carioca*, une vraie misère! La vente au numéro, une honte!

J'étais déjà persuadé que c'était là une conséquence de la forte proportion des illettrés dans la population de Rio. Toutefois, après une étude personnelle de la question, j'ai été amené à conclure purement et simplement que, si chacun de ceux qui savent lire achetait un journal, comme en Argentine ou en Europe, le tirage des journaux *cariocas* serait au moins quatre ou cinq fois plus fort qu'il n'est actuellement.

Admettons que sur les 800.000 habitants de la capitale 30 pour 100 savent lire; voilà 240.000 lecteurs. Deux cent quarante mille! Le tirage de nos journaux du matin et du soir réunis n'atteint pas la moitié de ce chiffre.

C'est une honte! (*Estado de Sao-Paulo*, 21 mars 1908. *Lettre de Rio*.)

Rio possède pourtant une bonne demi-douzaine de feuilles quotidiennes, de très grand format. Le plus ancien et le plus puissant, le *Jornal do Commercio*, fut fondé en 1820, par deux Français, les frères Picot. Il y a 9 colonnes à la page, et pas moins de 8 à 12 pages de texte fin et compact. Il n'est pas le seul à donner abondance de papier et de copie. Mais ne serait-ce pas « l'abondance stérile » dont parle notre vieux Boileau? En tout cas, si l'*information* est copieuse, l'idée ne l'est pas autant. Des enfilades de télégrammes qui souvent se répètent ou se contredisent; des *noticias* (petites nouvelles) en quelques lignes, des listes interminables de noms de personnes qui ont pris part à une réception, assisté à une messe, etc.; on ne vous fait pas grâce d'une signature du registre; j'en ai vu parfois cinq ou six colonnes d'affilée, par exemple, lors des services célébrés dans différentes églises pour le roi de Portugal et son fils; enfin des pages et des pages de réclames et d'annonces de toute sorte. Il y a généralement une place libre, sous la rubrique *a pedidas*, où chacun écrit, en payant, ce qu'il lui plaît. C'est bien, en somme, le système américain, qui a résolu le problème de remplir beaucoup d'espace avec peu de substance.

Il faut rendre cette justice à la presse de Rio, qu'elle se montre, sauf de rares exceptions, respectueuse de la religion et de la morale. Elle ne compte pas une seule feuille du genre *Lanterne;* pas une qui fasse profession de manger du curé. Il est vrai que, sauf le trop modeste *Hebdomadario catholico*, de l'excellent Dr Felicio de Santos, elle ne compte pas non plus un seul journal catholique. Les grands journaux prennent vis-à-vis de l'Eglise l'attitude de la neutralité, mais d'une neutralité trop souvent empreinte de malveillance. Ils relatent les faits religieux comme les autres; cela fait partie de l'information. Mais presque toujours les correspondances de l'étranger, les extraits des journaux européens sont choisis parmi les pires. Le *Jornal do Commercio*, par exemple, prendra sa correspondance romaine dans *L'Indépendance belge;* il reproduira des articles de la *Lanterne* et fera volontiers ainsi de l'anticléricalisme par procuration. Je ne dirai rien des journaux mondains : ils ne sont pas plus dévergondés que nos feuilles boulevardières; malheureusement ils prennent à tâche de leur ressembler.

Je ne voudrais pas laisser croire que les grands journaux *fluminenses* ne s'alimentent que de faits et d'informations; il y a aussi parmi leurs rédacteurs des écrivains de marque, professionnels des sciences politiques et sociales aussi bien que des arts et de la littérature. Et à ce propos, je veux citer ici un article publié dans le *Jornal do Commercio* du 10 février 1908, sous la rubrique de *Revue littéraire*. L'article est signé de M. José Verissimo, qui est incontestablement l'un des littérateurs brésiliens les plus appréciés à l'heure présente. Il a pour titre : « Le théâtre et la société française contemporaine. » On va voir comment nous sommes jugés à l'étranger, grâce à nos auteurs dramatiques. Il n'est pas inutile de dire que M. José Verissimo est le contraire d'un *clérical*.

M. José Verissimo part de cet aphorisme qu'il trouve formulé par Royer-Collard, que « la littérature est l'expression de la société à un moment donné. » Aphorisme qui ne se réalise nulle part plus parfaitement qu'en notre pays. « La littérature française est, comme aucune autre, la grecque exceptée, l'expression même de la société, par suite la plus nationale et la plus sociale de toutes les littératures. Et c'est là la cause essentielle de sa suprématie (*prima-*

zia). » Mais c'est surtout, paraît-il, notre littérature dramatique qui mérite ces éloges. Le critique brésilien développe et éclaire sa pensée dans des considérations assez longues et inégalement flatteuses pour l'amour-propre français. Les choses du théâtre prennent dans notre vie nationale une importance absolument excessive ; d'autre part nous exerçons en ce genre une maîtrise incontestée; le théâtre dans le monde entier est tributaire du nôtre. « De tout ce qui se joue dans l'un et l'autre hémisphère, la plus grande et la meilleure partie est ou traduite, ou imitée, ou plagiée, ou adaptée du français. »

M. José Verissimo en vient ensuite à l'examen de la production contemporaine de notre théâtre.

De 1905 à 1907 on a représenté sur les théâtres de Paris plus de cent pièces nouvelles. J'en connais au moins les trois quarts, et les meilleures ou du moins jugées telles, puisqu'elles ont mérité des éditions spéciales de certaines Revues très estimées en France.

Je voudrais appliquer à ce choix d'œuvres dramatiques, signées des noms les plus reluisants du théâtre français actuel, Lavedan, Donnay, Brieux, Lemaître, Hervieu, Capus, Descaves, Sardou, Hermant, Bernstein, Wolf, Bataille, Mirbeau, Margueritte, etc., je voudrais, dis-je, appliquer aux tendances, aux vues, aux inspirations diverses qui s'y manifestent, l'aphorisme de Royer-Collard, et par suite, de ce théâtre dégager la physionomie de la société qu'il représente.

M. José Verissimo reconnaît que, pour être concluante, son analyse exigerait un labeur et des développements que ne comporte pas un article de journal. « Je me contenterai donc, dit-il, de formuler l'impression d'ensemble que je rapporte de la lecture de ce vaste et brillant théâtre. »

Cette impression c'est que, tout d'abord, nous sommes

là en présence d'un art dramatique et littéraire consommé ; — un art, aurait dit le P. Vieira, s'il avait daigné jeter un regard sur ces bagatelles, qui atteint les limites de la perfection. — Science du théâtre, imagination inventive, langue exquise, dialogue qui semble la copie même de la nature, rien n'y manque de ce qui constitue les chefs-d'œuvre du genre. Ce qu'on y dépense d'esprit, de finesse, de grâce et de malice tient du prodige. Et à mon avis, cela n'est point seulement le fait de la supériorité intellectuelle des écrivains français, mais cela vient encore de ce qu'ils reproduisent la vie même, les conversations et les dialogues de la société la plus affinée et la plus raffinée de notre temps.

Voilà de quoi chatouiller agréablement la vanité de nos auteurs dramatiques. Voici maintenant le revers de la médaille.

Si, au point de vue scénique et littéraire, le théâtre français contemporain paraît avoir atteint la perfection, s'il ne laisse rien ou presque rien à désirer comme aliment de notre curiosité, de notre plaisir, de notre divertissement, il faut avouer qu'il est peu flatteur pour la société dont il met l'image sous nos yeux.

Ce théâtre, tout ce théâtre, obstinément, uniformément, tourne autour de l'amour. « La profanation de l'amour dans notre littérature légère, écrivait Renan, est une honte de notre époque. » Cette profanation, de jour en jour plus audacieuse, j'allais dire plus brutale, est un des traits les plus saillants du théâtre français.

Un autre trait caractéristique de ce théâtre, c'est la « gentilhommerie » (*fidalguia*) de ces personnages. La vie qui s'y déroule est, sauf de rares exceptions, la grande vie, la vie de la noblesse riche ou de la haute et opulente bourgeoisie. Les écrivains français de théâtre, Bourget par exemple, n'entreprennent pas la psychologie des femmes qui n'ont pas cent mille francs de rente. De la littérature de cette singulière démocratie de la troisième République le peuple est à peu près complètement absent. Les personnages de ces pièces, à part les utilités et les comparses indispensable, sont tous nobles, gens titrés, tous à particule aristocratique ou bourgeois cossus singeant l'aristocratie ; les femmes sont à l'avenant. La scène se passe quasi invariablement dans des maisons très riches, des palais, des appartements luxueux, entre hommes et femmes habillés à la dernière mode. De là sur la scène française une sorte de monotonie et ce je ne sais quoi d'artificiel qui est inséparable de la haute vie mondaine.

Toujours absorbé par les problèmes de la vie courante où l'amour, les relations entre hommes et femmes prennent toute la place, ce théâtre n'aborde jamais, sinon en passant et sans les approfondir, les graves questions d'ordre social et moral qui ont inspiré les Ibsen, les Tolstoï, les Sudermann, et tant d'autres dramaturges étrangers.

Le thème principal, le thème prédominant dans le théâtre français, c'est l'adultère ; il évolue presque invariablement autour de l'adultère, et il est bien rare de trouver une pièce française où il n'y ait un adultère en exécution ou en projet. Et parfois, il y en aura non pas un, mais deux et trois. De sorte que, si nous jugeons la société française, ou du moins la société française du théâtre (l'auteur veut dire, je pense, la société qui fréquente le théâtre) d'après ce théâtre lui-même, il faudra en conclure que la situation de la famille y est aussi déplorable que possible. Car, d'après cette littérature, ce n'est pas seulement l'adultère qui y fleurit avec la vigueur de nos forêts tropicales, mais c'est une sorte de hantise de l'amour passé à l'état d'idée fixe, comme si les deux sexes ne pouvaient plus se rencontrer sans perdre toute retenue....

M. José Verissimo s'exprime ici et dans les passages qui suivent avec une verdeur que je n'ai garde de lui reprocher, encore que je répugne à traduire. Il cite des pièces à succès, *Le Voleur*, de Bernstein, entre autres :

Il y a là, dit-il, de telles brutalités d'expressions et de gestes que, avant de les lire, je n'aurais pas cru qu'elles pussent passer ailleurs que dans la littérature clandestine.

Quant à celle de ce théâtre, que toute la critique exalte comme le produit le plus parfait du génie dramatique français, elle est beaucoup plus immorale, au sens élevé du mot, que la littérature naturaliste, contre laquelle cette même critique ou ses semblables, dans un accès de pudibonderie, lançaient leurs anathèmes, il y a quinze ans. Les pires romans de Zola et de ses disciples sont, au moins dans leur inspiration et leur but, incomparablement plus chastes que tout ce théâtre et plus forts que toute cette littérature d'alcôve et de lupanar.

Après cela, M. José Verissimo, on le comprend, se sent un peu embarrassé pour l'application du fameux aphorisme. Il s'en tire avec des distinctions, et finalement il veut bien nous dire que Royer-Collard n'a pas entendu formuler un axiome mathématique. Et donc, il n'est peut-être pas bien vrai que cet abominable théâtre soit un miroir fidèle de la société française. Et la société française n'est pas encore aussi canaille qu'on le pourrait croire si on la jugeait d'après son théâtre.

Nous remercions M. José Verissimo de conclure de la sorte par égard pour notre pays ; malheureusement il ne le fait qu'en donnant une forte entorse à la logique. Après avoir tant dit que la littérature française dramatique ne fait que copier et photographier la vie française, que c'est là le secret de ses qualités suréminentes, de sa supériorité incontestable et incontestée, qu'au surplus les copistes et les photographes sont des artistes prestigieux, comment se peut-il faire que le personnage ne ressemble pas au portrait, ni l'original à la copie ?

N'en déplaise à l'ombre vénérable de Royer-Collard et à son commentateur brésilien, c'est l'aphorisme qui tombe ici à faux. Non, il n'est pas vrai que nos auteurs dramatiques — et l'on peut leur adjoindre les romanciers — se soucient de produire sur la scène la vie telle qu'elle est, qu'ils se contentent de la regarder, d'écouter et de transcrire. La scène est pour eux une tribune comme une autre : les acteurs sont leurs truchements. MM. Wolf et G. Leroux veulent prêcher l'amour libre, le droit de la passion supérieur à toutes les lois et à toutes les convenances sociales. C'est bien simple. Ils introduisent une jeune écervelée qui a jeté son bonnet par-dessus les moulins ; son père la chasse, mais en face se dresse une grande fille mûre, un parangon de vertu, un *Lys* (c'est le titre de la pièce) qui crie à sa jeune sœur : « Tu as bien fait ! » — Est-ce la femme française qui parle cette langue ? — Non, c'est un M. Leroux et un M. Wolf.

M. Octave Mirbeau est atteint d'anticléricalisme aigu, sorte de fièvre jaune qui sévit chez nous. Aidé d'un manœuvre juif, il écrit *Le Foyer*, une pièce où tout le monde barbote dans l'ignoble. Naturellement il y met un prêtre ; l'abbé est niais et odieux autant qu'il est possible de l'être, et même davantage. Est-ce que le clergé français se reconnaît dans ce grotesque ? Et nos hommes d'œuvres catholiques, représentants de l'ancienne noblesse, et par surcroît membres du Parlement et de l'Académie française, est-ce qu'ils se reconnaissent dans le baron interlope qui tient le grand rôle ? Allons donc ! Le théâtre, expression de la société, est une formule simpliste qu'il ne faut accepter que sous bénéfice d'inventaire. La littérature dramatique française actuelle reflète peut-être une certaine société française, celle où s'agitent les gens de théâtre, pour laquelle la France et le monde finissent où finit le boulevard. Mais il faut être bien myope, ou regarder de bien loin, pour confondre cela avec la société française. Et croire que l'on connaît la société française pour l'avoir étudiée dans le théâtre contemporain, c'est à peu près comme si l'on s'imaginait connaître

Paris pour avoir fait une promenade dans les égouts.

Voilà ce qu'il me paraissait nécessaire de dire à nos amis du Brésil ou d'ailleurs, qui ne voient la France qu'à travers une littérature que des malfaiteurs de plume lui infligent à elle-même comme un opprobre. Et il y aurait à ajouter encore à l'adresse de beaucoup de ceux qui, à l'étranger, la méprisent et la détestent à cause de cette même littérature : Pourquoi donc lui fait-on chez vous si bon accueil? Pourquoi donc ceux qui sont chargés d'alimenter vos théâtres sont-ils si empressés de copier ou de démarquer les pires produits du nôtre? Pourquoi donc dévore-t-on chez vous les romans orduriers fabriqués chez nous? On a vu percer chez M. José Verissimo un faible pour Zola. De fait, nos éditeurs de pornographie n'ont pas de meilleurs clients que certains pays de l'étranger; l'Amérique latine, en particulier, est un débouché assuré pour cette marchandise. En tout cas, elle s'écoule beaucoup plus au dehors qu'au dedans du pays producteur. Or, la loi économique veut que la production se règle sur la consommation. Cessez de demander le produit importé, les fabricants seront bien obligés de fermer leurs usines.

Et tout de même mes compatriotes feront bien de méditer l'article de M. José Verissimo. N'écrivant pas pour nous, le critique brésilien nous laisse entendre, sans méchanceté, mais aussi sans réticences, quelle considération nous valent hors de nos frontières nos faiseurs de pièces de théâtre, ces maîtres hors de pair, amuseurs attitrés du genre humain, et nos théâtres eux-mêmes, ces théâtres de Paris qui tiennent tant de place dans notre existence, qui occupent de leurs affaires les ministres, les Chambres, les journaux, autant dire le pays tout entier, et qui ont encaissé pour l'exercice de 1907, le dernier dont nous ayons les chiffres, une recette de *45.753.048 francs et 18 centimes!*

C'est à peu près le budget des Cultes, pour toute la France, à l'époque où l'Eglise et l'Etat marchaient le mieux d'accord.

Voilà une bien longue digression, un peu trop longue peut-être. Allons faire une excursion dans les alentours de Rio : on y respire un air plus salubre que dans les théâtres parisiens.

CHAPITRE VIII

Le *Corcovado*. — La *floresta nacional*. — Petropolis. — Le *Collegio* Nª Sª de Sion. — Le tribut au climat. — Nova-Friburgo. — Le *Collegio Anchieta*. — Quelques spécimens de la flore brésilienne. — Le « Royaume des Palmiers. » — La *Palma-Mater* et le Palmier royal. — La *Fazenda* de Santa-Fé. — La baie de Rio la nuit. — Un peu de réclame.

Quiconque débarque à Rio de Janeiro, ne fût-ce que pour quelques heures, se fait un devoir de rendre une visite au *Corcovado*.

L'ascension à pied tenterait peu d'amateurs; et pourtant ce serait la bonne méthode pour jouir d'un chemin délicieux qui monte en lacets à travers la forêt vierge. Mais le *Corcovado*, comme toute montagne qui se respecte, est muni d'un chemin de fer. D'autre part, un tramway électrique vous conduit par la route de l'ancien aqueduc à la station de *Silvestre*, qui marque à peu près la moitié de la hauteur. Au surplus, les ascensions pédestres en pays tropical ne sont pas de bonne hygiène, et moins encore ressemblent-elles à une partie de plaisir.

Le chemin de fer du *Corcovado* attaque la montagne au fond du joli vallon des *Larangeiras* (les orangers); le train se compose d'un unique wagon poussé par une petite locomotive qui avance en s'accrochant par une roue dentée à la crémaillère. La rampe a un déve-

L'esprit d'aujourd'hui

RIO-DE-JANEIRO
Le Corcovado. Rue Sao Clemente.

157

loppement de 3.500 mètres. Le trajet dure quarante minutes environ, non compris un arrêt assez long à l'hôtel des *Paineiras*. On est tout le temps en pleine forêt. Il m'est arrivé de suivre du regard, au belvédère de *Silvestre*, la montée du train ; la bête d'acier crachait un horrible nuage de fumée noire ; elle soufflait avec un vacarme doublé par les échos des ravins. Je compris l'indignation des âmes poétiques devant ce triomphe insolent de la machine sur la paisible et silencieuse nature. Certes, la majesté des solitudes de la *Serra do mar* n'a rien gagné à être traversée par un chemin de fer. Mais on lui pardonne de profaner ces sites que sans lui on ne connaîtrait pas. La locomotive vient enfin se blottir au pied d'une paroi perpendiculaire ; on achève l'ascension par des escaliers taillés dans le rocher et l'on atteint la petite plate-forme du sommet, couverte tout entière par un kiosque. L'impression qui vous saisit à ce moment est de celles qu'on désespère de rendre. J'ai eu entre les mains, pendant mon séjour au Brésil, un ouvrage monumental publié tout récemment par la colonie italienne de Saint-Paul[1]. Je lui emprunte un petit alinéa qui me paraît exprimer quelque chose de la vérité :

> Aucun spectacle ne peut se comparer au prodigieux panorama qui se découvre du haut du *Corcovado* : la baie, les montagnes, la ville, l'océan sans limites, les îles verdoyantes qui se détachent sur l'azur, toutes les gloires et toutes les splendeurs d'un paysage exubérant, fantastique, incroyable, sont embrassées d'un coup d'œil ; un monde d'une majesté inouïe est enfermé dans un regard.

Ce n'est pas de quoi donner une idée quelconque du panorama lui-même, je le sais ; mais vraiment tout

1. *Il Brazil e gli Italiani*. In-folio de 1226 pages très richement illustré. Armenino, édit. Milano, Genova, 1906.

ce que l'on peut faire quand on a devant soi une vision sublime, c'est de crier son admiration, puis de se taire et de contempler dans le recueillement. C'est le parti auquel je m'arrête. J'ai essayé, toutefois, de déterminer la caractéristique de certains détails de cet extraordinaire paysage. La ville immense m'est apparue découpée en longues tranches par les contreforts de la *Serra* qui s'avancent vers la baie; les *morros* épars çà et là me font l'effet de fragments de montagnes, détachés de la chaîne et poussant en avant-garde jusqu'au bord de l'eau; les îles elles-mêmes semblent des pièces arrachées au manteau de forêt qui enveloppe la *Serra*; car c'est bien elle, la *floresta* brésilienne, avec son tissu si fourni, si étoffé, avec ses teintes profondes, le vert intense de ses frondaisons, c'est elle qui habille tout le paysage, qui garnit, si l'on peut dire, le berceau splendide que les montagnes font à la cité, et où elle étend dans tous les sens ses membres capricieux.

La *floresta*, disons la forêt vierge, de la chaîne montagneuse qui encadre Rio, procure à la capitale du Brésil les agréments d'un parc naturel incomparable. Il n'y a pas, à proprement parler, de solution de continuité; la forêt commence où les maisons finissent; çà et là même, les maisons se sont glissées jusque dans le bois. Heureusement, on s'est avisé d'en faire une propriété nationale. Désormais, la *floresta* est assurée de garder son caractère; on y a tracé des chemins et des sentiers, mais on ne l'exploite pas. La végétation tropicale peut y déployer sa fantaisie puissante et sa grâce sauvage. Les arbres n'y sont point de taille colossale; ce n'est guère possible dans cette cohue où tous les genres et toutes les espèces de la flore brésilienne veulent avoir leur part de terre, d'air et de soleil. C'est l'image d'une démocratie égalitaire; les plus forts commencent bien par prendre le dessus ; mais la foule jalouse les presse et les étouffe; alors ils montent très haut pour chercher la lumière; mais ils s'épuisent dans cette poussée; puis les espèces rampantes, les lianes de toute sorte les enveloppent, les étreignent, grimpent jusqu'à leur tête, pour retomber en pendentifs qui s'accrochent de-ci de-là formant un réseau inextricable. Puis, les parasites, ces prodigieux parasites, si divers de taille et de figure, mais tous vivant aux dépens des riches et des forts. Pas un arbre, pas un tronc, pas une branche qui n'ait ses colonies. Je vois quantité de ces plantes en fleurs, rouges pour la plupart; elles piquent des notes gaies dans le fouillis sombre. Et je songe à l'arbre greffé dont Virgile nous dit si gentiment la surprise :

> Miraturque novas frondes et non sua poma.

L'étonnement de l'arbre de la *floresta*, en se voyant couvert de fleurs, n'est sans doute pas moindre; mais apparemment il ne se sent pas très fier de cette parure qui n'est pas la sienne et qui le tue. De fait, plus il est vigoureux, plus il grandit et se développe, plus aussi il offre de proie à ces insatiables ravageurs, de sorte que son opulence même devient la cause de sa ruine. Aussi il est rare de rencontrer dans la *floresta* de ces géants séculaires, gloire de nos forêts, qui ont pu étendre en liberté leurs puissantes ramures. Ceux que des circonstances particulières ont le plus favorisés ne tardent pas à succomber sous l'effort des envahisseurs.

Je m'arrêtai un jour à contempler un de ces patriarches de la *floresta;* il avait un air de vieillard décrépit, ou plutôt d'un cadavre, car il était bien mort. Les maîtresses branches, cassées près du tronc, ressemblaient à des moignons de membres amputés. Mais la vie avait pris possession de cette mort. Les lianes retenaient suspendues les branches envahies par les végétations; tout ce qui restait de l'arbre était enveloppé d'une fourrure verte, tachetée de rose. L'ensemble faisait penser à un monument en ruines, mais vivant et fleuri.

Naturellement le sous-bois de la *floresta* est un emmêlement de toutes les essences, un désordre plantureux, une débauche de vie, et pour tout dire, un fourré inextricable où l'on ne pénètre que la hache à la main. Il va sans dire que, dans le voisinage de Rio, on peut se passer de la hache, à condition cependant de rester dans les chemins battus. Et il en est de charmants, qui vous mènent dans des sites de rêve, des ravins profonds, des solitudes pleines encore de silence et de mystère. Je ne sais pas s'il est au monde de capitale ayant dans son voisinage immédiat des promenades d'aussi grand caractère. Paris, si admirablement pourvu en ce genre, a sa ceinture de forêts, mais de forêts civilisées et peignées pour *mail-coaches* et automobiles. Puis il y manque la montagne, la vraie montagne comme la *Serra* de Rio, avec ses vallons, ses rochers, ses escarpements, ses eaux claires, ses torrents et ses cascades.

L'abondance des pluies entretient dans ce massif des sources nombreuses, dont la limpidité et la fraîcheur ont, par le fait du climat, un prix inestimable. Longtemps les eaux descendues de la *Serra* suffirent à l'alimentation de la ville; un aqueduc monumental, construit au dix-huitième siècle, y déversait quelque

7 millions de litres par jour. Ce serait peu pour la grande Rio d'aujourd'hui; différentes canalisations lui en amènent vingt-cinq fois autant. Mais le chemin du vieil aqueduc est demeuré une promenade exquise. A son arrivée en ville, il traversait un ravin entre deux *morros* sur un pont de deux cents mètres de longueur et trente mètres de hauteur. Cette partie de la canalisation n'étant plus utilisée pour les eaux, on y a établi la voie du tramway électrique; la largeur est tout juste suffisante; la voiture déborde dans le vide; l'impression du voyageur ne laisse pas que d'être désagréable, en dépit du grillage de fils de fer dont on a encadré les bords de ce passage hardi. On escalade ensuite le superbe contrefort de Santa-Tereza; on découvre l'un après l'autre des vallons étroits où la ville s'est engagée, comme les eaux à la marée montante. Les maisons se sont poussées toujours plus avant; après avoir rempli le fond de la combe, elles ont grimpé la pente raide, puis, arrivées en haut en files serrées, elles se sont éparpillées pour se camper aux bons endroits, en belvédères; elles sont peintes et pimpantes; c'est une symphonie de couleurs gaies, dans la verdure.

L'aqueduc prend naissance à l'entrée d'une gorge resserrée entre des roches granitiques d'aspect menaçant; on est en pleine forêt, l'ombre est épaisse et la fraîcheur délicieuse; là se trouve la *caixa de agua*, autrement dit le réservoir. Une longue inscription gravée sur la pierre donne sur l'origine et la construction de l'aqueduc des détails qui doivent être pleins d'intérêt; malheureusement, la mousse en a rongé la plus grande partie. Je n'ai pu y lire autre chose sinon que l'ouvrage fut commencé — ou peut-être achevé — en 1744, « *sous le règne du roi Don Jean V, Notre*

Seigneur; Mascarenhas... étant gouverneur » de Rio de Janeiro[1].

Le centre des excursions à travers le massif montagneux de Rio est au col de Tijuca, magnifique passage, à égale distance, non pas précisément des deux mers, mais de la baie et de l'océan. En suivant la crête sur la droite, on atteint, par une série d'épaulements, le pic de Tijuca, ou d'Andaraby, point culminant de la *Serra*, qui s'élève à 1025 mètres au-dessus du niveau de la baie. Le col de Tijuca est aujourd'hui un rendez-vous de villégiature, gâté malheureusement par des fabriques qui sont venues utiliser les chutes d'eau. Les Dames du Sacré-Cœur françaises ont bâti cette année même au flanc de la montagne un pensionnat fort beau et fort grand; néanmoins il faudra bâtir encore; l'établissement compte 150 élèves pensionnaires, et il en est à sa seconde année. Le paysage est bien fait pour séduire l'imagination : un site de Grande-Chartreuse dans la *floresta* tropicale.

Mais la grande villégiature des habitants de Rio de Janeiro, c'est encore Pétropolis. La ville de l'empereur Pedro est perchée dans les montagnes qui bordent la baie du côté du nord. La première partie du trajet se fait d'ordinaire en bateau à vapeur; puis le chemin de fer à crémaillère grimpe en une petite heure, à travers une gorge très raide, à sept ou huit cents mètres d'altitude. Là, après quelques détours, il pénètre dans une haute vallée, étroite et sinueuse, dans laquelle débouchent plusieurs vallons tributaires; le tout encadré de montagnes abruptes mais couvertes de l'épais manteau de la *floresta*. C'est là que dort

1. Reinando el Rey D. Joao V N. S. Sendo Gov^{or} Mascar^{as}... Ano 1744.

la tranquille et gracieuse cité. Vers 1825, une colonie d'Allemands attirés au Brésil se trouvaient dans la détresse ; l'empereur Don Pedro Ier les installa sur une *fazenda* qui lui appartenait ; ce fut l'origine de Pétropolis. La salubrité de l'air, la douceur du climat, le voisinage de la capitale, sans doute aussi le savoir-faire des Allemands, lui valurent une prospérité rapide et toujours grandissante. Les files des maisons s'alignèrent indéfiniment sur les deux bords des rivières qui occupent le milieu de la rue, avec des jardinets et des rangées d'arbres tout du long. Les deux empereurs y faisaient leur séjour ordinaire ; le palais n'est point indigne de cette destination, et le parc qui l'entoure a toute la magnificence désirable. La cour attire la ville ; la diplomatie n'eut jamais d'autre résidence que Pétropolis ; et je crois bien que les jeunes attraits de Rio ne l'en feront pas descendre de sitôt.

Pareillement, les *Fluminenses* qui en avaient le moyen voulurent avoir leur pied à terre en ce joli coin de la montagne, dont l'affreux *mosquito* de la fièvre jaune ignorait le chemin. Aujourd'hui Pétropolis aurait, me dit-on, 30.000 habitants ; les villas luxueuses ou seulement agréables ne se comptent pas ; toutes ont leur jardin sur le devant, et leurs vérandas, leurs balcons, souvent même toutes leurs murailles, tapissées de rosiers, de jasmins et autres plantes grimpantes. Pétropolis est, en un mot, une ville d'élégance qui n'a rien à envier à nos stations d'été ou d'hiver les plus courues. Tout au plus pourrait-on lui reprocher de manquer d'horizon, et peut-être aussi, chose étrange, de soleil ! Il est vrai que, à cette latitude, on lui sait gré de vouloir bien se voiler la face.

Le dimanche 23 février, dans l'après-midi, devait

avoir lieu une cérémonie religieuse qui ne pouvait que m'intéresser au plus haut point. Une longue procession, comme on sait les faire ici, avec les *Irmandades* en costumes, les innombrables bannières et les grandes statues vêtues de leurs plus belles robes, se développerait sur un parcours de trois à quatre kilomètres, depuis la *matriz* (l'église-mère) jusqu'au *Collegio* des Lazaristes, à *Westphalia* (un nom qui indique l'importance de l'élément germanique à Pétropolis); là se ferait en grande solennité l'inauguration d'une grotte de Lourdes. Il faut savoir que Notre-Dame de Lourdes est très vénérée au Brésil et que les fêtes du cinquantenaire y sont célébrées cette année avec beaucoup d'empressement. Monsenhor Macedo Costa, un orateur plein de verve, devait prêcher en plein air. Tout fut arrêté par la pluie et le mauvais temps. Au retour de Westphalia, je me trouvai dans un brouillard si épais que je m'égarai tout de bon. Je crois que l'accident serait arrivé à de plus habiles. Avec ses défilés multiples et tortueux, la jolie Pétropolis ressemble à un labyrinthe taillé en pleine montagne par la fantaisie des Titans.

La journée finissait par une déception. Mais à défaut du régal d'éloquence portugaise dont j'étais privé, j'avais moi-même le matin servi une petite allocution en français à un auditoire de choix. C'était dans la chapelle des Dames de Sion; il y avait là près de 300 jeunes filles brésiliennes, petites ou grandes, toutes habillées de blanc, avec leurs maîtresses au nombre de 70. Je ne sais pas si, même avant la tempête d'enfer qui a saccagé nos pensionnats religieux de France, il s'en fût trouvé chez nous d'aussi populeux et d'aussi florissants. Jusqu'à l'année dernière, les Dames de Sion étaient locataires du château impérial, demeuré propriété de la comtesse d'Eu. Elles sont maintenant installées dans leur *collegio* tout flambant neuf et formant un quadrilatère de 75 mètres de façade, avec une cour intérieure encadrée de deux étages de galeries à jour. C'est à la fois simple, élégant et commode. A la suite de l'allocution, toute l'assistance chanta le *Credo* de nos messes solennelles. Je dois à la vérité de dire que je n'ai pas entendu, pendant tout mon séjour en Amérique, de musique religieuse aussi bonne; et je ne suis pas sûr d'en avoir entendu de meilleure en Europe.

On a beau être vaillant et tendre tous les ressorts de la volonté, on ne vient pas de France passer trois mois d'été en pleine région tropicale sans payer tribut au climat. Le tribut est divers suivant les contribuables; positivement ruineux pour quelques-uns, pour d'autres il prend plutôt les allures d'une vexation, et l'on pourrait dire, d'une brimade.

A cette catégorie appartient certaine éruption cutanée bien connue partout où il fait trop chaud. En Orient, on appelle cela les *bourbouilles;* au Brésil, on dit les *corsaires*, et quand on parle la langue savante, *brotocjas* (de *brotar*, germer, pousser). C'est quelque chose pour les patients de savoir le nom de leurs bourreaux.

La cuirasse rouge, qui s'étend peu à peu jusqu'à vous couvrir le corps, vous procure d'abord une démangeaison plus ou moins violente, qui dégénère en véritable torture; on a l'impression d'être vêtu de fagots d'épines. Surviennent ensuite d'autres misères plus désobligeantes que dangereuses. C'est de quoi se compose le tribut sous sa forme bénigne. Heureux alors celui qui peut s'enfuir à la montagne! Il en est de ses tribulations, comme du mal de mer, qui s'arrête au moment où l'on quitte le bateau.

Sur la fin de février, je montai donc à Nova-Friburgo. Le trajet complet ne prend pas plus de 5 heures. Pour ce pays-ci, cela représente une promenade en banlieue. On s'embarque à une extrémité de l'*Avenida Central*, sur l'un des bateaux qui font la navette entre Rio de Janeiro et Nictheroy; d'une ville à l'autre, la largeur de la baie ne dépasse pas 3 à 4 kilomètres. Il n'est pas encore 7 heures du matin; durant la traversée, le *Corcovado* se montre avec tous ses avantages; le recul est suffisant; il part du niveau de l'eau et se dresse d'emblée de toute sa taille; il y a des nuages à sa ceinture, mais sa tête pointue émerge superbement. La ville de Nictheroy se laisse entrevoir sur un rivage coupé d'une multitude de petites criques. Le chemin de fer traverse d'abord une plaine ondulée, qui s'allonge entre le pied des *serras* et la baie. Quelques parcelles de ce riche territoire ont été conquises sur le marécage; il y a aux alentours des villages de magnifiques cultures, mais combien de siècles faudra-t-il encore pour prendre possession effective du sol, discipliner les cours d'eau et diriger de façon profitable cette végétation extravagante?

On avance droit vers une énorme muraille qui barre l'horizon; on laisse à gauche la partie la plus haute de la chaîne des Orgues (2200 mètres) et, à la station de *Boca do mato* (la Bouche du Désert), on attaque un vallon qui pénètre au cœur du massif montagneux; la pente est trop forte pour que la locomotive puisse l'escalader par les moyens ordinaires; il y a un troisième rail sur lequel mord une roue horizontale. Toute la vaste conque montagneuse est absolument couverte par la forêt épaisse, plantureuse, noire; pas un coin dénudé; chaque plissement de terrain a son torrent ou sa cascade; le paysage a je ne sais quoi de solennel et d'imposant. On s'élève ainsi jusqu'à 1100 mètres d'altitude; les sommets environnants atteignent de 1500 à 1600 mètres. Le col franchi, on se trouve au bord du Rio Bengala qui descend vers Nova-Friburgo.

Comme son nom l'indique, cette jolie petite ville doit son origine à des émigrés suisses; attirés par le gouvernement, ils reçurent des terres et des secours de diverse nature, sous la seule condition d'accepter la nationalité brésilienne. Ce premier essai de colonisation officielle date de 1818; et il eut un plein succès. Nova-Friburgo compte aujourd'hui, d'après l'annuaire, 20.000 habitants; mais, selon l'usage, ce gros chiffre représente toute la population *municipale;* la ville elle-même n'a pas, je pense, plus de 3000 à 4000 âmes. Elle me paraît être surtout une ville de plaisance; je n'y vois d'industrie d'aucune sorte, et les gens n'y semblent pas fort occupés. De fait, Nova-Friburgo aurait convenu, mieux peut-être que Pétropolis, comme villégiature de la capitale. On s'y sent moins enfermé, — faut-il dire moins emprisonné? Le site, aussi bien que le nom, évoque le souvenir des Alpes: une haute vallée en berceau, assez évasée pour laisser entrevoir des lointains, encadrée par la sombre verdure des bois, paisible, presque silencieuse; volontiers on tendrait l'oreille pour écouter les clochettes des vaches dans les clairières. Nous sommes à une altitude d'environ 900 mètres; c'est celle de la Grande-Chartreuse. A 5 heures du matin, le thermomètre marque 15° centigrades. Je ne l'avais pas vu si bas depuis mon arrivée au Brésil.

Des Jésuites italiens, aidés de quelques Français,

dirigent à Nova-Friburgo un grand établissement d'éducation. Sans faire tort à personne, on peut dire que le collège Anchiéta jouit au Brésil d'une réputation qu'aucune autre ne surpasse. Tous les Etats de la Fédération, sauf peut-être trois ou quatre, comptent parmi les élèves des enfants de leurs meilleures familles. Installé d'abord dans une ferme du roi Jean VI, il eut des débuts plus que modestes; les bâtisses s'allongèrent ensuite au fur et à mesure des besoins; c'était toujours du provisoire. Enfin, en 1902, un homme d'initiative, le R. P. Luiz Yabar, osa entreprendre la construction de l'édifice actuel. *Grande opus!* Le collège s'accroche au flanc d'une montagne escarpée; la forêt lui fait un rideau de fond idéal, rayé d'un côté par le ruban blanc d'une cascade de 50 mètres de hauteur. Mais, pour lui faire son assiette, on a dû d'abord entamer la montagne; elle a fourni le granit des fondations et des soubassements. Le collège a la forme d'un quadrilatère de 88 mètres de façade flanqué de deux annexes, dont l'une comprend la salle des fêtes, et l'autre *sera* la chapelle. C'est une réplique de ce malheureux collège de Boulogne-sur-Mer, dévoré, il y a deux ans, par un incendie. De vastes cours de récréation s'étagent en terrasses superposées, la première au niveau du rez-de-chaussée, une autre à la hauteur du second, une troisième, plus élevée que la toiture.

Cette époque de l'année, chez nous la plus laborieuse, est dans l'hémisphère austral celle des vacances scolaires. Toutefois, elles touchent à leur fin; la rentrée est fixée par la loi, une fois pour toutes, au 5 mars; je dirai ailleurs pourquoi les établissements libres se trouvent eux-mêmes assujettis à cette prescription. Trente à quarante élèves sont restés au collège ; les pauvres enfants auraient à faire des voyages de 12 à 15 jours pour rentrer dans leurs familles, et autant pour revenir. Ce seraient des vacances coûteuses et peu reposantes. Les Pères s'ingénient pour leur rendre le séjour du collège supportable ; c'est ce que d'illustres maîtres en pédagogie, comme M. Gabriel Compayré, reprochent aux Jésuites « qui s'entendent, dit-il, à dorer les barreaux de la cage. » On voudrait les y voir.

C'est bien la vie de famille qu'on mène au collège Anchiéta en cette fin de vacances ; le Père recteur en personne tient le piano et le Père préfet joue du violon dans les petits concerts du soir. On organise des parties de toute sorte ; certains jours on amène au collège toute une cavalerie ; chacun a sa monture, et l'on part en expédition pour aller faire la dînette au bord d'un *Rio grande* quelconque. La joie alors tient du délire ; ces enfants brésiliens sont un peu comme les Arabes, cavaliers de naissance ; leur bonheur c'est de se lancer à fond de train en agitant les bras par-dessus leur tête pour exciter l'animal.

Je consignerai ici quelques observations recueillies pendant ce séjour à la montagne. Grâce à l'altitude, le climat de Nova-Friburgo est, comme je l'ai insinué déjà, bien plus clément et plus salubre que celui de la région inférieure. Le thermomètre y descend parfois jusqu'à 0°. Par suite, la végétation n'est plus exclusivement celle de la zone tropicale. La vigne veut bien y donner du raisin. Le raisin ! J'ai cru constater qu'on en est plus friand qu'ailleurs dans les pays qui se refusent à le produire. Nos montagnards plantent de la vigne dans le voisinage des sapins ; les habitants des tropiques veulent en avoir à l'ombre des palmiers et des bananiers.

Le raisin ne vaut pas mieux ici que là : mais c'est du raisin. Les Pères du collège Anchiéta en récoltent assez abondamment dans les jardinets qu'ils ont créés sur le flanc de leur montagne ; et ils le trouvent bon. Il leur rappelle le pays !

Les fleurs, elles aussi, prennent dans cette atmosphère relativement tempérée une délicatesse et une grâce qui leur manque d'ordinaire dans les climats trop chauds. Dans la cour intérieure du collège transformée en parterre je vois des roses qui feraient l'admiration de nos amateurs. J'y remarque des touffes de bégonias à grandes feuilles d'une incroyable richesse de dessins et de coloris ; je crois reconnaître encore la variété que les jardiniers de Paris appellent *begonia versalliensis* ; mais ici la plante a un mètre et demi de hauteur et la retombée des grappes de fleurs roses est d'un effet charmant.

Pendant que j'en suis à ce gracieux chapitre, je signalerai quelques arbres qui sont en cette saison l'ornement de la campagne brésilienne. Il en est un tout d'abord dont je fus longtemps à chercher l'état civil ; un grand savant de Rio de Janeiro m'apprit enfin qu'il appartient à la famille des *mélastomées*, et qu'on l'appelle communément *flor da quaresma* (fleur du Carême). Comme tous les noms populaires de plantes, celui-ci est bien trouvé. L'arbre, en effet, fleurit à l'époque du Carême et il devient alors comme un magnifique bouquet violet, couleur liturgique du Carême. La *flor da quaresma* est extrêmement abondante ; l'arbre pousse spontanément partout, dans la plaine, sur la pente des montagnes ; en pleine *floresta* on aperçoit, tranchant sur les verdures, le tapis de soie violette de la belle *mélastomée*.

Ce nom-là, par exemple, n'est pas très élégant; c'est le nom de la botanique, le nom savant, et seulement un nom de famille. Il signifie *bouche noire*; attendu que les baies de ces plantes laissent leurs traces sur les lèvres, comme les mûres de nos buissons.

Un autre bouquet de fleurs que je rencontre fréquemment dans les environs de Rio, c'est la *paineira*. La *flor da quaresma* a plutôt l'aspect d'une parure de deuil; la *paineira*, au contraire, en rose tendre, semble porter une toilette de bal. C'est d'ailleurs un arbre utile; il donne en abondance un coton un peu grossier, mais dont l'industrie pourrait tirer meilleur parti qu'on ne le fait.

Les promenades publiques de Nova-Friburgo resplendissent en ce moment à certains endroits, de l'éclat des *bougainvillées*. La plante est connue chez nous; elle tapisse les murailles comme le lierre; j'en avais vu en Egypte des spécimens magnifiques, mais toujours à l'état de plante rampante et grimpante. Ici, ce sont des arbres, non pas très grands, mais extrêmement touffus, en forme de boules ou de pyramides. La botanique m'apprend que les végétaux peuvent ainsi changer d'aspect suivant les climats, et aussi suivant la direction qu'on leur donne. Il n'est pas au-dessus du pouvoir d'un horticulteur de transformer en arbres certaines plantes grimpantes et réciproquement. La fleur de la *bougainvillée* mérite d'être examinée de près; en réalité, elle est à peine apparente, blanchâtre et toute petite, mais elle possède une collerette de trois folioles d'un rose vif, que l'on prend à distance pour la fleur elle-même. Impossible d'imaginer rien de plus magnifiquement décoratif qu'une grande *bougainvillée* en pleine floraison.

A Pétropolis, l'arbre d'ornement adopté pour les avenues et places publiques est une variété de magnolia, dont le feuillage clair et lustré donne un ombrage agréable; sa fleur remplit l'air d'un parfum pénétrant qui tient tout à la fois de l'oranger et du tilleul.

Je note — est-il besoin de le dire? — des impressions d'amateur, non des observations de savant. Le Brésil, a dit Humboldt, est le paradis des botanistes; le règne végétal y déploie une richesse et des allures déconcertantes. J'ai feuilleté dans la bibliothèque des Pères Bénédictins de Rio la collection de la *Flora brasilensis*, commencée, vers 1820, par l'Allemand Von Martius. Elle comprend, à la date de 1902, 112 fascicules in-folio, dont plusieurs sont des volumes de 200, 300 et 400 pages[1]. On ne s'aventure pas sans préparation dans cette *floresta*. Mais il est permis aux profanes de remarquer et d'admirer certaines essences qui frappent davantage leurs regards. Voici, par exemple, la prodigieuse famille des palmiers, dont il n'est pas possible de ne rien dire quand on parle du Brésil. Aussi bien, j'ai eu sous la main, au collège Anchiéta, le *Sertum Palmarum brasiliensium*, ou *Relation des Palmiers nouveaux du Brésil, découverts, décrits et dessinés par J. Barbosa Rodriguez, directeur du Jardin Botanique, de l'Université libre de Rio de Janeiro, chevalier du très noble et très ancien ordre de Saint-Jacques, etc., etc., etc.* C'est un ouvrage monumental,

1. Le titre de la *Flora brasilensis* donne les indications suivantes : « Œuvre de Car. Fréd.-Philippe de Martius, continuée par Aug. Guill. Eichler et une société de savants; publiée à Leipzig, sous le patronage de Ferdinand Ier d'Autriche, de Louis Ier de Bavière et de don Pedro II, avec les subsides du peuple brésilien. »

en deux énormes tomes in-folio, luxueusement édité et portant la date de 1903. Il fait honneur au gouvernement brésilien qui en a libéralement supporté les frais. Le texte est en latin, selon l'usage des botanistes; mais il est précédé d'une longue introduction en français; le savant auteur y chante avec un véritable enthousiasme la gloire des palmiers,

> ... des sveltes palmiers, qui sans aucun appui, s'élèvent comme les rois des champs et des forêts. Ils n'ont ni la grosse taille, ni la force des *géquytibas*, les géants de la forêt vierge, mais ils ont la distinction de la race, l'aristocratie de la beauté, la puissance de l'utilité.... Il n'y a aucune famille végétale qui rende à l'homme autant de services, sans renfermer aucune matière toxique.... Le prince de Neuwied l'a très bien dit : La famille des palmiers est un des plus beaux présents que la Providence ait fait aux régions équatoriales.

Or, le Brésil est le « royaume des palmiers » :

> ... Le nombre des palmiers connus dans toutes les parties du monde s'élevait en 1883 à environ 1100; mais aujourd'hui on en connaît beaucoup plus, dont un tiers au moins sont originaires du Brésil. En effet, plus de 400 espèces brésiliennes sont déjà décrites et classées dans 42 genres, comme l'indique la table insérée dans cet ouvrage.

M. Barbosa Rodriguez raconte ensuite comment, après avoir consacré une partie de sa vie à l'étude des orchidées brésiliennes, dont plus de 600 espèces ont été décrites par lui dans la *Flora brasilensis*, il entreprit, vers 1872, sous l'inspiration de la comtesse d'Eu, des recherches analogues sur les palmiers brésiliens. Le dernier chapitre de l'Introduction a pour titre : *Usages et emplois des palmiers du Brésil.* On y voit qu'ils servent à tout, qu'ils donnent à l'indigène du *Sertao* le vivre, le couvert et beaucoup d'autres choses :

le vin, l'huile, le vinaigre, le sel, l'eau-de-vie, la couverture des maisons, des chapeaux, des éventails, des nattes, des voiles, des cordages, des pirogues, des aliments variés, des médicaments, des boissons fraîches ou fermentées. On aurait plus vite fait de dire ce qu'ils ne donnent pas.

Et, par surcroît, les palmiers donnent encore la jouissance esthétique, et ce n'est pas la moindre de leurs *utilités*. Nombreuses sont les espèces qui servent à l'ornement des jardins; la taille, le port, l'aspect diffèrent de l'une à l'autre, mais pas une qui n'ait la grâce, l'élégance, et comme dit l'auteur du *Palmarium* la distinction aristocratique. Entre toutes cependant il faut mentionner le palmier royal, *Palma real*. L'épithète qu'il porte au Brésil lui vient-elle de ce que le premier spécimen de l'espèce y fut planté par une main royale, ou bien lui fut-elle attribuée à raison de son air majestueux, c'est un point que je n'ai pu éclaircir, et qui, d'ailleurs, importe peu. Le fait est que le souvenir du roi Jean VI est associé à l'existence au Brésil de la plus magnifique espèce de palmiers. Voici ce que racontaient à ce sujet, au mois de juin dernier, les journaux de Rio de Janeiro. C'était à l'occasion du centenaire de la création du *Jardin Botanique*.

Un officier brésilien, dont ils donnaient le nom, aurait rapporté en 1808, de l'Ile de France, où il avait été prisonnier, un petit *oreodoxa*, et en aurait fait hommage au Prince Régent qui le planta dans le Jardin Royal, commencé cette année même. C'est l'histoire du cèdre du *Jardin des Plantes*, cueilli au Liban par Bernard de Jussieu. On représente le naturaliste portant dans son chapeau le petit arbuste, qui depuis.... Ainsi en fut-il du palmier de Jean VI. Il existe encore aujourd'hui; c'est la merveille du *Jardim Bota-*

LA GRANDE ALLÉE DES PALMIERS ROYAUX
au Jardin Botanique de Rio-de-Janeiro.

nico; il mesure 39 mètres de hauteur. On l'appelle la *Palma-mater;* car c'est de lui qu'est sortie toute la lignée qui peuple le Brésil. En ces dernières années, il fut atteint d'une maladie de langueur, causée sans doute par son grand âge. Le docteur Barbosa Rodriguez, le savant auteur du *Palmarium*, le sauva à force de soins intelligents, prodigués surtout au pied et à la tête du malade. Tous les jours, une équipe de pompiers envoyait une douche copieuse sur le panache du géant. La cure a eu un plein succès; la *palma-mater* a commencé son second siècle en pleine santé et vigueur.

Au surplus, elle voit surgir autour d'elle une descendance nombreuse et prospère. Sitôt franchie la porte du *Jardim Botanico*, vous voyez s'aligner devant vous, sur deux rangs, une procession de 140 palmiers royaux, sur les deux bords d'une allée de 700 mètres de longueur. Par le fait de la perspective, ils vont diminuant de taille et se rapprochant les uns des autres. Mais, en réalité, ils sont tous si exactement pareils qu'on dirait autant d'exemplaires tirés d'un même moule. Le tronc peut avoir trois mètres de circonférence, et quant à la hauteur, je l'ai mesurée par l'ombre et suis arrivé au chiffre de 30 mètres, supérieur, je l'avoue, à celui que je vois dans divers ouvrages. Mon procédé de mensuration est pourtant rigoureux autant que simple, et j'ai conscience de l'avoir appliqué avec toute l'exactitude possible. L'allée aboutit à un petit temple à ciel ouvert, dédié à la *Dea Palmaris*. La statue de la déesse apparaît toute blanche sur un autel de rocailles envahi par les verdures, avec des ruisselets en cascades. Le monument porte la date MCMVI.

On n'est pas plus grec que cela!

Mais j'oublie de dire à quoi ressemble le palmier royal. En deux mots : une longue tige, droite comme un fil à plomb, lisse et polie comme si on l'avait rabotée, puis tout au sommet une touffe de grandes palmes ; un peu au-dessous, une sorte d'anneau qui retient le fourreau d'où s'échappent les grappes de fleurs et de graines. Un contemplatif, quelque peu caricaturiste, disait : Ces palmiers me font l'effet de grands plumeaux pour épousseter les nuages.

Cela, c'est la charge ; au fait, le palmier royal constitue un motif d'ornement plein de magnificence et d'originalité ; il n'a d'ailleurs pas d'autre emploi que celui du décor. Il ne faut pas le confondre, en effet, avec des espèces voisines, le cocotier, par exemple, qui a l'air dégingandé et ne sait pas se tenir droit, ou encore le dattier qui n'a pas, à beaucoup près, la même taille, ni la même élégance ; ceux-là, toutefois, sont des espèces utiles, au sens vulgaire du mot. Le palmier royal, lui, est de ces belles choses qui ne servent à rien, comme les fines sculptures des chapiteaux, ou comme les flèches des cathédrales ; il ne fait pas autre chose que dresser son fût de colonne très pur, très hardi, pour porter fièrement, beaucoup au-dessus des maisons, son joli panache qui s'agite avec un bruissement mélancolique, quand la brise passe, et que les oiseaux sont seuls à visiter.

***

Je désirais fort visiter une *fazenda* ; rien de plus facile, car la maison du propriétaire agriculteur brésilien est on ne peut plus hospitalière. Un *fazendeiro* ami et voisin du collège — à 4 heures de chemin de fer on s'estime voisins — fut avisé par télégraphe et, le dimanche 1er mars, dans l'après-midi, nous partons pour la *Cidade do Carmo* (la cité du Carmel). La distance à vol d'oiseau n'est, je crois, pas bien considérable; mais on dirait que la place manquait pour toutes les montagnes de cette région, tant elles sont pressées les unes contre les autres. On n'a eu garde de les percer pour abréger la route; les tunnels sont article de luxe; on a construit une petite voie économique, qui grimpe bravement la côte, en épousant tous les contours, pour aller chercher des passages quelque part à 1.000 ou 1.200 mètres au-dessus du niveau de la mer. Sans atteindre les altitudes des grandes chaînes, ces *Serras* brésiliennes ont vraiment belle allure. La forêt vierge reste en possession d'espaces où la vue se perd; les pentes sont très raides, en bien des endroits ce sont de véritables escarpements de plusieurs centaines de mètres de hauteur; mais la végétation tropicale trouve le moyen de coller de gros paquets de plantes vivaces même aux parois perpendiculaires.

Le docteur Jéronymo de M... nous attendait à la gare avec une voiture attelée de quatre mules vigoureuses. Le cocher nègre dut faire des prodiges d'habileté pour conduire son équipage. La route — et quelle route! — côtoyait un rio au cours rapide, presque torrentueux; à tout instant la voiture embourbée s'inclinait jusqu'au point critique ; mais chaque fois, d'un coup de reins donné au bon moment les mules nous tirèrent du mauvais pas.

— Ici, me disait le docteur, le gouvernement a bien d'autres soucis que de s'occuper de nos chemins. C'est affaire à ceux qui en usent de les tenir en état.

De fait, je n'ai pas vu au Brésil une route digne de ce nom. Cela ne veut pas dire qu'il n'y en ait pas;

mais je n'en ai pas vu. Il n'existe pas encore de route carrossable pour relier les deux grandes capitales, Rio de Janeiro et Saint-Paul, séparées par une distance de 500 kilomètres environ. Cette année même, un Français, le comte de Lesdain avait fait le pari de couvrir le parcours en automobile. Il y réussit ; mais cette performance fut considérée comme une prouesse ; le voyage dura du 7 mars au 11 avril. Au surplus, mieux vaut assurément, dans un pays neuf aussi étendu, construire des chemins de fer ; les routes viendront plus tard.

La *fazenda* brésilienne est le pendant de l'*hacienda* des colonies espagnoles ; c'est d'ailleurs le même mot, avec la forme portugaise. Il signifie d'une façon générale *biens* ou *richesses* ; le ministère des finances s'appelle le *ministerio da fazenda* ; mais comme la terre fut longtemps le *bien* par excellence et presque l'unique *richesse*, la *fazenda* désigne les domaines terriens, et spécialement ces domaines des colonies, vastes parfois comme des provinces.

La *fazenda* du Dr Jéronymo de M... est d'une étendue relativement modeste ; elle ne comprend guère que 2.200 hectares, ou 22 kilomètres carrés. L'habitation du maître, avec ses dépendances, écuries, remises, greniers, *engenhos* (moulins), quartier des anciens esclaves, occupe tout le fond d'une vallée étroite et offre l'aspect d'un petit village. Tout le long de la façade court une large véranda, aboutissant d'un côté à la chapelle ; une terrasse en tonnelle la relie à un parc qui s'étend sur le flanc de la montagne ; une Vierge de Lourdes dans une grotte monumentale en garde l'entrée.

Avec un peu d'imagination il sera aisé de reconstituer dans son cadre la vie quasi seigneuriale du *fazendeiro* d'autrefois, avec sa tribu d'esclaves noirs, employés les uns à la culture de ses terres, les autres au service de sa maison. Malgré les transformations accomplies il en reste quelque chose, peut-être le meilleur, je veux dire la vie large, paisible, indépendante, du propriétaire rural en face de la grande nature. J'ai trouvé à la *fazenda* de Santa-Fé un type patriarcal. Le Dr Jéronymo, homme d'une distinction parfaite, très instruit, parlant plusieurs langues, est en même temps un chrétien de la vieille roche. Il a été secondé dans sa tâche par une femme digne de lui. Très intelligente et très cultivée, Mme de M... a fait par elle-même presque toute l'éducation de ses nombreux enfants. Le fils aîné est prêtre lazariste; les deux plus jeunes sont encore auprès de leurs parents; les six filles se sont faites religieuses.

Ces grands domaines, obligés à se suffire, devaient avoir un outillage considérable. Aussi le rio qui se promène dans la vallée à quelques pas des habitations est-il chargé d'actionner toute une série d'*engenhos*. Le plus important est celui qui travaille le café, qui fut jusqu'en ces derniers temps la principale production de la *fazenda*; aujourd'hui on tend à la remplacer par d'autres plus rémunératrices. La manipulation du café est assez compliquée et fort intéressante; nous la retrouverons à Saint-Paul. Mais il y a en outre des moulins spéciaux pour le *milho* (maïs), pour la *mandioca* (manioc), pour le riz, pour la canne à sucre dont on extrait la *rapadoura* (cassonnade) et la *cachaça* (eau-de-vie).

J'ai visité, sous la conduite de l'exellent Dr Jéronymo une bonne partie de son domaine; il faut aller à cheval; car les distances sont grandes et le sol tellement montagneux que la marche sous le soleil serait une corvée bien plus qu'une promenade. Chemin faisant, j'écoute mon guide qui m'explique les méthodes de culture, le genre de vie des colons, les relations entre le propriétaire et ses tenanciers, tout ce qui intéresse la *fazenda* brésilienne.

— Regardez, me disait-il, la *floresta* vous entoure de tout côté; quand on veut défricher un lot de terrain, on y met le feu; tout flambe excepté les grosses souches qui restent calcinées, à un ou deux mètres de hauteur. Le sol se trouve tout préparé et fumé; on y plante du *feijao* (haricot noir) ou du maïs, qui pousse comme vous voyez. — Je voyais, en effet, des tiges de maïs de la hauteur d'un homme à cheval.

Quand on veut faire du café, il y faut plus de façon; on défonce le terrain, on le nettoie soigneusement des souches et des racines. Le caféier est aussi exigeant que la vigne en France. Ici, depuis la crise, le café ne *paie* plus; nos terres sont relativement pauvres et trop accidentées; avec des frais plus élevés que dans l'Etat de Saint-Paul, notre rendement est moindre de 50 °/₀. Aussi nous diminuons notre culture; la *fazenda* a produit jusqu'à 50000 *arrobas* de café; nous en récoltons 5000 aujourd'hui. (L'*arroba*, ancienne mesure, égale 15 kilos. Actuellement, dans le marché du café, on compte généralement par sac de 60 kilos.)

— Mais alors, Docteur, vous vous rabattez sur une autre culture?

— Quelle culture? Notre situation est exactement celle des viticulteurs de votre midi. Le café est une culture riche, qui pouvait supporter des frais considérables. Mais que voulez-vous que nous plantions à sa place dans nos montagnes? Nous n'avons qu'une ressource, l'élevage. Voyez ce *capim* qui pousse partout spontanément, et qui forme un gazon où l'on enfonce jusqu'au mollet. Avec ça on peut nourrir des bœufs.

En effet, nous arrivions en un vallon où les eaux sont abondantes et le *pasto* dru et presque vert. Il y a là quelques deux cents bœufs ou vaches; on a fait des croisements avec le zébu; ces animaux ont vraiment belle apparence; ils ne le cèdent pas pour la taille à nos plus grandes races; leur tête est ornée d'une paire de cornes immenses.

Le docteur paraît assez satisfait.

— Mais, me dit-il, nous avons affaire à forte partie. Nos Etats brésiliens du Sud, puis l'Uruguay et l'Argentine sont des fabriques de viande qui approvisionnent même l'Europe. Leur climat convient infiniment mieux que le nôtre à cette branche de l'industrie agricole. Comment soutenir la concurrence?

— En somme, Docteur, je vois que, même dans votre plantureux Brésil, la lutte pour la vie s'impose.

— Songez, me dit-il, qu'il y a plus de 200 personnes à vivre sur la *fazenda*, dont une cinquantaine de travailleurs. Au surplus, les noirs et même les colons qui savent se contenter d'une existence modeste, ne sont pas malheureux. Ils ne manquent jamais du nécessaire. D'après la coutume, ils doivent faire les travaux dans les champs de café et entretenir les chemins; ils plantent du *feijao*, du *milho*, du manioc; toute la récolte leur appartient.

Et comme je remarquai des essences fruitières, orangers, limoniers, goyaviers, bananiers, poussant au petit bonheur un peu partout :

— Et tous ces beaux et bons fruits, Docteur, quel parti en tirez-vous?

— Ah! cela ne compte pas; les fruits appartiennent à qui les prend. Il y en a pour tout le monde.

— Un mot encore, Docteur; que sont devenus les anciens esclaves de la *fazenda?*

— Vous avez vu leurs *cases;* la plupart y sont restés librement, et ils gagnent leur vie en travaillant le moins possible. Tenez : voici un fléau nouveau pour notre pays. Un bon nombre de noirs se sont faits vagabonds, plutôt que de travailler. Ils habitent dans la montagne, dans les bois, on ne sait où, et ils vivent de maraudage. Ils volent tout ce qui est à portée de leurs mains ; un mouton c'est une aubaine, mais quand ils peuvent enlever un cochon, leur bonheur est complet.

Pendant mon séjour à Santa-Fé, je pus me rendre compte de la manière dont s'exerce le ministère sacerdotal dans ces immenses régions où la population est si clairsemée. Le Père recteur passa une partie de son temps à la chapelle, où les gens de la *fazenda*, blancs et noirs, venaient le trouver ; le matin un certain nombre assistaient à la messe, et le soir on chantait avec beaucoup d'entrain le salut du Saint-Sacrement. Un prêtre actif et bien portant peut, en allant ainsi d'une *fazenda* à l'autre, donner à ses ouailles éparses l'occasion d'accomplir leurs devoirs religieux. C'est, à vrai dire, le seul moyen de desservir des paroisses qui ont parfois l'étendue d'un département.

Après une quinzaine passée dans les *serras*, il me fallut redescendre à Rio de Janeiro. Il était nuit noire quand le train arriva à l'embarcadère de Nictheroy ; mais la traversée de la baie se fait comme en pleine illumination ; les rivages, les îles, les *morros* apparaissent enguirlandés de lumière. C'est un nouvel aspect de ce merveilleux panorama, qui vaut qu'on se dérange une fois au moins quand on fait un séjour en ces parages. Au reste, je crois que les grands spectacles de la nature, quels qu'ils soient d'ailleurs, plages maritimes ou sites alpestres, ne révèlent pleinement leur beauté, et surtout leur charme, qu'à ceux qui les contemplent la nuit.

Un menu souvenir de l'*Avenida central* à cette heure tardive : la réclame au cinématographe. Les scènes mouvantes se déroulaient sur un vaste écran pendu à une façade ; toute l'action consistait à présenter au public attroupé sur le trottoir un produit quelconque. Les commerçants *carioques* en revendraient aux nôtres dans l'art de la réclame ; Rio est en Amérique. Nous avons à Paris, à Marseille, ailleurs encore peut-être, l'homme-*sandwich ;* à Rio j'ai vu l'homme-kiosque. Représentez-vous le kiosque de nos boulevards, le kiosque transparent et couvert d'affiches, déambulant sur l'avenue centrale, au milieu de la foule ; il y a là dedans un bonhomme qui, par une petite fenêtre ouverte sur le devant, distribue des prospectus. Rencontré encore dans les rues de l'élégante capitale la réclame au chameau. Il faut savoir qu'un chameau est chose plus extraordinaire en Amérique que dans le vieux monde. Un chameau portant des affiches ! On est bien obligé de regarder. Seulement, c'est peut-être la bête qui va absorber toute l'attention des regardants, et pour avoir forcé le tire-l'œil, la réclame pourrait bien manquer son effet.

CHAPITRE IX

La question religieuse au Brésil. — Le catholicisme a formé la nationalité brésilienne. — Le patronat de la Couronne portugaise. — L'empire régalien. — L'affaire d'Olinda. — Les sociétés secrètes. — L'avènement de la République et la séparation de l'Eglise et de l'Etat.

Paulo majora.... Avant de quitter Rio de Janeiro, la belle et séduisante capitale, je veux dire ce que je sais de la question religieuse au Brésil. Je crois avoir puisé mes informations aux meilleures sources. J'ai pu m'entretenir avec nombre de personnes ecclésiastiques ou laïques des plus autorisées, parmi lesquelles je m'honore de compter Son Eminence le Cardinal-Archevêque de Rio et Son Excellence le Nonce apostolique. Je ne prétends pas apporter une contribution inédite à l'histoire de l'Eglise brésilienne, ni même apprendre du nouveau à ceux qui l'ont étudiée avec quelque soin; mais je crois que ceux-là sont, chez-nous du moins, assez rares, et peut-être bien aussi aurai-je l'occasion de préciser ou de rectifier certains points insuffisamment éclairés par d'autres.

Une inspiration religieuse domine toute l'épopée des *Conquistadores* du XVIe siècle. La propagation de la foi catholique, l'extension du royaume de Jésus-Christ, tel est l'idéal qui les anime d'une ardeur enthousiaste, en même temps et plus encore que le service du roi, que la gloire et la richesse de la patrie. De leur côté, les rois de Portugal et d'Espagne sont intimement persuadés qu'ils ont une mission d'apostolat à remplir. Si Dieu les rend maîtres d'un monde jusqu'alors inconnu, c'est pour qu'ils y fassent briller la lumière de l'Evangile et amènent au bercail les infidèles devenus leurs sujets.

Pendant toute la période coloniale, le Brésil fut administré d'après cette conception si chrétienne des devoirs de la souveraineté. Pourvoir au culte divin et au service religieux des populations était toujours un des premiers soucis de la cour de Lisbonne aussi bien que des gouverneurs qu'elle envoyait dans ses possessions d'outre-mer. Les institutions de la métropole y furent implantées de toutes pièces. C'est ainsi que dès l'origine, la religion catholique fut au Brésil la religion d'Etat, ou pour parler plus exactement, une loi fondamentale et constitutionnelle de l'Etat. Aucune autre religion n'y était tolérée; les Hollandais seuls obtinrent au traité de paix de 1661 le libre exercice du culte réformé. Sans être imposée par la force, la conversion des Indiens était encouragée et favorisée de toute façon par le gouvernement, et quant aux esclaves noirs, ils entraient, pour ainsi dire, de plain-pied dans le giron de l'Eglise. La Sainte Inquisition de Lisbonne étendait naturellement son contrôle sur toutes les terres soumises à Sa Majesté Très Fidèle; l'illustre Vieira lui-même, coupable d'avoir pris trop chaudement la défense des Indiens du Brésil contre les colons portugais, encourut les rigueurs du redoutable tribunal. Il n'est que vrai de dire que le catholicisme est entré dans le tempérament du peuple brésilien. « Je ne crains pas de l'affirmer, dit le Père Julio-Maria[1], le catholicisme a formé notre nationalité; concevoir une patrie brésilienne sans la foi catholique est un non-sens historique, aussi bien qu'une chimère politique. »

Malheureusement, ici comme ailleurs, cette union si étroite de l'Eglise et de l'Etat ne devait pas être sans inconvénients pour l'Eglise. Les rois protecteurs de l'Eglise sont toujours exposés à transformer leur protection en tutelle; aucune monarchie catholique n'a su résister à cette tentation, mais la monarchie portugaise moins que toute autre.

La dignité de Grand-Maître des trois ordres militaires du Christ, de Santiago et d'Avis, ayant été rattachée à la Couronne de Portugal par le pape Jules III, en 1551, Sa Majesté Très Fidèle se trouva par le fait investie des mêmes droits que d'autres souverains exerçaient en vertu des Concordats. Le *patronat* portugais, moins défini qu'un texte concordataire, devait même faciliter davantage les empiètements du pouvoir civil sur le domaine ecclésiastique. On en vint progressivement à faire passer dans les attributions de la Couronne l'administration de l'Eglise. Non seulement toutes les nominations aux bénéfices appartenaient au roi, mais aucun détail du fonctionnement des diocèses, des paroisses, des couvents et des confréries n'échappa aux prises du patronat. Par-dessus

1. Le R. P. Julio-Maria, Rédemptoriste, est, à l'heure présente, l'orateur sacré le plus en vue du Brésil. Sa parole y a d'autant plus de poids qu'il est un converti de la libre pensée. Il a écrit dans le *Livro do Centenario* l'article sur « la Religion catholique au Brésil, » article auquel je me référerai plus d'une fois. Ce *Livre du Centenaire* est, comme son titre l'indique, une sorte de revue d'ensemble, œuvre collective, publiée en 1900, à l'occasion du quatrième centenaire de la découverte du Brésil. Il forme deux gros volumes in-4.

tout, on s'appliqua à réduire au minimum l'autorité du Pape. Le mot de Pombal caractérise bien l'attitude de la diplomatie portugaise vis-à-vis du Chef de l'Eglise : « Il faut baiser les pieds du Saint-Père, mais lui lier les mains. »

Cet état de choses, funeste dans la métropole, le devenait davantage encore dans les possessions d'outre-mer où les distances, la difficulté et la rareté des communications laissaient l'absolutisme royal s'exercer sans contrepoids. Ce n'est pas ici le lieu de dire quels abus en furent la conséquence ; au surplus notre histoire nationale nous édifie suffisamment à cet égard.

Lorsque le Brésil eut conquis son indépendance, on s'empressa de revendiquer pour le Souverain tous les droits du patronat. On érigea en thèse, dans des documents officiels, que le patronat est une prérogative essentielle de la Couronne, et donc indépendante de toute concession du Saint-Siège. Rome ne pouvait admettre une prétention aussi exorbitante; et avant de reconnaître à l'empereur les droits traditionnels de la Couronne de Portugal, on voulut obtenir des garanties ; le gouvernement impérial ayant refusé de souscrire aucun engagement, le Saint-Siège ne reconnut jamais, par un acte authentique, le patronat brésilien ; il le toléra seulement, pour éviter de plus grands maux.

Dès lors commença pour l'Eglise du Brésil une période calamiteuse. Le P. Julio-Maria n'hésite pas à écrire dans le *Livre du Centenaire* : « Au point de vue religieux, l'époque impériale se résume en quelques traits : exagération du régalisme, destruction des ordres religieux, abaissement du clergé, réaction éphémère de l'épiscopat et de l'élément catholique contre les usurpations du pouvoir civil, rationalisme et scepticisme, autant dire apostasie, des classes dirigeantes. »

Le Brésil connut alors ce régalisme minutieux, tatillon, plus ridicule encore que tracassier, qui doit son nom de joséphisme à ce pauvre empereur d'Autriche que son voisin de Prusse appelait mon frère le *sacristain*.

L'Eglise fut si bien emmaillotée qu'il ne lui fut plus possible de se mouvoir sans la permission des puissances tutélaires qui veillaient sur elle. On sait du reste quelle soumission, quels services l'Etat exige du clergé en retour du traitement qu'il lui sert. Pour le gouvernement impérial, les prêtres étaient des fonctionnaires, *porque elle os pagava*. Il les payait; donc.... Le clergé, d'ailleurs, n'avait garde de faire de l'opposition. Imbu des principes régaliens, très défiant à l'égard de Rome, il considérait comme des privilèges de l'Eglise nationale les restrictions mises par le pouvoir civil à l'exercice de l'autorité du pape. La première Assemblée du régime impérial comptait une forte proportion de prêtres; aucune n'eut, au point de vue religieux, une action plus néfaste. Parmi les représentants ecclésiastiques plusieurs appartenaient à la franc-maçonnerie. Ils furent des plus empressés à appuyer le projet de loi présenté dès 1828, pour préparer la suppression des Ordres religieux. Leur recrutement et leur existence même furent assujettis à des conditions qui les mettaient à la merci du pouvoir. D'autre part, il ne leur était plus permis de reconnaître aucun supérieur en dehors des frontières du pays. Désormais, les monastères brésiliens étaient livrés irrémédiablement à toutes les causes de dissolution et de ruine. Quand vint la loi de 1855, on put dire qu'elle trouvait sa justification dans l'effroyable décadence où étaient tombés les instituts religieux. On n'avait rien épargné pour les y pousser et pour rendre la réforme impossible. Cette loi ne faisait que consacrer le système déjà pratiqué, et donner une formule authentique à l'arrêt de mort porté depuis longtemps. Il était interdit aux communautés religieuses de recevoir des novices et de s'incorporer des membres étrangers ; on les laissait s'éteindre d'elles-mêmes, dans la pleine jouissance de leurs biens ; puis, à la mort du dernier de leurs représentants, toute la propriété faisait retour à l'Etat.

Cette manière de supprimer les Congrégations accuse une timidité et un reste de respect des personnes et des choses religieuses qui feraient sourire nos Jacobins. Assurément, leur méthode est autrement brutale et expéditive. A tout prendre, du moment qu'elle est condamnée, mieux vaut peut-être pour la victime une exécution rapide.

L'agonie des Ordres religieux au Brésil allait se prolonger plus de trente ans, et le spectacle en fut tel en bien des cas que, pour leur honneur et pour l'édification publique, la mort sans phrase eût été de beaucoup préférable. Il y a là des tristesses et des hontes sur lesquelles il faut tirer le rideau. Ce n'est pas que nous ayons à en rougir pour l'Eglise elle-même. Tout au contraire ; la suite devait prouver une fois de plus, et nous le verrons bientôt, que l'Eglise, quand elle est libre, se charge de réformer chez elle ce qui a besoin de réforme.

Cette malheureuse époque fut toutefois marquée par un essai de réaction catholique dû au zèle et à l'énergie de deux évêques. Il y a au Brésil une littérature considérable sur l'*affaire d'Olinda* ; après avoir compulsé avec soin deux forts volumes de documents, je pense en connaître toute la partie essentielle. Cette histoire mérite d'être racontée avec quelque détail; on y saisit sur le vif plus d'une particularité intéressante de la situation religieuse du Brésil.

L'écrasement de la France dans la guerre de 1870 fut, comme on le sait, le signal d'une tempête d'anticléricalisme qui agita plus ou moins toute l'Europe. Le contre-coup s'en fit sentir de l'autre côté de l'Atlantique. La franc-maçonnerie brésilienne crut, elle aussi, le moment favorable pour pousser un assaut contre l'Eglise. Il est bien certain que ce n'est pas l'épiscopat qui prit l'offensive. Le président du Conseil était le baron de Rio-Branco, père du ministre actuel des Affaires étrangères, et chef du Grand-Orient brésilien. Le 3 mars 1872, les Frères célébrèrent une fête en son honneur à l'occasion de la première loi sur l'abolition de l'esclavage qui était son œuvre. Un prêtre, Almeida Martin, y prononça un discours nettement maçonnique. L'évêque de Rio le frappa d'interdit; sur quoi la guerre fut résolue dans les Loges.

Quelques mois auparavant avait été désigné, pour occuper le siège vacant d'Olinda, un religieux capucin de Saint-Paul nommé Dom Vital. On prit occasion de ce choix pour porter les premiers coups. Sans attendre même le sacre du nouvel évêque, on publia à Rio de Janeiro une brochure intitulée *Ponto negro* (Un point noir). Le prélat y était représenté comme *ultramontain*, et l'on dénonçait avec des accents tragiques le *péril* des ambitions romaines. Dom Vital débarqua à Pernambouc sur la fin du mois de mai 1872; à peine était-il installé que l'on vit paraître deux nouveaux journaux, s'intitulant l'un et l'autre *organes de la franc-maçonnerie*, qui commencèrent contre la religion une campagne de dénigrement et de violences.

Mais où l'affaire prend une couleur tout à fait brésilienne, c'est lorsque, pour la fête de saint Pierre, 29 juin, la principale Loge de Pernambouc fait annoncer une messe en mémoire de sa fondation ; elle devait être célébrée dans l'église même du prince des apôtres, et toute la franc-maçonnerie de la ville et de la région y était conviée. Sans faire d'éclat, l'évêque interdit au clergé de se prêter à cette manifestation ; la messe n'eut pas lieu ; tout au contraire des prières publiques furent célébrées en expiation des outrages lancés contre la sainte Vierge par les feuilles maçonniques. La fureur des Frères ne connut dès lors plus de bornes. Ils firent savoir qu'ils étaient en nombre dans les Confréries et les Bureaux chargés de l'administration des églises. Les journaux donnèrent les noms. On apprit ainsi que les Vénérables des Loges étaient en même temps présidents d'*Irmandades*. La franc-maçonnerie comptait 45 membres parmi les confrères de la *Santa Casa da Misericordia* ; sur ses 10 *mordomos*, il y avait 7 franc-maçons. (On appelle *mordomos*, majordomes, les confrères chargés de diriger les différents services de la *Miséricorde*.) Ils étaient 8 sur 9 dans le Bureau administratif de la Confrérie du Saint-Sacrement, etc....

C'était un défi à l'autorité épiscopale. Dom Vital y répondit en invitant les francs-maçons à choisir entre la Confrérie ou la Loge ; il fallait quitter l'une ou l'autre. Aucun d'eux n'obéit. L'évêque alors mit les confréries en demeure d'expulser les francs-maçons connus comme tels, et sur leur refus, il lança l'interdit sur leurs églises et chapelles. C'était dans les premiers jours de 1873.

L'évêque d'Olinda s'était empressé de saisir de l'affaire la curie romaine. La réponse de Pie IX porte la date du 29 mars. Par la Bulle *Quanquam dolores*, le pape approuve la conduite de l'évêque, accorde aux francs-maçons un délai d'un an, passé lequel l'évêque aura pleins pouvoirs pour user de rigueur ; la maçonnerie, au Brésil comme ailleurs, tombe sous le coup de l'excommunication ; les *irmandades* existantes seront dissoutes et l'évêque en créera d'autres. Enfin cette direction doit être communiquée à tout l'épiscopat brésilien.

De leur côté, les maçons en appelaient au gouvernement et déclaraient qu'ils ne reconnaissaient pas d'autre souverain que l'empereur. Les esprits s'échauffaient ; on n'attendait qu'une occasion pour se porter à des excès. Elle ne tarda pas à se présenter. Le 10 mai, l'évêque frappait de suspense un prêtre qui faisait ouvertement adhésion à la secte. Trois jours après, s'organisait une manifestation pour féliciter le malheureux. Les discours violents se succédèrent. Il y avait à Pernambouc un collège de Jésuites ; conformément à l'usage traditionnel en pareil cas, sur un mot d'ordre jeté par les meneurs, la populace se rua contre le collège ; tout fut brisé et saccagé ; les religieux furent maltraités et plusieurs blessés grièvement ; l'un d'eux déjà malade mourut dans la nuit ; l'église elle-même ne fut point épargnée ; le Saint-Sacrement ne fut sauvé de la profanation que par le courage de quelques femmes qui entourèrent l'autel et arrêtèrent les forcenés. La bande se rendit ensuite aux bureaux du journal catholique où elle recommença les mêmes exploits ; le portrait du Pape Pie IX que l'on y trouva fut porté dans la rue, insulté et enfin livré aux flammes.

Sans se laisser intimider, l'évêque publia la bulle pontificale et renouvela l'interdit déjà prononcé contre les églises et chapelles des Confréries. Par ordre du gouverneur de la province, fut alors interjeté appel comme d'abus contre Dom Vital, pour avoir publié une Bulle sans le *placet* royal. Le gouvernement impérial fit plus encore. Il envoya une sommation à l'évêque d'avoir à retirer l'interdit, et comme il s'y refusait, un délégué du ministre vint en personne déclarer dans les églises et chapelles que la sentence épiscopale était nulle et non avenue. De fait, Confréries et Tiers-Ordres tentèrent à plusieurs reprises de célébrer leurs fêtes religieuses; mais l'abstention du clergé fit échouer leur dessein.

Cependant le gouvernement avait dépêché à Rome en mission extraordinaire le baron de Pénédo. Il y arriva le 18 octobre 1873. Que se passa-t-il entre le diplomate brésilien et le ministre d'Etat du pape? Sous quel jour les choses furent-elles présentées? Quelle solution fut adoptée? Le champ est ouvert aux conjectures; mais il paraît bien difficile d'avoir une réponse exacte à ces questions. Ce qui est certain, c'est que le cardinal Antonelli adressa à l'évêque d'Olinda une lettre qui se conciliait assez mal avec la Bulle du 29 mars. La politique a ses exigences. Le baron de Pénédo affirma à son gouvernement que sa mission avait eu un plein succès. L'évêque était blâmé; le cardinal lui avait écrit : *Gesta tua non probantur.* (Votre conduite n'est pas approuvée.) Dom Vital, lui, a formellement nié l'existence de cette phrase. Il y a lieu de croire que le négociateur traduisait d'une manière plus ou moins fidèle les pensées exprimées par son interlocuteur au cours de leurs entretiens. Toujours est-il que la nouvelle fut accueillie par les Loges du

Brésil avec des transports auxquels le gouvernement ne dédaigna pas de s'associer. Il y eut réjouissances publiques, illuminations et salves d'artillerie, comme pour une victoire qui aurait sauvé le pays d'une invasion.

Le gouvernement impérial n'avait pas attendu l'issue de la négociation pour engager contre l'évêque d'Olinda l'action judiciaire. Le 2 janvier 1874, il fut appréhendé en son palais par la force publique et conduit à Rio. Le procès s'ouvrit le mois suivant. Le tribunal était composé presque en entier de francs-maçons. L'évêque refusa de parler pour sa défense. Interrogé sur le motif de son silence, il se borna à écrire les paroles du récit de la Passion : *Jesus autem tacebat.*

Le jugement porte la date du 21 février 1874. La doctrine régalienne s'y étale avec une belle assurance. L'évêque est convaincu d'avoir abusé de son pouvoir en frappant les francs-maçons et les *irmandades*; car le fait d'appartenir à la franc-maçonnerie, société de bienfaisance reconnue par l'Etat, ne saurait constituer une incapacité pour ses membres. L'évêque ne peut se retrancher derrière les Bulles des papes qui condamnent la franc-maçonnerie ; car ces Bulles n'ont pas reçu *l'exequatur.* L'évêque n'a pas respecté l'appel des plaignants à la couronne. Il a ainsi donné l'exemple de l'insurrection contre les lois de l'empire. En conséquence, il était condamné à quatre ans de prison *con trabalhos*, autrement dit quatre ans de travaux forcés. L'empereur fit grâce des *trabalhos*, et Dom Vital fut interné au fort Sao-Joao, sur une pointe de rocher à l'entrée de la baie.

Deux mois plus tard, ce fut le tour de l'évêque de Bélem du Para. Dom Antonio de Macedo Costa ne s'était pas contenté de publier la Bulle du Pape; il l'avait fait suivre d'une instruction pastorale sur les Sociétés secrètes ; puis, comme son collègue, il avait frappé d'interdit les Confréries insoumises. Enlevé de sa ville épiscopale le 28 avril, il fut lui aussi jugé et condamné à quatre ans de travaux forcés que l'empereur commua en quatre ans de prison. On n'eut garde de réunir les deux prélats. Mgr de Macedo Costa fut enfermé dans la petite île appelée *Ilha das Cobras* (des Serpents).

Le 25 juin 1875, le Cabinet Rio-Branco était contraint de se retirer, et le 4 septembre, l'empereur signait un décret d'amnistie qui rendit à la liberté les deux évêques, ainsi que plusieurs ecclésiastiques incarcérés pour la même cause. Peu après, tous les interdits étaient levés, et on put croire au retour de la paix. On s'en félicita généralement. Par tous pays les gens qui n'aiment pas à être troublés dans leur tranquillité sont de beaucoup les plus nombreux. Jusque dans les rangs du clergé il se trouva des sages pour blâmer l'ardeur intempestive des prélats partis en guerre contre ces inoffensifs francs-maçons. A Rome, on en jugeait autrement. Pie IX fit écrire à l'évêque d'Olinda une lettre débordante de paternelle tendresse. Si la communication du ministre d'Etat, que d'ailleurs on ne trouve nulle part, avait pu être interprétée comme un désaveu, la lettre du Pape remettait les choses au point. C'était la plus complète approbation pour le passé, avec l'exhortation à poursuivre courageusement dans la même voie.

La Révolution qui renversa le trône devait du même coup affranchir l'Eglise. La République avait été proclamée le 15 novembre 1889 ; le 7 janvier 1890, le gouvernement provisoire décrétait la séparation de l'Eglise et de l'Etat. La Constitution républicaine n'était point votée encore; on ne savait pas exactement quel régime allait succéder pour l'Eglise à celui du patronat; la liberté entrevue ne serait-elle pas restreinte, mutilée peut-être par une loi organique? En attendant, le joug avait pesé si lourdement, il était devenu si intolérable que la première impression fut celle du soulagement. Dans une lettre pastorale collective, datée du 19 mars, l'épiscopat brésilien s'applaudit de voir enfin brisée « l'oppression de l'Etat régaliste, *pombalien* et joséphiste. »

L'oppression exercée par l'Etat au nom d'un prétendu patronat a été une des causes principales de l'état de décadence et de dépérissement presque complet de notre Eglise nationale. Cette protection nous étouffait; ce n'étaient pas seulement de continuelles intrusions dans le domaine de l'Eglise, c'était une affectation d'indifférence, pour ne pas dire de dédain, à répondre à ses réclamations les plus urgentes. Il était passé en habitude de laisser les diocèses privés de pasteurs pendant des années, sans tenir compte des cris du peuple chrétien et de la ruine des âmes.... C'était l'écrasement systématique des instituts religieux, dont on empêchait le recrutement et la réforme, en attendant, avec un empressement honteux, la mort du dernier moine pour mettre la main sur ce patrimoine sacré, dénommé bien de main-morte. On en vint à la persécution ouverte, et l'Eglise du Brésil vit avec épouvante deux de ses évêques condamnés par sentence de justice à prendre le balai et à nettoyer les cours d'une prison pendant quatre ans, pour avoir affirmé la liberté de la conscience catholique en face d'un césarisme omnipotent.

La Pastorale collective reconnaît que, même dans sa teneur actuelle, le décret du 7 janvier assurerait à l'Eglise « une somme de liberté qu'elle n'a connue à aucune époque du régime monarchique. »

Nous ne verrons plus désormais des ministres, qui devraient borner leur sollicitude aux affaires civiles, se donner le souci ridicule de rappeler les évêques à l'observation des canons du concile de Trente pour le plus grand bien des paroisses, leur interdisant de sortir de leurs diocèses sans la permission du gouvernement, les obligeant à soumettre à l'approbation ministérielle les traités de théologie qu'ils veulent faire enseigner dans les séminaires.... Ces messieurs n'empêcheront plus les Ordres religieux de recevoir des novices; ils ne donneront plus aux supérieurs la faculté de permettre à leurs religieux de résider six mois hors des monastères; ils ne se mêleront plus d'approuver les résolutions prises en chapitre par les Franciscains.... En voilà assez. Ce spectacle nous sera épargné désormais. Il est bien vrai que, grâce à l'attitude de l'épiscopat, la législation régaliste demeurait la plupart du temps sans effet; mais le régalisme lui-même était toujours vivant et dans toute sa rigueur, prétendant avoir le droit de gouverner l'Eglise au nom du patronat et de la Grande-Maîtrise.

L'année 1890 tout entière fut consacrée à l'élaboration de la Constitution républicaine. Divers projets furent présentés; le gouvernement provisoire se rallia finalement à celui de M. Ruy Barbosa. Le libéralisme intolérant s'y trahissait dans un paragraphe relatif aux Ordres religieux : « La Compagnie de Jésus continue à être exclue du pays. Est pareillement interdite la fondation de nouveaux couvents ou instituts monastiques. »

L'épiscopat ne pouvait rester indifférent aux discussions d'où dépendait l'avenir de l'Eglise. Mgr de Macedo Costa, devenu archevêque de Bahia et primat du Brésil, adressa au Congrès au nom de tous ses collègues un cahier de *Représentations*. Le sentiment catholique ne pouvait manquer d'être froissé par plusieurs dispositions d'un projet qui faisait abstraction complète de la foi et des traditions religieuses du pays; le document épiscopal s'exprime sur chacune d'elles avec franchise et fermeté. A propos du paragraphe qu'on vient de lire, la protestation a un accent particulièrement énergique :

Le peuple brésilien entend garder la liberté de faire des vœux à Dieu et d'embrasser la vie religieuse à sa convenance et sans entraves. La Constitution ne doit pas interdire la fondation de nouveaux couvents ni contenir de menaces pour la propriété religieuse.... Et comment le peuple brésilien, à qui répugne toute violence et toute injustice, pourrait-il admettre l'ostracisme contre les Jésuites, à qui on n'a à reprocher d'autre crime que d'instruire et d'élever notre jeunesse?

Le Congrès s'honora en effaçant le malencontreux paragraphe, et l'auteur du projet se punit lui-même plus tard de l'y avoir inséré en confiant aux Jésuites l'éducation de ses fils.

La Constitution fédérale fut proclamée le 24 février 1891. Les articles concernant l'Eglise et la religion ont une allure purement négative. L'Etat ne s'occupera de l'Eglise ni pour l'aider ni pour l'entraver. Il est interdit tant à l'Union qu'aux Etats pris séparément « d'établir, de subventionner ou de gêner l'exercice d'un culte religieux. » Chacun peut pratiquer *librement* et *publiquement* son culte; on peut s'associer dans ce but et posséder des biens conformément aux règles du droit commun. La République ne reconnaît que le mariage civil; les cimetières sont municipalisés, et l'enseignement officiel sera laïque.

Sans doute, il y a à la base de cette législation une idée fausse, en même temps qu'une injure à la religion à peu près exclusivement pratiquée dans le pays. Mais, le principe de l'irréligion d'Etat une fois admis, il était difficile d'accomplir la séparation d'avec l'Eglise de façon plus modérée, je n'irai pas jusqu'à dire plus bienveillante et plus amicale. La Constitution brésilienne ne traite pas l'Eglise catholique en amie; mais du moins elle ne l'ignore pas et ne la dépouille pas. L'Eglise est une étrangère : soit; mais une étrangère qui est une personne vivante et qui a des droits. Personne dans l'Assemblée constituante de la République brésilienne n'aurait eu l'idée monstrueuse d'attribuer à l'Etat les biens de l'Eglise, sous prétexte que l'Etat seul peut créer des personnes morales et que, l'Etat cessant de reconnaître l'Eglise, l'Eglise est par là même inexistante et incapable de posséder. On laissa donc l'Eglise brésilienne en possession de ses biens; ce n'est pas assez dire; l'Etat considéra que l'Eglise était tellement propriétaire qu'il n'avait pas le droit de soumettre ces biens à l'impôt. Un gouvernement peut exempter des charges communes certaines catégories d'établissements qui font un service social; aux Etats-Unis, par exemple, les écoles, les édifices du culte bénéficient de cette exemption. C'est une concession gracieuse des pouvoirs publics. Il en va autrement pour l'immunité dont jouit la propriété ecclésiastique et religieuse au Brésil. Cette immunité est regardée comme un privilège inhérent à la propriété même, à raison de sa nature. Il y a là plus qu'une nuance. Ce privilège, consacré par le Droit canon et par l'usage immémorial, a été maintenu par le régime républicain; il n'était pas possible de reconnaître d'une manière plus explicite l'existence de l'Eglise comme puissance indépendante.

Les fondateurs de la République brésilienne n'ont pas été pris de la démangeaison de donner à l'Eglise, en même temps qu'à l'Etat, une Constitution nouvelle; l'Etat reconnaît donc l'Eglise telle qu'elle est, c'est-à-dire avec des évêques à la tête des diocèses. Ce sont les évêques qui représentent l'Eglise quand elle a à traiter avec l'Etat; car on a beau être séparés, on se rencontre; on a besoin de s'entendre, de discuter peut-être, et il faut bien que quelqu'un parle.

Du reste séparation n'est pas nécessairement synonyme d'hostilité. Dans tous les Etats confédérés les autorités entretiennent d'excellentes relations avec l'évêque et le clergé; le gouvernement fédéral donne l'exemple. Le Brésil a son représentant auprès du Saint-Siège et le Saint-Siège a un nonce au Brésil. Quand elle ne sera plus gouvernée par des énergumènes, la République française pourra donc, même sous le régime de la séparation, renouer les relations diplomatiques avec le chef de l'Eglise. J'ai eu l'honneur d'être reçu à Pétropolis par S. Exc. Mgr Bavona; je l'ai trouvé occupé d'une affaire qui montre en quelle estime le gouvernement de Rio de Janeiro tient l'envoyé du Saint-Père. Le Brésil discute en ce moment avec sa voisine, la Bolivie, des questions de frontières. La querelle est en train de se régler de la façon la plus pacifique. J'ai vu à la nonciature le tapis vert autour duquel se réunissent les représentants des Etats intéressés. Chacun fait valoir ses arguments. Mgr Bavona écoute, examine et finalement tranche le différend en qualité d'arbitre.

Grâce à ses bons rapports avec la curie romaine, le gouvernement brésilien a obtenu tout récemment une faveur qui suscitait bien des compétitions dans les Etats de langue espagnole. L'archevêque de Rio de Janeiro a été fait cardinal. Mgr Joachimo Arcoverde de Albuquerque Cavalcanti, est le premier prélat honoré de la pourpre dans l'Amérique du Sud. La réception qui lui fut faite à son retour de Rome par le gouvernement et par la population de la capitale fut un véritable triomphe.

En résumé, la séparation de l'Eglise et de l'Etat dans la République brésilienne n'a pas été considérée jusqu'ici par les gouvernants comme une raison de faire la guerre à l'Eglise : ils ne se croient pas obligés par le devoir professionnel à faire de l'anticléricalisme, ni même à s'abstenir personnellement de toute pratique religieuse. Tout compte fait, l'Eglise brésilienne a beaucoup moins à se plaindre des pouvoirs publics sous le régime de la séparation que sous celui de la protection. Aussi, sans prétendre qu'il n'y ait personne dans les rangs du clergé pour regretter l'ancien état de choses, on peut affirmer cependant que les prêtres et les catholiques intelligents préfèrent de beaucoup la situation actuelle, dont ils ne méconnaissent pas d'ailleurs les inconvénients et les périls.

CHAPITRE X

La question religieuse (*suite*). — L'Eglise brésilienne sous le régime de la liberté. — Le clergé. — Les ordres religieux. — La campagne contre le *Padre estrangeiro*. — La mentalité religieuse du peuple brésilien. — Les *Irmandades* et la franc-maçonnerie. — L'Eglise positiviste. — Libéralisme américain ou sectarisme jacobin? — Signes des temps.

Mais il est assez vain de disserter sur les mérites respectifs de la liberté ou de la protection. Quels ont été, en fait, les résultats de l'émancipation de l'Eglise brésilienne vis-à-vis du régalisme oppresseur? Le souffle de la liberté a-t-il renouvelé sa jeunesse? Voit-on se produire au Brésil une renaissance religieuse?

Voilà, ce me semble, la véritable question. Je ne me dissimule pas qu'il est difficile d'y répondre; car les données du problème sont très complexes, et, suivant qu'on s'arrête à considérer les unes ou les autres, on peut donner des solutions contradictoires. C'est ainsi que les uns célèbrent le réveil religieux de la France sous l'aiguillon de la persécution, tandis que d'autres croient constater un progressif et irrémédiable déclin. Je m'en tiendrai donc, en ce qui concerne le Brésil, à noter quelques faits ; si l'impression qui s'en dégage est plutôt confuse, c'est bien, je crois, que la situation elle-même est enveloppée de beaucoup d'obscurité.

Assurément, le premier indice de la vitalité religieuse d'un pays doit être cherché dans l'état du clergé et du ministère pastoral. A ce point de vue, le régime du patronat laissa beaucoup à désirer : « Pendant que les Etat-Unis, lisons-nous dans le *Livre du Centenaire*, acquéraient en un siècle 84 évêchés et 8000 prêtres, le Brésil, après deux siècles, avait 7 évêchés ; au bout de 300 ans, il en avait 10, et 12 à partir de 1854. » Sous le régime de la liberté, ce nombre a presque été doublé. Au cours de l'année 1908, cinq nouveaux évêchés ont été érigés dans le seul Etat de Saint-Paul, qui jusqu'ici, pour une population de près de 3 millions d'habitants, ne comptait qu'un unique siège épiscopal. Le nombre total des évêchés brésiliens se trouve par le fait porté à 22, dont 5 archevêchés. C'est un progrès ; mais c'est encore bien peu pour une population presque entièrement catholique de plus de 20 millions d'âmes. Cela fait une moyenne de près d'un million par diocèse ; mais, comme plusieurs de ces circonscriptions ecclésiastiques comprennent le territoire entier d'un Etat à très faible population, il s'ensuit que la moyenne des autres doit être élevée de beaucoup.

Le nombre des paroisses répond moins encore que celui des diocèses au chiffre de la population. D'ailleurs, il serait assez mal à propos de multiplier les paroisses, alors que les prêtres manquent pour les desservir. La pénurie de prêtres, voilà le signe le moins équivoque de l'état de langueur d'une Eglise, en même temps qu'une cause irrésistible de dépérissement. C'est le mal dont souffre le Brésil. Ici ou là, dans l'Etat de Minas, par exemple, dans celui de Saint-Paul, peut-être encore dans celui de Bahia, il sévit avec moins d'intensité, mais je ne crois pas qu'aucune région de cet immense pays soit pourvue à cet égard en proportion de ses besoins. Il n'existe pas d'Annuaire, comme le *Catholic Directory* des Etats-Unis, où l'on puisse se renseigner avec exactitude sur le personnel du clergé brésilien pris dans son ensemble. Mais voici, en ce qui concerne le diocèse de Bahia, l'un des moins pauvres en prêtres, quelques lignes découpées dans un document officiel : « En l'année 1907, le diocèse compte 230 paroisses, dont 196 dans l'Etat de Bahia, et 34 dans celui de Sergipe. Pour desservir ces 230 paroisses, il y a 214 prêtres diocésains, et, en retranchant les *conegos* titulaires, 198. Etant donné une population de près de 3 millions d'âmes, cela fait un prêtre pour 15000 fidèles. Aux Etats-Unis, il y a 15000 prêtres pour 13 millions d'âmes, c'est-à-dire un prêtre pour 867 fidèles[1]. »

Le Brésil offre donc l'exemple, peut-être unique au monde, d'un peuple pétri par le catholicisme, tout imprégné encore de la foi catholique, très attaché à ses traditions religieuses, et qui ne recrute plus son clergé. Il y a là un triste et inquiétant phénomène. D'autant que la stérilité brésilienne à ce point de vue est plus grande encore qu'il ne paraît. En effet, une assez forte proportion des prêtres en activité de service, dans les grandes villes surtout, est fournie par l'étranger, par l'Italie spécialement. Le danger de cette situation ne pouvait manquer d'éveiller la sollicitude du Souverain Pontife. A plusieurs reprises, Léon XIII a adjuré les évêques brésiliens de ne rien épargner pour rendre la vie à leurs séminaires. Malheureusement, tous leurs efforts se heurtent à d'insur-

1. Pour l'exactitude de la comparaison, il faudrait ajouter aux chiffres de Bahia, 50 prêtres environ appartenant à divers ordres eligieux.

montables préjugés. J'ai ouï dire maintes fois que, même dans les familles sincèrement chrétiennes, on se fait comme une loi de s'opposer avec la dernière énergie à la vocation ecclésiastique des enfants.

Je sais bien — et que servirait-il de paraître l'ignorer? — que le clergé brésilien, comme le clergé sud-américain en général, a la réputation de n'être pas irréprochable. Il y a peut-être là une explication des difficultés du recrutement. Mais d'autre part, il est bien vrai que la disette même de prêtres suffirait à expliquer, je ne dis pas à excuser, beaucoup de ces défaillances. Que peut devenir un pauvre prêtre, obligé par les exigences de son ministère, à vivre seul dans une paroisse grande comme un département, sans contrôle et sans soutien? Assurément, la plus grande partie de ces immenses territoires à population très clairsemée ne comporte pas l'organisation paroissiale telle que nous l'entendons dans nos vieux pays. Mieux vaudrait s'en tenir au système des missions : des prêtres réunis en communauté sous la sauvegarde d'une règle, et rayonnant pour les besoins du service spirituel dans les limites qui leur seraient assignées. C'est ce que font, dans la mesure de leurs moyens et sous l'autorité des Ordinaires, la plupart des religieux établis au Brésil.

Il y a dans le *Livro do Centenario* des observations assez sévères sur l'attitude du clergé brésilien au début du régime actuel. Un étranger serait mal venu à les prendre à son compte; ce n'est qu'en se couvrant de la grande autorité du Père Julio-Maria qu'il se permet de les reproduire. « Le clergé presque tout entier, dit-il, attaché aux privilèges et aux avantages pécuniaires de la situation qui lui était faite sous la monarchie, s'accommodait de son asservissement.... Il avait perdu sous ce régime de dépendance bien rétribuée, l'habitude de l'activité et du travail; il trouvait préférable de recevoir un salaire de l'Etat.... » Nous avons la liberté, dit le Père Julio en terminant ses admonestations; nous ne savons pas nous en servir. On craint la peine; on s'attarde avec une élite, un petit troupeau de dévots et de dévotes. On boude la République; on perd son temps à se lamenter sur un passé qui ne reviendra pas.... « Allez au peuple! laissez là les mesquines querelles des partis politiques. C'est la question sociale et chrétienne qui doit nous préoccuper uniquement. Jésus-Christ n'a pas fondé l'Eglise pour les dynasties, les aristocraties ou les bourgeoisies.... Nous ne devons pas l'inféoder à telle ou telle forme de gouvernement.... »

Je ne fais que résumer de fort belles pages, où le P. Julio-Maria développe un thème qui nous est familier. Instinctivement, on se prend à dire en l'écoutant : Mais c'est au Brésil tout comme chez nous!

Par le fait de la Constitution républicaine, se trouva abrogée la législation impériale qui condamnait les Ordres religieux à s'éteindre et à disparaître. Ils recouvraient la liberté; ils pouvaient vivre et se développer. Les instituts déjà existants et jouissant de la personnalité civile gardaient leur possession d'état, avec tous leurs biens, fort considérables, et désormais intangibles. Ceux qui viendraient à se créer par la suite vivraient simplement sous le régime du droit commun. La Constitution ne se permettait contre les religieux qu'un dernier geste d'intolérance, plus injurieux que gênant; parmi les catégories de gens exclus du droit de vote, à la suite des illettrés, des mendiants et des malfaiteurs, elle mentionne ceux qui ont fait le vœu d'obéissance. J'ai ouï dire que, dans la pratique, on ne tient pas compte de cette exclusion.

Les anciens monastères, lamentablement déchus, purent donc se prêter à la réforme interdite jusqu'ici. Evidemment, ce n'étaient pas les moines nationaux qui l'eussent entreprise et menée à bien. Des Bénédictins, des Carmes, des Franciscains, des Capucins, etc., vinrent d'Italie, de France, d'Allemagne, de Belgique, réinstaller la règle dans les maisons de leurs Ordres respectifs. Ce ne fut pas toujours chose facile. Il y eut des résistances au dedans et au dehors. De mauvais moines ne voulaient pas être troublés dans l'existence commode qu'ils s'étaient faite. Beaucoup de personnes étaient intéressées au maintien du désordre. Il y a là un chapitre de l'histoire monacale où ne manque ni le grotesque ni le tragique. Lorsque les Bénédictins belges de Maredsous vinrent prendre possession de l'abbaye de Rio de Janeiro, on déchaîna contre eux une émeute populaire qui aurait pu se terminer dans le sang. C'est grâce au président Rodriguez Alvès que la réforme put s'introduire dans le vénérable monastère. L'Ordre bénédictin compte aujourd'hui une Congrégation brésilienne qui fait dater sa restauration de 1895. Elle a à sa tête Mgr Gérard Van Caloen, évêque de Phocée.

En même temps que les anciens ordres monastiques étaient ravivés par l'infusion d'un sang nouveau, une multitude d'instituts religieux, venus d'Europe, prenaient pied au Brésil ou y développaient des œuvres déjà existantes : Lazaristes, Jésuites, Rédemptoristes, Dominicains, Trappistes, Petits-Frères de Marie, Frères des Ecoles chrétiennes se consacrent en pleine liberté, sur tout le territoire de la Confédération, à l'apostolat ou à l'enseignement. Les Congrégations de femmes ne sont pas moins nombreuses. Nos religieuses françaises expulsées ont trouvé le meilleur accueil au Brésil, partout où il leur a plu de s'établir. On peut regretter qu'elles n'y soient pas venues en plus grand nombre. Combien de communautés qui végètent à proximité de nos frontières, attendant vainement que la patrie rouvre ses portes, eûssent été mieux inspirées de s'en aller résolument là où il y a beaucoup à travailler et où les populations eussent été heureuses de les recevoir! C'est l'impression que je ressens partout où je vais en visitant les établissements de nos religieuses françaises, et particulièrement leurs maisons d'éducation : Dames du Sacré-Cœur, Dames de Sion, Ursulines, Sœurs du Saint-Sacrement, de Saint Vincent-de-Paul, de Saint-Joseph de Chambéry, etc., toutes réussissent au delà de leurs espérances, se plaignant seulement de ne pas suffire à la tâche.

Le progrès de la vie religieuse depuis vingt ans est incontestable. Il y a toutefois une ombre au tableau. Il en va pour les instituts religieux comme pour le clergé séculier; si l'on excepte deux ou trois congrégations de femmes, on peut dire que dans l'ensemble ils ne se recrutent pas au Brésil. C'est l'étranger qui doit envoyer perpétuellement du renfort; à ce point de vue le Brésil, pays catholique, demeure pays de mission. Peut-être bien faut-il attribuer cette stérilité du sol brésilien à l'état de décadence et de marasme où étaient tombés les monastères de l'ancien régime; il en serait résulté dans l'âme du peuple la désaffection, sinon même la répulsion, pour toute apparence de vie monastique.

On pourrait donc espérer que, avec le temps, la

régularité, la ferveur des nouveaux instituts religieux, et d'autre part le relèvement du niveau chrétien modifieront une disposition aussi fâcheuse.

En attendant, les sectes se font un argument de l'affluence des religieux étrangers; on affecte d'y voir une invasion dangereuse pour le pays. Il semble bien que les Loges toutes-puissantes au Brésil aient résolu de dissimuler sous le voile du patriotisme un assaut contre l'Eglise. Ce n'est pas à elles qu'on aura l'air d'en vouloir, mais à l'étranger et à l'intrus. « Nous avons nos prêtres et même nos religieux, disait naguère un très haut personnage que je ne veux pas désigner autrement; ils disent la messe, font les baptêmes et les mariages. Nous n'avons pas besoin qu'on nous en envoie d'autres. » Il suffit de lire quelque temps les journaux brésiliens pour être persuadé que le mot d'ordre de la campagne antireligieuse, c'est la guerre au *Padre estrangeiro*. On a pu voir déjà ce que serait le catholicisme brésilien réduit aux seules ressources du pays. Les meneurs savent très bien à quoi s'en tenir. Ils se rendent compte que les communautés religieuses relevées ou nouvellement établies, grâce à des contingents venus d'Europe, deviennent autant de foyers de restauration chrétienne du pays. Voilà ce qu'il faut empêcher à tout prix. Le mouvement agressif est déjà nettement dessiné; personne ne pourrait dire à quoi il aboutira.

Le mauvais vouloir du gouvernement fédéral se trahit d'ailleurs par des faits assez significatifs. Des religieux étrangers demandent la nationalité brésilienne; ils ont beau avoir rempli toutes les conditions voulues; la Constitution ne permet pas de la leur refuser; de parti pris, on traîne en longueur; pas un ne peut l'obtenir. Pourquoi? Il n'est pas téméraire de penser qu'on prépare l'avenir. Il sera plus aisé d'expulser des étrangers que des citoyens nantis de tous leurs droits.

Et maintenant quel est au juste l'état de la nation elle-même au point de vue religieux? C'est ici surtout qu'il faut se garder des généralisations hâtives.

Le Brésil est un trop grand pays pour présenter partout les mêmes aspects. Néanmoins, comme il a été colonisé par une seule race, gouverné et façonné pendant trois cents ans par un pouvoir fort et centralisateur, qui faisait de l'unité de foi la base même de tout l'édifice politique, le peuple brésilien a été marqué d'une empreinte qu'on retrouve identique dans les provinces les plus éloignées les unes des autres et qui sera la meilleure garantie de l'unité nationale. Et je croirais volontiers que c'est dans les manifestations de la vie religieuse que cette empreinte uniforme s'accuse davantage. Au nord comme au sud, à mille lieues de distance, ce sont les mêmes églises décorées de la même manière; ce sont aussi les mêmes confréries et les mêmes dévotions. Partout le peuple brésilien paraît attaché à ses traditions et à ses habitudes religieuses; il respecte ses prêtres, et l'évêque dans ses tournées pastorales est reçu comme un demi-dieu. Les fêtes, non pas précisément les fêtes de l'Eglise qui passent souvent inaperçues, mais les fêtes particulières, locales, des confréries ou des patrons, sont solennisées avec grand éclat ; on fait beaucoup de processions et de neuvaines, avec riches décorations des autels et accompagnement d'illuminations et de feux d'artifice. Seulement l'âme est plus ou moins absente de ces démonstrations extérieures ; on a gardé l'enveloppe alors que le dedans est vide. « L'hydropisie de nos fêtes, dit le Père Julio-Maria, couvre mal l'anémie de notre foi. »

La source du mal est dans l'ignorance religieuse; l'enseignement de la doctrine manque pour des raisons diverses ; les générations grandissent en dehors des pratiques fondamentales de la religion, se contentant de prendre part à des manifestations dont le sens leur échappe. Voilà ce que j'entends dire par ceux qui savent et qui n'ont pas de raisons de dissimuler la vérité.

Quant aux sphères plus élevées, « aux classes dirigeantes, » comme les appelle encore le P. Julio-Maria, elles ont été, à partir de la période impériale, pénétrées dans leur ensemble de l'esprit rationaliste et antichrétien. L'enseignement des collèges et des universités a été donné, comme il l'est encore, en dehors de toute idée religieuse. Le Brésil possède présentement sa bourgeoisie libre penseuse, avocats, médecins, professeurs, gens de commerce, d'industrie ou de finance, affectant vis-à-vis de l'Eglise une attitude indifférente et dédaigneuse, quand elle n'est pas violemment hostile. Mais je m'empresse de dire que, si telle est malheureusement la règle, elle admet des exceptions. J'ai rencontré partout au Brésil des hommes très intelligents et très cultivés, occupant de fort bons rangs sur l'échelle sociale, et en même temps fervents et admirables catholiques.

Une institution originale et caractéristique du Brésil, c'est ce qu'on appelle les *Irmandades* ou confréries ; quelques-unes se rattachent même aux grands ordres religieux sous le nom de Tiers-Ordres. Nous les avons déjà rencontrées sur notre route. Fondées dans un but pieux et charitable, un trop grand nombre de ces associations se sont laissé pénétrer d'un mauvais levain et sont devenues pour l'Eglise une plaie et un danger. Dans son Mémoire à l'archevêque de Buenos-Aires, le vaillant évêque d'Olinda ne craignait pas d'écrire ce qui suit :

Dans mon malheureux pays, les *Irmandades* sont remplies de maçons déclarés, d'ennemis furieux de l'Eglise, de gens qui se tiennent éloignés des sacrements, embarrassent l'administration, et, au lieu du bon exemple, sont un sujet de scandale.... Dans l'état où elles se trouvent présentement au Brésil, les confréries sont un véritable chancre..., un membre gangrené et pourri, qui a résisté à toutes les interventions de la médecine, et qui, si on ne l'ampute, menace de communiquer l'infection à tout le corps....

Et après avoir cité ces fortes paroles, le Père Julio-Maria ajoute :

Voilà ce qu'écrivait, il y a 24 ans, en 1875, Dom Vital à propos des *Irmandades*. Depuis lors, l'épiscopat n'a pas osé en tenter la réforme. Elles continuent à vivre *maçonnisées* et souveraines, tellement souveraines dans l'Eglise du Brésil, que l'on pourrait citer des confréries qui gouvernent les paroisses, ordonnent les cérémonies, et se font livrer par les curés, pour les leur remettre quand elles le jugeront à propos, les clés même du tabernacle. (*Livro do Centenario*, t. I, p. 102.)

Les *Irmandades* sont en effet propriétaires de leurs églises, qui sont fort nombreuses ; ailleurs elles en ont seulement l'administration. Mais de façon ou d'autre elles gardent la haute main sur tout ce qui s'y passe. Tous les jours on peut lire dans les feuilles publiques des annonces religieuses, des programmes de solennités, des invitations ou convocations, invariablement signées par le secrétaire de la *mesa* (Bureau), ou par la *mesa* elle-même de quelque *Pieuse Irmandade* ou de quelque *Vénérable Tiers-Ordre*. Généralement ces confréries sont riches ; aussi leurs églises sont bien tenues, et elles dépensent pour leurs fêtes des sommes qui nous laissent rêveurs. Mais qu'on se représente la situation du prêtre et de l'évêque aux prises avec cette puissance exercée par des Confrères .·.! J'ai eu l'indiscrétion de questionner à ce sujet, et on m'a répondu que l'on tâchait de s'entendre et que l'on y parvenait d'ordinaire. Ainsi soit-il! Mais je n'ai pu m'empêcher de penser que c'était là le régime que le gouvernement maçonnique de la République française avait rêvé pour l'Eglise de France.

Et je serais porté à croire que, à Rome, où l'on sait ce qui se passe dans le monde, on se sera dit : *Les Cultuelles!* Nous connaissons cela. Elles fonctionnent au Brésil.

Pour ce qui est de l'attitude de l'épiscopat vis-à-vis des *Irmandades*, trop timide ou trop prudente, au gré du P. Julio-Maria, le grief était peut-être fondé en 1900 ; aujourd'hui il a cessé de l'être. Pendant mon séjour à Bahia, il y avait au moins trois des plus importantes confréries dont les églises étaient frappées d'interdit.

Il faut l'avouer, la secte qui s'est donné pour mission de déchristianiser le monde, a su manœuvrer au Brésil avec un art consommé, on a peut-être le droit de dire, une habileté diabolique. En s'infiltrant dans les *Irmandades*, elle s'est emparée d'un instrument incomparable d'action et d'influence, le service de la charité et de l'assistance publique. Tous les grands établissements charitables sont en effet aux mains des confréries. Du même coup, elle pénétrait réellement dans l'Eglise et s'y installait pour y dicter la loi, le jour où il lui plairait de le faire. Un catholique brésilien des plus distingués me disait à ce propos : « Nulle part au monde l'Eglise n'est dans une situation aussi périlleuse que chez nous. Ailleurs l'ennemi l'attaque du dehors ; au Brésil, il est dans l'intérieur de la place. »

Il va sans dire que les confréries ne sont pas les seules puissances plus ou moins acquises à la franc-maçonnerie. Plus encore qu'en Europe, la secte ténébreuse exerce dans les Etats de l'Amérique latine une action enveloppante à quoi rien ne peut se soustraire. Faut-il même l'appeler encore ténébreuse? Les Maçons du Brésil ne semblent pas rechercher l'ombre et le mystère. Les Loges s'affichent au grand jour ; je les vois figurer dans les *Annuaires* à côté des sociétés de jeux, d'affaires ou d'études ; on donne le nom des Vénérables et des autres dignitaires. Il n'est si petite ville qui n'en possède une ou plusieurs. Plus qu'ailleurs peut-être y a-t-il encore parmi les Maçons brésiliens des simples et des naïfs. Tel ce haut personnage de la municipalité de C..., demandant à son évêque qui partait pour Rome d'obtenir des indulgences pour la fête de la Loge dont il était membre. Le fait n'est pas plus inventé que la bataille de Waterloo. Malheureusement il ne prouve rien, sinon qu'il y a des sots partout[1].

Mais la franc-maçonnerie brésilienne n'en est pas moins un rameau très authentique et très vivant de la maçonnerie universelle. Elle travaille au *grand œuvre* avec beaucoup d'activité et une conscience parfai-

1. Un autre franc-maçon, *mordomo* d'un hôpital, par conséquent dignitaire d'une confrérie, me disait à moi-même à propos de l'expulsion des Sœurs de l'Hôtel-Dieu de Paris, votée par la majorité des conseillers municipaux : « Ces gens-là sont des fous malfaisants. » Le brave docteur n'avait sans doute pas encore été admis à la pleine lumière.

tement avertie. D'ores et déjà elle est en mesure de faire sentir partout son influence, quand ce n'est pas d'imposer sa volonté. Il y a peu de gens en place, m'assure-t-on, qui ne lui soient inféodés de quelque manière. C'est son programme qui inspire les législateurs et les gouvernants. Ici comme partout, le but poursuivi se résume en deux mots : éliminer Dieu et le surnaturel, laïciser la vie humaine. On y tend par tous les moyens et l'on avance par étapes. L'enseignement dit neutre est l'agent de déchristianisation par excellence; l'Etat brésilien en use avec un succès qui donne pleine satisfaction à la Secte. La liberté d'enseignement existe dans le pays, mais avec une organisation qui permet au gouvernement de le contrôler et de le diriger dans une assez large mesure. Au mois de mars dernier, le ministre de l'Instruction publique prétendait, en vertu de ce pouvoir, retrancher l'enseignement religieux du programme d'un grand collège dirigé par les Bénédictins de Saint-Paul. Son Excellence appuyait son opposition d'un double motif : D'abord l'enseignement religieux ne pouvait se donner qu'au détriment d'autres études exigées par la loi; ensuite, par lui-même, il n'est pas d'une bonne hygiène pour l'esprit des adolescents!

A la vérité, l'incartade ministérielle provoqua un tel concert de protestations que Son Excellence dut expliquer son interdiction de telle manière qu'elle se trouva comme non avenue. Mais la tendance est assez claire; l'inspiration ne l'est pas moins.

La maçonnerie brésilienne a trouvé une auxiliaire dans la Société, ou pour mieux dire, dans l'Eglise positiviste. Le Brésil est en effet le pays du monde où la religion inventée par Auguste Comte a recruté ses adeptes les plus fervents. Le *Livro do Centenario* ne consacre pas moins d'un gros article de 25 pages à cette Eglise minuscule. Sa fondation remonte à 1876; les fidèles de la première heure étaient au nombre de six. L'un deux, Miguel Lemos, vint prendre langue à Paris auprès de Pierre Laffitte qui lui conféra le grade d'*aspirant au sacerdoce*. On ne tarda pas à rompre avec le grand-prêtre français, que l'on ne trouvait pas assez *Comtiste*. Les positivistes brésiliens eurent une part considérable dans l'organisation de la République. Ce sont eux qui firent adopter pour bases de la Constitution les principes du laïcisme et du naturalisme le plus absolu. La Constitution particulière de plusieurs des Etats débute par l'invocation positiviste : « Au nom de la Famille, de la Patrie et de l'Humanité. » Le drapeau national porte également la devise positiviste : *Ordre et progrès*. Enfin on se sert dans les correspondances officielles de la formule de politesse empruntée par la secte aux grands ancêtres de la Révolution : *Salut et Fraternité!*

Sérieux et convaincus jusqu'au bout, les positivistes de Rio de Janeiro ont bâti une église, où ils célèbrent les rites de la religion de la nature. Les fidèles sont en petit nombre ; au moment de la plus grande prospérité, ils n'ont pas dépassé deux cents. Ils n'en constituent pas moins une puissance. Ils parlent et écrivent au nom de l'évangile positiviste, approuvant ou condamnant comme des gens qui possèdent le dépôt de la vérité pure. Tout récemment, par exemple, quand fut voté le service militaire obligatoire, une encyclique partit de l'Eglise positiviste, réprouvant une loi contraire à l'humanité et à la fraternité. Il va sans dire que l'influence positiviste s'exerce d'ordinaire dans le sens anticatholique.

Les pouvoirs publics, on l'a vu plus haut, usent de ménagements avec l'Eglise; à l'occasion, ils se montrent déférents envers elle; mieux que cela, il leur arrive de lui faire des prévenances; l'affaire du cardinalat en est une preuve entre bien d'autres; le ministre, baron de Rio-Branco, qui entreprit la négociation, est lui-même un maçon de marque. Les faits qui semblent témoigner de la bienveillance ne sont pas rares. Néanmoins, les catholiques avisés refusent de se laisser prendre à ces beaux dehors : « L'ennemi ne désarme pas, me disait l'un d'eux. Et qui oserait dire que les ménagements mêmes et les prévenances ne font pas partie d'un plan savamment combiné pour arriver à ses fins sans opposition et sans obstacle? »

De son côté, l'éminent religieux que j'ai cité plusieurs fois, le P. Julio-Maria disait devant moi : « On se méprend en France sur l'état religieux du Brésil; vos journaux bien pensants le représentent comme enviable; on ne voit que les apparences. Ma conviction est que les catholiques brésiliens doivent se préparer pour de mauvais jours qui ne sont pas loin. »

Il est manifeste que ce pays, l'un des plus grands du monde, après avoir sommeillé longtemps, s'éveille avec l'intention de faire figure parmi les peuples modernes. Ouvert à tous les courants d'idées qui les agitent, il subit des influences contradictoires. C'est, d'une part, les principes de liberté, à l'américaine, dont il s'est grisé dans la conquête de son indépendance, et qu'il a mis à la base de ses institutions; de l'autre, ses traditions de race, sa formation séculaire, son hérédité intellectuelle et morale, tout imprégnée d'autoritarisme et d'intolérance. Puis, il est conforme à la nature que les nations encore jeunes, aussi bien que les individus, prennent exemple sur leurs aînées.

Le Brésil républicain cherche encore sa voie; il regarde, si l'on peut dire, d'un œil vers la grande République nord-américaine, et de l'autre, vers la République française. La géographie voudrait qu'il inclinât vers la première, où se trouve le centre de gravité de tout le continent; son tempérament et ses affinités le poussent vers la seconde. Laquelle des deux attractions l'emportera? Après s'être essayé au large libéralisme des Etats-Unis, il est bien à craindre qu'il ne se laisse gagner par l'anticléricalisme fanatique et étroit qui paraît être un mal endémique chez la race latine. Le *pan-américanisme* aura vraisemblablement pour résultat, sur le terrain économique et politique, de soumettre les Etats de l'Amérique espagnole et portugaise à l'hégémonie du colosse du nord; mais, pour ce qui est de leur mentalité, de leur culture, de leurs passions mêmes, ces jeunes nations restent en contact et en communion avec les vieux peuples de leur sang.

En ces dernières années, des personnages en vue sont allés au Brésil porter la bonne parole maçonnique : M. Henri Turot et M. Paul Doumer, au nom de la France, le professeur Ferrero et le *leader* socialiste Enrico Ferri pour l'Italie. Ils ont été fêtés, acclamés et choyés; hormis le canon, on n'eût pas fait beaucoup plus pour ce pauvre roi Don Carlos qui devait y venir cette année visiter la première exposition brésilienne. Une réflexion de M. Paul Doumer, lors de sa réception à Rio de Janeiro, exprime bien cette prédisposition des peuples de même race à une entente plus ou moins cordiale : « Aux Etats-Unis, dit-il, je me sentais étranger; ici, je me sens en famille. »

Combien cette sympathie naturelle doit faciliter l'accord entre ceux qui d'un bout du monde à l'autre s'intitulent *Frères et Amis!*

En résumé, il ne faudrait pas trop se presser d'affirmer que la séparation de l'Eglise et de l'Etat ait tourné au profit de l'Eglise brésilienne. Sans doute, tout valait mieux pour elle que l'oppression hypocrite qu'on lui infligeait sous l'étiquette du patronat. Mais il est bien vrai aussi qu'elle trouvait dans la protection de l'Etat une force qui lui manque aujourd'hui. Son alliance intime avec l'autorité souveraine lui donnait un prestige qui s'imposait à l'âme populaire. Chez tous les peuples qui ont été façonnés par le pouvoir absolu, le gouvernement exerce une sorte de fascination à laquelle on ne résiste guère. C'est bien le cas du peuple brésilien, plus encore que le nôtre. La colonie s'est affranchie de la métropole; mais le citoyen n'a pas conquis l'indépendance de sa personne vis-à-vis du gouvernement. Le gouvernement se détache de l'Eglise et de la religion; le citoyen fait de même. Voilà ce qui se passe chez le peuple qui se croit le plus libre du monde; c'est le peuple français que je veux dire; il n'en va pas autrement chez le peuple brésilien. Quand son gouvernement, devenu la chose des francs-maçons que les exploits de leurs Frères de France empêchent de dormir, entreprendra la guerre ouverte contre la religion, le peuple laissera faire, parce que c'est le gouvernement.

Le régime de la liberté, inauguré il y a vingt ans, pouvait assurément provoquer un renouveau dans l'Eglise brésilienne. Mais encore faut-il savoir se servir de la liberté. Les oiseaux élevés et nourris en cage sont tout dépaysés et désemparés quand ils en sortent; la plupart du temps, ils périssent d'être libres. Il y a un apprentissage à faire de la liberté pour l'Eglise comme pour les nations. Cet apprentissage, on le fait au Brésil, aussi bien que chez nous. On n'avait pas compris tout d'abord que, sous le régime de la liberté, il ne faut compter que sur soi-même ; on paraît le comprendre maintenant. Comme le disait récemment un homme que l'on peut appeler le chef des catholiques brésiliens, le Dr Ignacio Tosta, on s'aperçoit qu'il est périlleux de s'endormir à l'ombre de l'arbre de la liberté ; « parce que la liberté, sans l'action, est comme cet arbre des Antilles dont le feuillage épais invite au repos le voyageur fatigué, mais qui lui verse la mort au milieu de rêves enchanteurs. »

Devant le progrès de l'irréligion officielle et les audaces croissantes des sectes, on a senti la nécessité de se grouper, de parler et d'agir pour la défense des intérêts religieux du pays. On a fondé des œuvres, des cercles d'ouvriers et de jeunes gens ; des écrivains catholiques ont pris rang dans la presse et ont vaillamment combattu pour leur foi ; des orateurs ont fait entendre, soit dans les Assemblées parlementaires, soit dans la chaire, les protestations et les revendications de la conscience chrétienne.

Je ne puis ici passer sous silence le nom du P. Julio-Maria. L'éloquent religieux s'est fait une place à part dans l'apologétique auprès de la société intelligente du Brésil. Il a créé à la cathédrale de Rio de Janeiro, un cours de conférences à l'instar de celles de Notre-Dame. Le succès a sûrement dépassé son attente. La conférence du Père Julio est un peu l'événement de la semaine. Les journaux de la capitale en donnent de longues analyses, reproduites un peu partout par la presse locale. L'enseignement du conférencier de Rio atteint de la sorte le pays tout entier. Pendant le Carême de cette année, il traitait du *Péché,* et la série amenait tour à tour les péchés des hommes de science, des hommes de lettres, des hommes d'industrie, de négoce et de finances, des hommes d'Etat, etc. J'ai été, je l'avoue, quelque peu étonné de la vigueur et de la liberté apostolique avec laquelle l'orateur disait leur fait à chacune de ces catégories de pécheurs.

Une autre manifestation du réveil religieux, c'est le deuxième *Congrès catholique général* tenu au mois de juin à Rio de Janeiro. Le premier avait eu lieu à Bahia, en 1900, l'année du centenaire. On s'était proposé de suivre, autant que le comportait l'immensité du pays, l'exemple des catholiques allemands; il y aurait des congrès annuels dans chaque Etat, et un congrès général tous les deux ans. Ce programme un peu trop ambitieux n'a pu se réaliser; mais enfin, après huit ans, les catholiques brésiliens se sont réunis en Assemblée plénière, sous la conduite de plusieurs de leurs évêques et la haute présidence de leur cardinal. Il ne saurait être question de résumer ici les travaux du Congrès; ils s'étendent à tous les intérêts et à tous les besoins de la religion catholique au Brésil. Il me semble cependant qu'une double préoccupation domine toutes les autres. Le président, M. Ignacio Tosta, la laissait clairement transparaître dès le début. Voici ses propres paroles :

Les signes du temps indiquent qu'un orage (littéralement *quelque chose d'orageux*) se prépare à tomber sur la société brésilienne.

... Une guerre sourde a été menée contre « le prêtre étranger, » sous prétexte qu'il fait tort au clergé national, dont l'insuffisance est pourtant si évidente; cette guerre est maintenant annoncée ouvertement par les clairons anonymes de la presse. Les porte-drapeaux de la persécution guettent le moment propice pour arborer devant le Parlement les projets d'ostracisme copiés sur ceux de Combes et de Clemenceau, et qui, jusqu'ici, dormaient oubliés dans les cartons.

Déjà dans les établissements publics, depuis les bancs

de l'école primaire jusque dans les amphithéâtres et les laboratoires des cours supérieurs, la jeunesse respire un air vicié d'erreurs, saturé de doctrines perverses, empoisonné de haine contre la religion et son divin fondateur. Or, dans les régions officielles, on songe à une réforme des lois sur l'enseignement (réforme qui aurait pour objet de supprimer la liberté d'enseignement ou de la rendre illusoire). La presse sectaire donne clairement à entendre que, même dans les collèges libres, tout enseignement religieux doit être interdit. Tels sont les signes du temps. Que personne ne s'y trompe ! A moins de concentrer toutes nos forces, la résistance ne sera guère possible.

Comme la tactique est bien partout la même! D'abord se débarrasser des ordres religieux. Ils font tort au clergé séculier; ce sont des étrangers, dit-on au Brésil ; M. Combes les appelait des *Romains*. Puis, monopoliser l'enseignement et le laïciser, jusqu'à l'athéisme inclusivement. L'identité de programme et de méthode prouve que c'est bien le même adversaire que l'Eglise voit se dresser devant elle, dans le Nouveau-Monde et dans l'ancien. Puissent les catholiques brésiliens être plus heureux dans leur défense que nous ne l'avons été nous-mêmes!

CHAPITRE XI

Nictheroy. — Le *Collegio de Santa-Rosa*. — La *Serra do mar*. — Santos. — Le port du café. — Saint-Paul. — Une *Irmandade* modèle. — L'Etat de Sao-Paulo. — Immigration européenne. — Les Italiens.

16 mars 1908. — On pousse activement les travaux du port de Rio de Janeiro ; il s'étendra sur trois kilomètres et demi de rivage au nord de la ville ; avant un an, assure-t-on, les grands paquebots viendront s'amarrer à quai. En attendant, ils jettent l'ancre où ils peuvent, loin dans la baie ; source de désagréments pour les passagers. Par exemple, vous vous faites conduire à l' « Atlantique » avant midi, craignant d'être en retard, et en arrivant à bord, vous apprenez que le départ aura lieu vers deux heures du matin. Rester sur un bateau immobile, sous un soleil de feu, pendant qu'on fait du charbon, serait peu sage. On profitera du contretemps pour visiter Nictheroy, qui est là, comme à portée de la main, noyée dans les verdures. De petits vapeurs font continuellement la navette entre les deux villes qui se regardent de part et d'autre de la baie, à l'endroit où elle est le plus étroite. Le trajet dure à peine une demi-heure ; on passe au travers d'une multitude de vaisseaux de toute taille, y compris des navires de guerre ; on croise le *ferry-boat*, qui transporte d'un rivage à l'autre un train de chemin de fer; on dépasse de petites îles gracieuses qui forment comme une avant-garde à la cité.

Nictheroy est plus ancienne que Rio de Janeiro; son nom prouve qu'une tribu indienne l'occupait avant l'arrivée des Européens. Au reste, la baie elle-même porte encore son nom indien, *Guanabara*. Et remarquons à ce propos qu'il en est de même pour la plupart des montagnes, des cours d'eau, aussi bien que des localités qui figurent sur la carte du Brésil; témoignage irrécusable de l'existence de populations indigènes nombreuses, complètement disparues aujourd'hui, ou dont les restes ont été refoulés dans les profondeurs du *sertao*.

Nictheroy compte environ 30.000 habitants; elle est la capitale de l'Etat de Rio de Janeiro, dont le District fédéral n'est qu'une enclave. La ville s'étale au bord de l'eau à l'abri d'un massif montagneux dont les derniers contreforts encadrent des criques charmantes; des villas très proprettes, avec de grands arbres, des pelouses à l'anglaise et des corbeilles de fleurs, s'alignent dans le vallon d'Icarahy sur une lieue de longueur, jusqu'au *Collegio Salesiano de Santa-Rosa*. C'est l'établissement qui m'intéressait par-dessus tout à Nictheroy. Du sommet du Corcovado j'avais aperçu la statue dorée de Notre-Dame Auxiliatrice resplendissant au soleil, et je m'étais promis de lui rendre ma visite.

Les Salésiens de Dom Bosco ont multiplié leurs œuvres dans l'Amérique du Sud avec un merveilleux succès; ils ont à ma connaissance douze établissements au Brésil, dont cinq dans le seul Etat de Sao-Paulo; ils y font un bien incalculable. Le *Collegio Santa-Rosa* donne l'enseignement secondaire à plus de 300 élèves tous internes; il y a en outre une école professionnelle pour plusieurs métiers, et en particulier toute l'industrie du livre. Le *Collegio* est situé au pied d'une colline qui lui appartient. Au sommet se dresse un campanile très élégant et qui sert de piédestal à la statue colossale de la Madone; le monument tout entier n'a pas moins de 35 mètres de hauteur; il fut érigé en 1900, comme mémorial du quatrième centenaire de la découverte du Brésil.

Les Pères Salésiens qui ne boudent pas le progrès, qui ont dans leurs ateliers les machines les plus perfectionnées, ont établi un funiculaire pour monter du *Collegio* jusqu'au pied de la tour. — « Il ne nous a coûté que notre travail, nous dit l'aimable supérieur; une compagnie de chemins de fer nous a donné les rails et les wagons, et il n'y a pas d'autre moteur que le poids de celui qui descend. » — Derrière le monument s'étend une immense esplanade ouverte en pleine *floresta;* à certaines fêtes de l'année elle est envahie par une foule de plusieurs milliers de personnes; la messe est célébrée à un autel placé dans un encorbellement de la tour. Ce doit être impressionnant, car le spectacle se déroule dans un cadre féerique. Au bout du vallon, la baie avec la variété de ses aspects, les taches vertes et noires de ses îles et de ses rochers, puis par delà tout le panorama de Rio qui se déploie dans sa grâce et sa magnificence sous le regard de Notre-Dame-Auxiliatrice, installée là-haut, semble-t-il, pour contempler et pour bénir.

L' « Atlantique » s'ébranla un peu avant le jour; nous étions restés assez nombreux sur le pont, car les flancs du bateau surchauffés pendant sa station dans la baie transformaient les cabines en étuves. Une fois la barre franchie, un petit crépuscule bleuâtre éclaira la chaîne maritime, cette *serra do mar* qui borde la côte brésilienne sur une longueur de 3.500 kilomètres, et qui donne à la région de Rio de Janeiro un pittoresque si original. Du côté du nord nous apparut un fouillis de montagnes pointues, pressées les unes contre les autres, comme les huttes d'un village nègre. Nous allions vers le sud et bientôt, en face de nous, se profila sur le ciel la silhouette du « Géant couché. » C'est une série de sommets de formes capricieuses qui donne cette illusion. Il est rare que les figures qu'on se plaît à découvrir dans les paysages de montagnes s'accusent avec cette netteté. Alors même qu'on ne serait pas averti, je crois qu'on n'arriverait pas du sud à Rio de Janeiro sans remarquer le « Géant couché. »

Pendant toute cette journée, l' « Atlantique » va se tenir à quelques milles de la terre, et nous aurons en vue, très distinctement, les pentes de la *serra* qui viennent plonger jusque dans la mer, enveloppées du pied jusqu'à la tête du manteau noir de la *floresta;* et c'est bien un manteau de fourrure, où les trous sont rares; tout le contraire de nos montagnes si souvent pelées et décharnées, qui laissent toujours voir quelques parties de leur squelette, quand ce n'est pas le squelette tout entier. Mais nulle part ce triomphe de la forêt brésilienne ne m'est apparu plus complet que dans la grande île de Saint Sébastien, que nous avons côtoyée vers le milieu du jour. Ce massif montagneux, dont la base a quatre ou cinq lieues de longueur, se dresse tout d'un jet à 1.300 mètres audessus du niveau de l'océan; on a beau parcourir du regard les vallons, les combes, les crêtes, on n'y aperçoit ni une clairière, ni un rocher; l'arbre a tout envahi. Et l'aspect de ces forêts sans fin n'a rien de sauvage, ni même de sévère; elles vous donnent plutôt l'impression d'une nature prodigieusement puissante et féconde.

C'est encore quelque chose d'analogue que j'éprouve en regardant à côté de moi sur le pont; tout l'arrière, de bâbord à tribord, est couvert de régimes de bananes empilés régulièrement à près de 2 mètres de hauteur. Je calcule que le tas a environ 80 mètres cubes. Le chargement a été fait à Rio; on en prend d'ordinaire bien davantage encore à Santos, le tout à destination de Buénos-Aires. On sait que la banane, soit fraîche, soit à l'état de farine, tend à devenir un article commun d'alimentation; c'est chose faite déjà aux Etats-Unis où de puissantes compagnies se sont formées pour la culture et l'exploitation du bananier; de nombreux vapeurs sont aménagés exclusivement pour le transport du fruit; c'est par millions que les régimes arrivent à New-York et même à Londres, par millions aussi que se chiffrent les profits de ce commerce. De vrai, le bananier est bien avec le palmier le plus riche présent que la Providence ait fait aux habitants de la zone torride. Même sans culture, il pousse et se reproduit indéfiniment, à condition toutefois d'avoir de l'eau en abondance; il donne du fruit toute l'année; un régime peut compter de 100 à 200 bananes; mes hôtes de Sao-Paulo m'ont dit en avoir cueilli un qui pesait 65 kilos.

La distance par mer entre Rio de Janeiro et Santos est seulement de 212 milles ; une petite journée pour nos paquebots. Sur le soir, l' « Atlantique » s'engageait dans un *fjord;* c'est, me semble-t-il, le nom qui convient à ce bras de mer long d'une ou deux lieues, large de quelques centaines de mètres, au fond duquel s'abrite la ville que le café a rendu célèbre dans l'un et l'autre hémisphère. La cité de Tous-les-Saints, *Todos os Santos*, par abréviation Santos, s'annonce de loin par la blanche église de Montserrat, perchée au sommet d'une colline escarpée au pied de laquelle elle s'étend; du côté de la terre, l'horizon est barré par la *Serra* qui se dresse comme une formidable muraille noire, de 1.200 à 1.400 mètres de hauteur.

Santos a été le premier port du Brésil outillé à la moderne; les quais et les docks s'alignent sur une longueur considérable; vapeurs et voiliers s'accotent en files serrées pour décharger leurs marchandises et surtout pour charger la précieuse graine qu'ils emporteront sur tous les points du monde. La statistique du port de Santos accuse pour le mois de janvier 1908 la sortie de 109 navires, jaugeant ensemble 218.087 tonnes et emportant un total de 839.540 sacs de café. A raison de 60 kilos par sac, c'est donc pour un mois une expédition de 50.372.400 kilogrammes de café. La statistique en estime la valeur à 26.802.115 milréis, qui représentent au cours actuel du change 40.203.172 francs.

La quantité de café embarquée à Santos pendant le mois de janvier dernier est inférieure à la moyenne; l'exportation de l'année 1907 atteint en effet le chiffre de 11.316.931 sacs, autrement dit, 678.015.860 kilogrammes.

C'est le café, cela va sans dire, qui a fait la fortune de la ville de Santos; on m'assure qu'elle ne compte aujourd'hui pas moins de 60.000 habitants. Ce chiffre ne paraît pas exagéré pour l'étendue qu'elle couvre; les quartiers neufs, en damier, selon l'usage américain, se sont donné du large; on voit où commencent les rues, on ne sait pas où elles finissent;

mais il y a fort peu de maisons à étage. D'ailleurs, grâce à leurs badigeons, grâce surtout à leurs jardins et aux places publiques plantées de palmiers et de grands arbres, la ville a un aspect de propreté et de gaîté assez rare dans les grands ports de commerce. Et c'est heureux pour les gens condamnés à y faire leur séjour habituel. Assise sur des terres basses et presque entourée d'eau, ou pour mieux dire de marécages, à distance de la grande mer et avec l'écran de la *Serra* du côté de la terre, la malheureuse Santos est installée à souhait pour avoir un climat très chaud, humide et insalubre. De fait, elle fut longtemps un foyer de fièvre jaune; elle est assainie aujourd'hui; au surplus, j'ai cru voir qu'on y réside le moins possible; on a créé le long de l'Océan tout un faubourg de villégiature relié à la ville par de nombreuses et faciles communications.

Saluons en passant les hommes illustres dont Santos honore la mémoire. Sur la grande place où l'on débouche en descendant du bateau, on vient d'ériger un fort beau monument à Braz Cubas, *Immortal fundador de Santos*. Une statue en marbre blanc le représente dans l'élégant costume des *hidalgos* du XVIe siècle; sur les quatre faces du piédestal des inscriptions énumèrent les titres du héros; la liste en est longue; celui qui lui fait le plus d'honneur c'est sans doute que, « dévoué au sublime idéal de la charité, il fonda en 1545 la *Santa Casa da Misericordia* de cette cité. » Ce fut le premier établissement de ce genre au Brésil. Quant à la ville elle-même, les deux dates 1507-1907 réunies sur la face antérieure indiquent que son origine remonte aux premiers temps de la colonie. Toutefois, c'est Sao-Vicente, à deux lieues de Santos, qui servit longtemps de chef-lieu et qui eut l'honneur de donner son nom à la capitainerie devenue plus tard l'Etat de Saint-Paul.

A quelques pas du monument de Cubas, s'allonge parallèlement au quai la façade du couvent *do Carmo;* une tour carrée, revêtue du haut en bas de faïences bleues, occupe une des extrémités, et sur le tympan de la porte une inscription nous informe que « dans cette église se trouve la sépulture de José Bonifacio Andrada e Silva, le *Patriarche de l'Indépendance.* »

En arrivant à la gare, je fus témoin d'une scène très banale, mais qui a dû fournir un sujet de cartes postales, souvenirs de Santos. C'était un transbordement de café d'un train au bateau. D'ordinaire les wagons viennent se ranger le long du quai, et les grues prennent et déposent les sacs; cette fois l'opération se faisait à dos d'hommes; ils étaient bien quarante, nègres pour la plupart. Chacun à tour de rôle chargeait un sac sur ses épaules; le camarade suivant en prenait un autre sur sa tête et d'un geste en avant le projetait sur le premier; l'homme avec ses deux sacs (120 kilos) prenait son élan, traversait la largeur du quai, grimpait au pas de course le plan incliné et venait jeter son fardeau dans l'ouverture béante de la cale. Toute cette manœuvre s'accomplissait avec une rapidité et une précision extraordinaires, et avec accompagnement de cris, de chants et de rires. Bien certainement la besogne n'est pas payée à l'heure.

L'Etat de Saint-Paul est formé presque en entier d'un vaste plateau mamelonné qui se maintient entre 600 et 800 mètres d'altitude. Il se termine brusquement à une faible distance de la mer. En moins d'une demi-heure, le train arrive à la racine de la montagne, *raiz da Serra.* La locomotive n'ira pas plus loin.

Ici commence une rampe formidable, divisée en quatre tronçons; du sommet de chacun d'eux des machines fixes remorquent les trains, qui s'élèveront, en quatre étages, de 19 mètres au-dessus du niveau de la mer au point de départ, à 799 mètres en atteignant le rebord du plateau, soit une hauteur verticale de 780 mètres. Au point de vue technique et industriel, cette œuvre mérite, je crois, toute autre chose que l'admiration; car elle ne répond point aux exigences de l'énorme trafic qu'elle doit desservir; il a déjà fallu construire une seconde voie à côté de la première; mais on ne pouvait pas prévoir, il y a un quart de siècle, le prodigieux développement économique de cette région; c'est l'excuse de la compagnie anglaise du *Saint-Paul Railway*. Du moins l'amateur de pittoresque ne songera pas à lui chercher querelle; cette ascension au milieu d'un splendide paysage de *floresta* brésilienne, qui se révèle plus vaste et plus profond à mesure qu'on avance, lui ménage des impressions de premier ordre. Il est vrai que nous avons des funiculaires pour escalader les sommets des grandes Alpes; celui qui grimpe au plateau de Saint-Paul peut passer pour un joujou en comparaison. En moins d'une demi-heure, on atteint la station du haut de la chaîne, *Alto da Serra*. Il y a là une grande gare; sur une étagère le long du quai une rangée de tasses de café toutes préparées s'offrent aux voyageurs; on ne se dispense guère de ce petit réconfort; car on est ici enveloppé d'un brouillard humide et pénétrant. Les vapeurs qui montent de la mer et se condensent sur cette arête y engendrent des pluies extrêmement fréquentes : la chute d'eau annuelle dépasse trois mètres et demi, environ sept fois ce que nous recevons à Paris.

Restent une trentaine de kilomètres jusqu'à Saint-Paul; le pays est sans caractère, mais les grandes cheminées d'usines qui apparaissent çà et là nous avertissent que nous pénétrons au cœur de la civilisation.

Saint-Paul (Sao-Paulo) est sans contredit la ville la plus vivante du Brésil; on peut dire qu'elle en est la capitale commerciale et industrielle. Sans doute son développement a eu quelque chose de trop hâtif, disons le mot, de trop américain; il y a vingt ans sa population ne dépassait guère 60.000 habitants; aujourd'hui, elle atteint 350.000. Mais ce progrès repose sur des bases solides. Saint-Paul est le centre d'une région extrêmement riche, salubre et parfaitement habitable pour les Européens. Le commerce du café lui a valu quelques années de prospérité inouie; elles devaient fatalement être suivies d'une période de dépression et de crise; mais le pays a bien d'autres ressources trop négligées jusqu'ici et que l'activité intelligente des Paulistes saura mettre en valeur.

Saint-Paul doit son origine aux Jésuites missionnaires. Parti de Sao-Vicente, avec douze compagnons, le P. Manuel de Paiva vint se fixer parmi les tribus indiennes de Piratininga. Ayant choisi l'emplacement qui lui parut convenable pour le futur collège, il y planta une croix et y célébra la messe le 25 janvier 1554, fête de la conversion de Saint Paul. De là, selon l'usage de l'époque, le nom donné au nouvel établissement, nom qui passa plus tard à la Capitainerie de Sao-Vicente devenue l'Etat de Saint-Paul. Parmi les ouvriers de la première heure Joseph Anchiéta se distingua par une vertu hors de pair et une activité qui tient du prodige; la cité le reconnaît comme son véritable fondateur. Toutefois il n'a pas sa statue comme Cubas à Santos; les édiles de Saint-Paul sont trop *adiantados*, comme on dit dans leur langue, pour élever un monument à un Jésuite. Ils pensent avoir fait assez en donnant le nom d'Anchiéta à une petite rue voisine de ce qui fut autrefois le collège. De ce collège lui-même il ne reste que le souvenir; sur l'emplacement qu'il occupait on a bâti le palais du gouvernement et diverses administrations; l'église elle-même a disparu il y a quelques années.

Les Jésuites avaient choisi pour y jeter les fondements de la ville future un promontoire allongé entre une plaine et un ravin, et dont l'extrémité allait s'abaissant jusqu'au bord du Tiété, rivière puissante qui porte ses eaux au Parana. Le site était facile à défendre contre les attaques des Indiens; c'était alors le point important. Mais quand la moderne Saint-Paul commença à grandir, elle se trouva bientôt à l'étroit sur sa langue de terre; elle descendit d'abord dans la plaine, puis elle franchit son ravin pour s'étendre à l'aise de l'autre côté; c'est là que sont aujourd'hui de fort beaux quartiers qui portent des noms suggestifs : *Consolation*, *Hygiénopolis*, *Champs-Elysées*, etc. Il semble bien qu'il y ait aujourd'hui trois villes, formant un ensemble passablement accidenté; un escarpement du côté de la plaine, un viaduc pour traverser le ravin, c'est assez dire que les communications d'un point à un autre devaient présenter bien des difficultés. Mais nous sommes en Amérique, et je crois bien que les Paulistes sont un peu les Yankees du sud; on a triomphé de tous les obstacles; des tramways électriques circulent très nombreux et dans tous les sens.

Ce ne sont pourtant pas les Brésiliens, pas plus à

Saint-Paul que dans le reste du Brésil, qui auraient à eux seuls transformé ainsi leur ville et donné aux affaires un aussi brillant essor. L'honneur, et aussi le profit, en reviennent pour une forte part aux étrangers. J'entends dire que les grosses maisons de commerce et de banque sont entre les mains des Allemands ; les Anglais ont les chemins de fer ; les Italiens construisent et décorent les maisons et font cent autres métiers divers ; les Français, hélas! exploitent le *Polythéama*, un endroit où l'on s'amuse ; puis on rencontre des magasins portant l'enseigne du *Palais-Royal*, du *Moulin-Rouge* ou encore des *Modes Parisiennes*. En vérité, nous n'avons pas choisi la meilleure part, pas même au point de vue du bénéfice. Mais ici, comme partout, la France fait figure par ses congrégations religieuses. Leurs établissements d'éducation soutiennent la comparaison avec ceux mêmes que l'Etat entretient à grands frais. Les Petits Frères de Marie dirigent deux collèges florissants, les Dames de Sion un pensionnat de tout premier ordre, les sœurs de Saint-Joseph de Chambéry, six institutions diverses dont le grand hôpital de la *Santa Casa da Misericordia* ; l'une de leurs écoles, où affluent les enfants de toutes les classes de la société compte près d'un millier d'élèves.

Dieu merci, nous ne sommes pas les seuls à donner l'éducation chrétienne dans cette grande ville. Le collège de Sao-Bento dirigé, comme son nom l'indique, par la puissante congrégation bénédictine du Brésil, mérite une mention honorable ; de même l'immense établissement des Salésiens, avec sa belle église et sa grande tour du haut de laquelle la statue colossale du Sacré-Cœur domine toute la cité ; ainsi encore le pensionnat des chanoinesses de Notre-Dame, récemment venues de Belgique. Je n'ai pas l'intention de dresser une liste complète. Mais on ne peut douter que le développement de l'éducation chrétienne ne soit pour beaucoup dans la renaissance religieuse que l'on constate dans la capitale et dans tout l'Etat de Saint-Paul. La pratique des sacrements, presque universellement abandonnée autrefois, rentre peu à peu dans les habitudes. J'en ai eu plus d'une preuve pendant mon séjour, et j'ai recueilli ce propos qui n'est pas rare dans la bouche des personnes d'un certain âge : « Autrefois ce n'était pas ainsi ; on ne nous élevait pas dans ces idées ; on faisait des cérémonies, des processions et des neuvaines, mais on ne parlait pas de confession ni de communion.

J'ai dit déjà que l'érection de cinq nouveaux diocèses dans l'Etat de Saint-Paul était admise en principe. Le 21 mars, je trouvai dans les journaux l'entrefilet suivant : « Un télégramme envoyé de Rome par le Révérendissime Seigneur Dom Duarte Leopoldo e Silva, évêque de cette capitale, nous informe que le diocèse de Saint-Paul est définitivement élevé à la dignité d'archidiocèse. En même temps sont créés les nouveaux diocèses de Campinas, Ribeirao-Preto, Taubaté, Botucatu et Sao-Carlos do Pinhal. » C'est là assurément l'indice d'une amélioration considérable du pays au point de vue religieux en même temps que le gage de nouveaux progrès. Le séminaire de Saint-Paul est un de ceux, trop rares au Brésil, qui se recrutent et fonctionnent de façon satisfaisante. Rome vient de lui accorder le titre et les prérogatives de Faculté de philosophie. Enfin, ce qui manque encore à Rio de Janeiro, Saint-Paul a un grand journal quotidien catholique ; le *Sao Paulo* possède en la personne de son rédacteur en chef, le Dr Brasilio Machado, un homme qui s'impose également par son talent et par son caractère.

On a vu plus haut que les *Irmandades* ou confréries brésiliennes sont trop souvent pour l'Eglise un sujet d'embarras et d'inquiétude. En voici une tout au moins qui ne mérite pas semblable reproche : c'est l'*Irmandade* ou Tiers-Ordre séculier du *Carmo* de Saint-Paul. J'ai eu entre les mains son *Relatorio* pour l'année 1907; j'en extrais quelques chiffres qui, ce me semble, ne sont pas sans intérêt; ils donnent une idée de la vie et de l'importance de ces institutions. Le budget des recettes, traduit en notre monnaie, s'élève à 105.000 francs en chiffres ronds; sur cette somme les loyers des maisons représentent 85.000 fr. Dans le compte des *dépenses*, les traitements des employés figurent pour 10.500 francs; les pensions et secours aux membres pauvres pour 12.500 francs; la fête de Notre-Dame du Mont Carmel, 3.000 francs; les honoraires du prédicateur de la retraite préparatoire, 750 francs; la fête de sainte Thérèse, 1.700 fr.; messes pour les défunts, 1.500 francs; entretien de l'église, 10.000 francs; vocations ecclésiastiques, 900 francs; bonne presse, 1.500 francs, etc... Reste en caisse : 22.000 francs. On a reçu dans l'année 51 nouveaux membres, 19 hommes, 32 femmes; ont été admis au noviciat, 17 hommes et 26 femmes, à la profession, 7 hommes et 24 femmes. Décédés : 13 frères, 19 sœurs. Parmi les œuvres de l'association on mentionne le gymnase dirigé par les Petits Frères de Marie dans un local qui lui appartient.

Voilà certes un spécimen de confrérie prospère; il n'y a qu'à lui appliquer la recommandation du Sauveur : *Cavete a fermento Pharisæorum*. Traduction à l'usage du Brésil : Prenez garde au levain maçonnique!

L'Etat de Saint-Paul publie, lui aussi, son *Relatorio*, ou Rapport annuel, qui forme deux gros volumes in-4 bourrés de chiffres et de statistiques. Chose flatteuse pour nous, la rédaction est en deux langues, portugais et français. Il serait facile de puiser là à pleines mains et l'on se donnerait à peu de frais l'air d'un homme bien renseigné. Mais, qui ne sut se borner.... Je me bornerai donc à relever quelques particularités qui, m'ayant paru intéressantes, ont quelque chance de l'être aussi pour d'autres.

L'Etat de Saint-Paul, qui peut bien être considéré comme le cœur du Brésil, a une superficie de 260.000 kilomètres carrés, soit presque les trois cinquièmes de la France. Chose curieuse, plus d'un tiers de ce vaste territoire, dans l'ouest, est encore à peu près inconnu. La population est d'environ deux millions et demi d'habitants, dont au moins 800.000 étrangers, Italiens pour la plupart. Le budget de l'Instruction publique atteint 10 millions de francs. Le gouvernement actuel ne manque pas de faire remarquer que dans la dernière année de l'empire il était à peine de un million et demi. Outre les journaux en portugais, il se publie dans la capitale trois périodiques en arabe, un en français, un en espagnol, un en allemand et quatre ou cinq en italien. L'Etat de Saint-Paul possède à lui seul à peu près un quart de la longueur totale des chemins de fer brésiliens, soit environ 4.000 kilomètres. Il a eu le premier port du Brésil, avec quais en eau profonde, celui de Santos. Mais actuellement, outre celui de Rio de Janeiro, il y en a trois autres en construction, ceux de Bahia, de Rio Grande do Sul et de Pernambouc ; et l'on constate avec satisfaction que les trois entreprises sont presque complètement françaises.

Les statistiques agricoles et commerciales remplissent d'innombrables colonnes, dont la plus grosse part naturellement se rapportent au café. Il faudra bien y revenir.

Enfin, voici un chapitre du budget destiné à consoler nos parlementaires à qui on a tant reproché leurs *quinze mille*. La Chambre des Députés de Saint-Paul émarge pour une somme de 893 contos de réis, soit environ 1.350.000 francs; le Sénat pour 550 contos, soit à peu près 825.000 francs. Défalquez les dépenses de matériel et de service, et partagez respectivement entre 50 députés et 24 sénateurs, il y aura, je pense, largement 25.000 francs pour chaque membre de la Chambre basse et 30.000 pour ceux de la Chambre haute. On m'assure que l'indemnité des représentants au Parlement fédéral est de 75 milréis, soit plus de 100 francs, par séance. Sans doute l'argent n'a pas la même puissance d'achat au Brésil qu'en Europe; mais tout de même ces messieurs doivent regarder de haut leurs collègues des vieux pays. A Saint-Paul la présidence est inscrite pour 73 centos (110.000 francs). Le Dr Jorge Tibyriça, qui arrive en ce moment au terme de son mandat, sort de charge, assure-t-on, moins riche qu'il n'y est entré; chose rare chez les présidents, même dans le Nouveau-Monde. Les commerçants paulistes, qui lui doivent de la reconnaissance, lui offrent un objet d'art; les souscriptions s'échelonnent de 500 francs à 10.000 francs.

Par ces quelques chiffres il est aisé d'entrevoir qu'il y a ici une manière de compter, ou si l'on veut, de ne pas compter, bien différente de ce que nous voyons chez nous. C'est assez l'usage des pays neufs, et surtout de ceux où l'on s'enrichit rapidement. C'est peut-être le cas de noter un trait du caractère brésilien que j'ai entendu signaler partout où j'ai passé, et dans les milieux les plus divers. Le Brésilien ignore l'épargne et presque la prévoyance; il dépense l'argent au fur et à mesure qu'il le gagne. Cette habitude, ou pour mieux dire, ce tour d'esprit, entraîne évidemment bien des conséquences fâcheuses; au point de vue économique c'est pour le pays une cause de faiblesse irrémédiable ; les capitaux ne se créent que par l'épargne, et, faute de capitaux, on devient tributaire de l'étranger. Mais ces désavantages ont aussi leur contrepartie. Le père de famille, ne s'estimant point obligé de laisser à chacun de ses enfants une fortune, ne songe pas non plus à en limiter le nombre. Les tableaux de l'état civil pour 1905, à Saint-Paul même, accusent 10.267 naissances contre 5.441 décès; soit presque deux vivants pour un mort. Je ne sais pas si l'on trouverait pareil phénomène démographique en une autre agglomération urbaine. Dans tout le Brésil d'ailleurs les familles nombreuses sont plutôt la règle. Et cela aussi est une force, même dans l'ordre économique, en un pays dont le premier besoin est d'avoir des habitants.

Voilà une transition toute trouvée pour passer à une question vitale pour le Brésil, je veux dire l'immigration européenne.

L'*Annuario* renferme sur ce point une documentation abondante, mais qui naturellement se réfère à peu près exclusivement à l'Etat de Saint-Paul. Dans l'espace d'un demi-siècle, de 1855 à 1905, le Brésil a reçu environ 2.100.000 émigrants européens; sur ce total les Italiens figurent en chiffres ronds pour 1.100.000; les Portugais pour un demi-million, les Espagnols pour 220.000; les Allemands pour 70.000.

Ces chiffres paraitront bien faibles, si on les compare à ceux des Etats-Unis; le Brésil, malgré ses immenses ressources, n'exerçait pas la même séduction sur les étrangers, et pour dire la vérité, jusqu'à ces derniers temps les Brésiliens montraient peu d'empressement à les attirer. C'est seulement depuis l'abolition de l'esclavage qu'ils ont fait appel à l'émigration pour remplacer les nègres qui désertaient en masse le travail agricole. De 1890 à 1905, le seul Etat de Saint-Paul a reçu 492.886 émigrants introduits aux frais du gouvernement, qui a dépensé à cet effet plus de 65 millions de francs. D'ailleurs il n'a pas à regretter ses sacrifices; car c'est aux étrangers que le pays doit son développement et sa prospérité; les hommes d'Etat paulistes ne font pas difficulté de le reconnaître.

L'Italie, comme on vient de le voir, fournit la grosse part de l'émigration européenne au Brésil. Si l'on en croit les auteurs de l'ouvrage monumental que j'ai déjà eu l'occasion de mentionner[1], il n'y aurait pas moins de deux millions d'Italiens répartis sur tout le territoire de la grande République sud-américaine. Ils seraient 450.000 dans les Etats du Sud, en face de 200.000 Allemands; on n'en compterait pas moins de 40.000 à Rio de Janeiro. Ils commencèrent à y venir en 1843, lors du mariage d'une fille du roi de Naples avec le jeune empereur Don Pedro II. Ils sont devenus les architectes, les entrepreneurs et les décorateurs de la capitale fédérale, qu'ils ont marquée d'une empreinte italienne très accentuée.

Mais c'est dans l'Etat de Saint-Paul qu'ils ont afflué en masses compactes, si bien que *Il Brasil* ne ren-

1. *Il Brasil e gli Italiani.*

ferme pas moins de 400 pages consacrées à l'œuvre qu'ils y ont accomplie. Ce sont des ouvriers italiens qui cultivent le café dans les *fazendas* de l'intérieur; dans toutes les villes, la colonie italienne a son organisation et presque son autonomie; dans la capitale même, si l'on en jugeait par les chiffres des entrées à l'hôpital, il faudrait dire que les Italiens dépassent en nombre les nationaux eux-mêmes; évidemment c'est un indice trompeur. Mais ils ne se font pas faute de dire que Saint-Paul est une ville italienne. Au surplus, voici comment s'expriment les auteurs de *Il Brasil* :

> Parmi nos concitoyens, bien que la masse ne soit pas riche, se rencontrent des fortunes colossales; il y a des princes de la haute banque, du haut commerce, de la haute industrie, et nous pouvons affirmer que ce sont des dizaines de millions qui partent chaque année de Saint-Paul pour l'Italie.
>
> Nos associations se comptent par centaines. Quatre journaux quotidiens, imprimés en italien, voient le jour à Saint-Paul, outre une pléiade d'hebdomadaires. Notre race, notre culture, notre travail ont exercé une telle influence dans l'Etat de Saint-Paul que son histoire ne pourra être qu'un peu notre histoire.

Un détail, en soi bien insignifiant, mais où se révèle la prépotence de l'élément italien à Saint-Paul. Non loin de la maison où je reçus l'hospitalité se trouve la rue *Anita Garibaldi*, ainsi appelée en l'honneur de la femme du fameux aventurier, née dans l'Etat de Santa-Catarina, où, d'après *Il Brasil*, « il écrivit une des plus splendides pages de ses gestes héroïques. »

Nous autres Français, nous ne comptons guère que quelques milliers de nos compatriotes épars à travers cet immense pays. Jusqu'à ces derniers temps, l'émigration au Brésil nous était même officiellement interdite. C'est M. de Meaux, alors ministre des Affaires étrangères, qui en 1875 avait cru devoir prendre cette mesure. Il avait bien ses raisons pour cela. Les propriétaires de *fazendas* auxquels les émigrants pauvres allaient demander du travail, oubliaient trop souvent que les ouvriers n'étaient pas des esclaves; il y a dans cette histoire d'un temps peu éloigné des pages qui ne sont pas *splendides*. Les Italiens le savent aussi bien que nous. *Il Brasil* s'en explique avec quelque embarras. Mais n'insistons pas, les affaires se sont arrangées. Depuis la visite de M. Paul Doumer, le Brésil est pour nous une autre République-sœur; nous lui prêtons des millions sans compter et, à la date du 6 juin 1908, les journaux de Saint-Paul annonçaient le retrait de la « circulaire de Meaux, » très désobligeante pour le pays qu'elle visait, mais qui, en fait, n'avait pas empêché les Français d'aller au Brésil, quand ils en avaient envie.

CHAPITRE XII

Ytu. — Le Collège Sao-Luiz. — Les Sœurs de Saint-Joseph de Chambéry au Brésil. — La jeunesse scolaire. — L'instruction publique au Brésil. — Les écoles primaires. — Le lycée national et les collèges *équiparés*. — Programme. — Un « *bacharel em Sciencias e Lettras.* » — Enseignement public et enseignement libre.

Ytu, 23 mars 1908. — Quatre heures de chemin de fer, à partir de Saint-Paul, dans une région montagneuse, mais d'aspects assez monotones, et l'on arrive à Ytu, une jolie petite ville de 10.000 à 12.000 âmes, qui possède un des établissements d'éducation les plus importants, peut-être même le plus important de tout le Brésil. Le *Collegio Sao-Luiz* a eu jusqu'à 600 élèves, presque tous internes; il en a encore 500 à l'heure présente, et l'on s'est imposé de ne pas en recevoir davantage, non que l'espace manque, mais parce que les maîtres, trop peu nombreux, sont déjà chargés au delà de leurs forces. Le collège Sao-Luiz est dirigé, comme celui de Nova-Friburgo par les Jésuites italiens de la Province romaine, aidés également par quelques Français. Il fut fondé en 1867 et le nombre total de ses élèves en ces quarante années n'est pas inférieur à 4.500.

Toutefois ses débuts furent modestes; ses constructions s'élevèrent au fur et à mesure des besoins; il en est résulté un ensemble qui manque d'unité, mais d'ailleurs point incommode et fort vaste; il forme un parallélogramme qui n'a pas moins de 215 mètres sur une face et 185 mètres sur l'autre. Les 500 élèves sont parfaitement à l'aise, soit à la chapelle, soit au réfectoire unique, soit dans la grande salle des fêtes; non moins à l'aise dans leurs cours de récréation qui ont pour prolongement une *chacara* de 80 hectares — entendez par là une lande coupée de bosquets, de vergers, de pâtis. C'est la situation idéale d'un grand internat, ouvert d'un côté sur la ville, de l'autre sur la campagne libre, indéfiniment. La partie cultivée aux abords du collège est d'une fertilité remarquable ; les arbres fruitiers abondent, les orangers surtout très nombreux ploient littéralement sous le poids de leurs fruits. Mais ce que j'y admire plus encore tous les jours c'est *l'alaméda* des bambous, une avenue de 80 mètres de longueur, aboutissant au monument de Notre-Dame de Lourdes ; les deux épaisses rangées de bambous se réunissent à huit ou dix mètres de hauteur, formant comme une nef ogivale tellement impénétrable aux rayons du soleil que, même aux heures où la lumière est aveuglante, il y règne une demi-obscurité.

La ville d'Ytu est une des plus anciennes de la région pauliste et elle a sa place dans l'histoire ; mais d'ailleurs rien dans son aspect qui tranche sur la banalité accoutumée de la ville américaine. Toujours les rues en damier, toutes semblables, bordées de petites maisons basses, sans étage pour la plupart. La bâtisse n'entraîne pas de grands frais ; presque jamais de pierres ; des briques, qui parfois sont simplement séchées au soleil. On applique là-dessus un crépissage, des frises, des enjolivures de toute sorte, de la couleur surtout, et l'on finit par avoir des enfilades d'habitations proprettes et gaies. Au surplus la ville paraît entretenue avec goût et même un brin de coquetterie. Le jardin public qui s'étend devant l'église principale, la *matriz*, est soigné comme une miniature. Je signalerai à cette occasion un miracle de patience que j'ai rencontré cent fois, dans les parcs de Rio de Janeiro ou de Saint-Paul, aussi bien que dans les jardinets minuscules sur le devant des maisons particulières, je veux parler des pelouses de *capim*, cette graminée résistante qui remplace nos gazons et que les jardiniers brésiliens plantent brin par brin. Ils ne sont jamais pressés.

On ne trouve à Ytu ni monument, ni curiosité; on visite du moins le dévot sanctuaire du *Bon Jésus*, décoré élégamment et non sans quelque magnificence. Là est le siège de *l'Apostolat de la prière* qui par son *Messager*, ses publications et ses œuvres diverses, exerce son rayonnement sur le Brésil tout entier. A une autre extrémité de la ville le *Patrocinio* fait le pendant du collège *Sao-Luiz*. Le *Patrocinio* est l'établissement central au Brésil de nos bonnes Sœurs de Saint-Joseph de Chambéry. Il comprend, outre la résidence provinciale, pensionnat, externat, noviciat, etc., en tout plus de 500 personnes.

Le premier essaim venu de la Savoie arriva à Ytu, il y a un demi-siècle; la supérieure actuelle du *Patrocinio* en faisait partie; elle est pleine d'entrain et ses souvenirs sont d'une lucidité parfaite. Elle me raconta comment, partie du Havre le 1er avril 1859, elle débarqua à Rio le 24 mai, après 55 jours de traversée. On en était encore à la marine à voiles. La première supérieure était morte en mer l'année précédente. Cette fois on passa seulement par l'agonie. Pendant une semaine le vaisseau fut arrêté sous la ligne avec calme plat. « Ma compagne, me dit la vénérable mère, *suait une sueur rouge*; je compris alors ce que Notre Seigneur avait souffert à Gethsémani. » Ce furent ensuite pour venir de la mer jusqu'ici d'interminables journées à cheval. C'étaient encore les temps héroïques. La petite famille de Saint-Joseph, transplantée au Brésil, y a pris racine et prospéré. Elle compte aujourd'hui 16 établissements dans le seul Etat de Saint-Paul et, par un privilège rare, le pays fournit à son recrutement.

Trois prêtres du diocèse de Chambéry desservent le *Patrocinio* et la *Santa Casa da Misericordia*; on est heureux de se retrouver entre Français si loin du pays, et pour moi il y a profit en même temps qu'agrément dans la conversation de compatriotes parfaitement au courant des choses brésiliennes. J'ai visité avec eux le domaine du *Patrocinio*; on y a englobé récemment la maison et les terres de ce Padre Feijo, qui fut un personnage politique important, régent pendant la minorité de Don Pedro II et tuteur du jeune prince, mais prêtre à l'esprit aussi peu sacerdotal que possible. Il y a dans la *chacara* des cultures qui font plaisir à voir; c'est la première fois que je trouve au Brésil un potager avec la plupart de nos légumes de France.

— Et les fourmis, demandai-je ?

— Les fourmis ne sont pas ici l'ennemi le plus redoutable, me dit-on; c'est le *tatou*.

A le voir, le tatou paraît cependant l'être le plus inoffensif de la création ; portant sa maison sur son dos, comme la tortue, il a assez de mal à se défendre ; mais voilà, il creuse des galeries sous terre et s'en vient tranquillement dévorer racines et tubercules ; quant à la plante elle-même, il la dédaigne. Mais naturellement tout périt là où il a passé. On le pourchasse sans merci, d'autant plus que sa chair n'est point désagréable et que sa cuirasse se transforme en jolies boîtes à ouvrage.

Je remarque encore çà et là dans les pâquis une quantité de cônes de terre hauts de 60 à 80 centimètres. On dirait des bornes plantées au hasard. C'est l'ouvrage des termites, qui se sont fait là dessous une habitation à leur convenance. On voit des champs littéralement hérissés de cette sorte de dolmens; la terre, pétrie par les animalcules et séchée au soleil, devient dure comme de la pierre. On n'a pas la ressource de capturer le termite comme le tatou; c'est un malfaiteur laborieux dont on ne se débarrasse qu'à force de travail.

Mais voici qui est plus réjouissant : une vigne, une vraie vigne; les ceps sont vigoureux, trop vigoureux même; ces pampres superbes, cette frondaison exubérante ne promettent pas une vendange de première qualité; mais le fruit de la vigne garde sa séduction, même en face de tous les produits de la flore tropicale qui abondent ici. Il en est un qui attire mon attention. Le *jaboticaba* — un nom bien extraordinaire — est un arbre remarquable par sa belle tenue; point très grand, mais si correct, si régulier et si propre que vous diriez qu'on lui a fait sa toilette. Les jeunes filles du *Patrocinio* disent que c'est lui qui mérite le prix d'ordre. Le *jaboticaba* a d'autres titres à leur estime. Il se couvre de fruits qui poussent à même le tronc et les branches; c'est la cerise brésilienne, à peau noire et chair blanche, rafraîchissante mais un peu fade; elle ne vaut pas la nôtre.

Revenons à Sao-Luiz. Il y a, au milieu des bâtiments du collège une tour qui sert d'observatoire météorologique. Du haut de la plateforme on domine la ville et ses alentours. J'aimais à regarder de ce belvédère les élèves prenant leurs ébats dans leurs cours de récréation; c'est le moment où la jeunesse scolaire livre le mieux ses secrets. Petits et grands m'ont paru déployer dans leurs jeux une ardeur méritoire; car ni leur tempérament ni le climat ne les porte à l'exercice physique. Le *foot-ball* les a conquis; ils jouent avec entrain, on pourrait dire avec passion; mais le moment d'exaltation passé, ils reprennent sans transition une allure tranquille, sinon indolente, qui évoque dans mon souvenir, par le contraste même, la turbulence de nos écoliers français.

Il m'a semblé encore que ces adolescents brésiliens, les jeunes gens surtout, sont un peu plus qu'on ne voudrait, sérieux, graves, réfléchis.

Leur physionomie s'éclaire difficilement, le rire paraît leur être peu familier; en revanche ils peuvent, m'assure-t-on, tenir en place pendant cinq heures d'horloge, à écouter des discours académiques; cela leur arrive de temps en temps. En définitive, la race tient de son climat une maturité précoce qui a ses avantages et ses inconvénients, et d'autre part un flegme habituel qui n'exclut pas les impressions vives et les explosions violentes. Ajouterai-je que cette chère jeunesse brésilienne m'a fait penser à celle dont parle Horace,

In cute curanda plus æquo operata juventus?

J'ai cru remarquer chez elle un souci de la cravate, du col, des manchettes, des cheveux auquel nos grands garçons, nos internes du moins, ne nous ont guère accoutumés; il est vrai qu'ils se rattrapent plus tard. Ici encore les Brésiliens sont seulement en avance.

Mais voici que la gent écolière est rentrée à l'étude; plus de bruit autour de la ruche. Une heure de l'après-midi. Le thermomètre à l'ombre, tourné au midi — qui est le nord en ce pays-ci — accuse 29° centigrades. Il fait une chaleur, non point écrasante, mais enveloppante, qui vous pénètre et vous apaise; c'est un doux stupéfiant. L'atmosphère n'a pas cette vibration des journées de clair soleil à Bahia ou en Provence. Il y a un peu d'ouate dans l'air et des nuées blanches se mêlent au bleu du firmament. Le paysage s'harmonise avec l'air et le ciel; les contours des collines s'arrondissent mollement; si loin que le regard porte, c'est comme un moutonnement de verdure. La campagne n'a pas de ces taches de sécheresse que l'été multiplie chez nous. Tout est vert, les champs de café, les futaies, les pâtis, la brousse elle-même. Toute cette verdure semble boire le soleil, en expirant une petite buée. Deci delà le palmier royal se profile sur le ciel, dépassant toute la végétation environnante; il porte son panache, mélancolique et fier, au sommet de son fût de colonne un peu grêle; vous diriez de maigres géants, piqués en terre, tout à la fois orgueilleux de leur taille qu'ils dressent raides et méprisants, et en même temps ennuyés de leur solitude. Des *urubus* planent en tournoyant dans le vide, cherchant de là-haut quelque cadavre ou quelque débris sur lequel ils s'abattront comme sur une proie. La cigale brésilienne crisse dans les manguiers sur un mode plus sec, moins musical, moins éclatant, moins joyeux que celle de notre midi. Les touffes de bambous frôlent lentement leurs longues tiges les unes contre les autres avec un bruit qui rappelle celui des mâtures et des cordages quand le vent passe; instinctivement on regarde, on se demande s'il n'y a pas quelque chose qui se casse. Cependant que, dans les parterres, les plantes européennes s'inclinent, les roses se fanent à demi, les fleurs délicates retombent languissantes le long des tiges, attendant la fraîcheur de la nuit qui viendra les ragaillardir.

***

Ayant séjourné dans plusieurs collèges brésiliens, il m'a été facile de me mettre au courant des choses de l'enseignement dans la grande République sud-américaine. Les observations que j'ai recueillies sur ce sujet seront ici, ce me semble, assez bien à leur place.

D'après la Constitution républicaine de 1891, l'instruction primaire est exclusivement du ressort des Etats ; chacun d'eux agit souverainement en cette matière ; il est interdit au gouvernement fédéral de s'en mêler en aucune façon. Il en résulte naturellement une très grande diversité d'une région à l'autre dans l'organisation et le fonctionnement de l'enseignement public. Outre que les conditions de l'existence, les besoins et les ressources ne sont pas partout les mêmes dans un pays aussi vaste, la mentalité des gouvernants et leur zèle pour l'instruction du peuple peuvent différer considérablement d'Etat à Etat. Tel est abondamment pourvu d'écoles ; dans tel autre, elles sont plutôt rares.

Pour avoir une information sérieuse sur le service de l'enseignement primaire au Brésil, il faudrait donc compulser les documents officiels des vingt et un Etats de l'Union ; c'est une tâche que je ne songe point à aborder. Je ne puis cueillir dans ceux qui me tombent sous la main que des indications fragmentaires. Par exemple, un tableau des dépenses effectuées dans chaque Etat en faveur de l'instruction publique en 1907 accuse des degrés très divers de libéralité : Saint-Paul tient la tête avec plus de 12 millions de francs. Le plus généreux après lui est le District fédéral, c'est-à-dire Rio de Janeiro, qui en donne six ; puis les grands Etats les plus riches, Minas Geraes, Para, Rio Grande do Sul, Bahia, vont de 2 millions et demi à 5 millions.

Encore faut-il remarquer que ces chiffres représentent le total des sommes affectées à l'enseignement public, et non pas seulement aux écoles primaires. Dans plusieurs Etats, ce chapitre du budget reçoit une dotation de 200.000 francs à 500.000 francs.

Je vois ailleurs que Rio de Janeiro aurait (en 1905), 52 écoles élémentaires pour les garçons et 140 pour les filles, réunissant ensemble 7.684 élèves. Il ne s'agit, il est vrai, que des écoles publiques ; néanmoins, c'est bien peu pour une population qui dépasse 800.000 habitants. L'Annuaire de Saint-Paul accuse pour l'ensemble de l'Etat 70 *grupos*, et 1.322 écoles *isoladas*, avec un total de 66.500 enfants. Je vois encore le *Governador* de Minas Geraes, dans son Rapport pour 1906, déclarer avec satisfaction que, sur 10 écoles normales qui coûtaient fort cher à l'Etat, 7 ont été supprimées ; elles sont remplacées par 9 collèges libres qui ne lui coûtent rien et lui rendent les mêmes services.

Une partie de l'opinion au Brésil se prononce contre l'autonomie des Etats en matière d'instruction publique ; des publicistes et des hommes politiques voudraient établir l'obligation scolaire ; mais il faudrait en venir à reviser la Constitution. En attendant, une sorte d'obligation morale existe par le fait que les *analphabétistes* sont exclus du droit de vote. Si l'on en juge par le petit nombre des électeurs, il semble bien que les citoyens qui ne savent ni lire ni écrire forment encore la grosse majorité.

Toujours en vertu de la Constitution républicaine, l'enseignement secondaire et l'enseignement supérieur ressortissent tout à la fois au gouvernement fédéral et au gouvernement des Etats. Une loi organique règle les parts respectives d'attributions et de charges. Les principaux établissements d'enseignement supérieur sont : Facultés de Droit à Saint-Paul et à Pernambouc, et écoles libres à Rio de Janeiro, Bahia et Bello-Horizonte ; Facultés de Médecine à Rio de Janeiro, Bahia et Rio Grande do Sul ; Ecole Polytechnique à Rio de Janeiro ; Ecole d'ingénieurs à Rio Grande do Sul ; Ecole des Mines à Ouro Preto ; Ecole des Beaux-Arts à Rio de Janeiro.... Je m'en tiens à cette nomenclature, d'ailleurs incomplète. Passons à l'enseignement secondaire.

La loi brésilienne crée un lycée national type, qui sera reproduit à exemplaires multiples dans chaque Etat et sur lequel devront se modeler les institutions libres qui aspireront à jouir des mêmes prérogatives. Le cours gymnasial comprend six années. Pour entrer en première année, il faut subir l'examen final du Cours élémentaire. Pour être admis dans une autre année, il faut également subir l'examen afférent à l'année précédente. Chaque année scolaire se termine par un examen qui porte sur toutes les matières de l'enseignement ; l'élève refusé (*reprovado*) sur une seule matière peut se présenter de nouveau à cet examen quelques jours avant la rentrée. S'il a été *réproùvé* sur deux matières, il ne peut se présenter à cet examen qu'avec l'autorisation expresse du ministre. En tout cas, nul ne peut être immatriculé dans une année du cours sans avoir satisfait à l'examen de l'année précédente. Cela c'est le principe; en pratique, les élèves, même *réprouvés* avancent; mais ils ne sont pas, si je puis dire, titulaires; on les appelle auditeurs, *ouvintes*. En fait, ils n'ont plus droit aux sanctions finales. Les examens se passent dans l'établissement même et chaque élève est examiné par des professeurs de la classe[1].

Quant aux programmes de ce cours de six années, ils sont effarants. Qu'on en juge : Outre le portugais, langue nationale, le latin et le grec, le français, l'anglais et l'allemand. En tout, six langues! Notions et littérature de chacune d'elles. Littérature portugaise et brésilienne à fond. Arithmétique, algèbre, géométrie, trigonométrie, mécanique, astronomie, physique, chimie, histoire naturelle, y compris un cours d'anatomie qui serait mieux à sa place à l'Ecole de médecine; géographie universelle, histoire universelle, et spécialement histoire du Brésil, dessin. En somme, à peu près tout ce que nous avions partagé entre les deux baccalauréats ès lettres et ès sciences, et qui se trouve réparti aujourd'hui entre quatre sections.

Et il ne s'agit pas d'une teinture de toutes ces connaissances. Cela va très loin; je parle des programmes. Il faut savoir le français de façon à écrire « une dissertation française sur un sujet scientifique, littéraire, historique ou artistique. » C'est une des compositions obligatoires pour l'examen final. En latin et en grec, on aura également à faire une version dont le texte sera pris dans les auteurs de la

1. Le régime des examens partiels (*parcellados*) a été supprimé en 1909; c'était un essai qui ne devait durer que quatre ans. Il n'y a plus aujourd'hui que l'examen final dit de *madureza*.

sixième année, c'est-à-dire dans « les prosateurs ou les poètes les plus difficiles. » En sciences mathématiques et physiques comme en histoire et géographie, il semble bien que les rédacteurs de ces programmes aient eu pour principal souci de ne rien omettre. A mon humble avis, il n'est pas possible de prendre cela au sérieux. Et je vois que les hommes du métier, même au Brésil, ne pensent pas différemment. Un des écrivains les plus en vue de la capitale, M. Carlos de Laët, professeur au collège de Sao-Bento, parlait tout récemment, dans un article du *Jornal do Brazil,* de ces programmes « *ridiculement surchargés*, œuvre d'une mégalomanie spéciale, » et, à s'en tenir à la littérature, il déclarait leurs exigences absolument chimériques.

Mais apparemment, dans la pratique, on les réduit à des proportions moins extravagantes. Les examinateurs chargés d'en contrôler l'application n'étant autres que les professeurs mêmes qui les appliquent, il y a lieu de croire que les examens ne débordent pas les limites des capacités humaines.

Or donc, sur la fin du cours, les élèves qui ont réussi à tous les examens de passage, ont à choisir entre deux sanctions. Ils peuvent se contenter de subir l'examen de maturité, *madureza* « qui a pour objet, dit le *Règlement*, de vérifier si l'élève a assimilé la quantité indispensable de culture intellectuelle. » Le candidat peut alors se dispenser « de mécanique et d'astronomie, de grec et de littérature et enfin d'une des deux langues, anglaise ou allemande. » L'examen comprend deux épreuves écrites, une de langues, une de sciences et une troisième de dessin, d'une durée de cinq heures chacune, et cinq épreuves orales. Quant à ceux qui donnent satisfaction sur toutes les matières du programme de sixième année, ils conquièrent, par le fait même, le titre de *bacharel em Sciencias e Lettras*, titre environné de prestige et qui leur sera conféré dans la forme prescrite par le Règlement officiel :

> Art. 189 — La collation du grade se fait en séance solennelle.
>
> Art. 190 — La date de la cérémonie sera portée à la connaissance du public par annonces dans les journaux.
>
> Art. 193 — Le premier gradué qui a reçu l'investiture prononcera *in extenso* l'engagement ordonné par les règlements spéciaux des Facultés; les autres le ratifieront par la formule indiquée dans ces mêmes règlements.
>
> Art. 197 — La collation du grade achevée, celui des nouveaux docteurs ou bacheliers qui aura été désigné à cet effet par ses compagnons, lira un discours de congratulation, lequel aura été soumis préalablement au directeur qui en retranchera ce qui ne lui paraîtrait pas convenable. A ce discours répondra le *paranymphe*, qui sera un professeur choisi par les nouveaux docteurs ou bacheliers.

Toutes les parties de ce cérémonial s'accomplissent avec une religieuse ponctualité. J'ai réuni une collection de discours prononcés dans ces solennités à Nova-Friburgo, à Ytu, à Sao-José de Rio de Janeiro, à Santa-Rosa de Nictheroy, etc., par des *paranymphes* qui s'appellent Ruy Barbosa, Ignacio Tosta, Oscar Nerval de Gouvea, etc.... C'est dire que des hommes très haut placés ne dédaignent pas de remplir cette aimable fonction.

Le *bacharel* intronisé avec cet apparat a évidemment une autre importance que notre vulgaire bachelier. Il est la gloire de l'établissement qui a formé cet oiseau rare ; un collège de quatre cents élèves estime comme un grand succès de produire annuellement quatre ou cinq *bacharéis*. Aussi on ne se contente pas de publier leurs noms en tête du *palmarès*. Leurs portraits gravés avec celui du paranymphe sont affichés dans des tableaux au salon d'honneur; on les retrouve dans les prospectus et les annuaires du collège. Quant au lauréat lui-même, on ne manquera plus de faire précéder son nom du titre de *bacharel*, qu'on remplace même quelquefois par celui de docteur.

Les établissements officiels ne sont pas les seuls à conférer les grades académiques avec tous les droits qu'ils comportent; les collèges libres jouissent de la même prérogative, à condition d'être *équiparés* (*equiparados*) au lycée national. L'équiparation n'est pas soumise à des règles bien fixes; elle est accordée par le ministre aux institutions dont le personnel et l'outillage scolaire lui paraissent donner des garanties suffisantes. Il désigne alors un *fiscal*, autrement dit un contrôleur, qui sera dans l'institution le représentant du pouvoir, chargé d'y faire observer les règlements du lycée national, et tout spécialement de surveiller les examens, dont il assume la responsabilité et qui, par conséquent, ne valent que moyennant son approbation. L'équiparation a été concédée jusqu'ici assez libéralement, et non pas seulement aux collèges des Bénédictins, des Lazaristes, des Jésuites, des Petits Frères de Marie, mais encore à une multitude d'entreprises pédagogiques qui n'avaient pas toutes des titres bien sérieux à cette faveur. L'institution qui en bénéficie est obligée de faire à son *fiscal* un traitement de 300 milréis par mois, soit 4.000 à 5.000 francs par an. La fonction étant assez peu absorbante, on comprend qu'elle soit fort recherchée. Les ministres sont toujours bien aises d'avoir des places à distribuer; ils n'en ont jamais trop. Cela se voit ailleurs qu'au Brésil. Il paraît bien qu'on a abusé; car il est question en ce moment d'abolir l'équiparation, et le motif mis en avant serait précisément l'abus qui en a été fait.

Le Parlement fédéral est saisi d'une loi qui modifierait profondément l'organisation scolaire actuelle. Elle a été adoptée par la Chambre des Députés au mois de janvier de cette année (1908). On croit qu'elle sera rejetée par le Sénat.

Jusqu'ici les divers gouvernements brésiliens, celui de l'Union aussi bien que ceux des Etats, ont pratiqué sur le terrain scolaire un large libéralisme, à l'américaine. Les formalités pour l'ouverture d'une école sont réduites au minimum. On l'annonce dans les journaux, pour attirer la clientèle, et tout est dit. Tout au plus, l'administration locale se réserve-t-elle le droit d'intervenir pour assurer l'exécution des règlements sanitaires.

Cette liberté à peu près illimitée a ses inconvénients, moindres toutefois qu'on est porté à le croire dans un pays comme le nôtre, où l'on est accoutumé à ne rien faire que sous le contrôle et la réglementation de l'Etat. Ce ne sont pas d'ordinaire des malfaiteurs qui choisissent le métier de maîtres d'école; l'agrément et les profits n'en sont pas tels non plus qu'il y ait à craindre qu'on ne s'y jette en foule. Grâce à la liberté, l'initiative privée a pourvu à un service public que les administrations brésiliennes étaient souvent incapables d'assurer. Souvent aussi, au Brésil comme en d'autres pays, les établissements officiels sont loin d'offrir les garanties que les parents ont droit d'exiger au point de vue religieux et moral. Là aussi, le principe de laïcité et de neutralité inscrit dans la Constitution se traduit d'ordinaire dans la pratique par athéisme et corruption. Un père de famille me montrant l'internat du lycée national de Rio de Janeiro, me disait : « Comme fonctionnaire, j'aurais le droit d'y faire élever mes fils presque gratuitement; mais pour rien au monde je ne consentirais à les y placer. »

Manifestement, l'enseignement public est infecté du virus anticlérical, et la tendance des gouvernants à éliminer de l'école toute idée religieuse s'accuse, à l'occasion, de la façon la moins équivoque. Cette année même, dans l'Etat de Minas Geraes, qui passe pour le plus religieux de toute l'Union, et que l'on appelle quelquefois la Bretagne brésilienne, un décret présidentiel interdisait aux prêtres l'enseignement du catéchisme dans les locaux scolaires. L'autorité ecclésiastique s'est peu émue de cette mesure; elle n'a peut-être pas assez remarqué que c'est ainsi que l'on a débuté chez nous.

Quoi qu'il en soit, il semble bien que les institutions libres, celles surtout que dirigent les congrégations religieuses, bénéficient pour le moment d'une confiance que les familles refusent aux établissements officiels. J'ai eu l'occasion d'en voir un bon nombre, écoles de toute catégorie et de tout degré, pour les garçons et pour les filles, écoles élémentaires ou collèges *équiparés;* toutes m'ont paru prospères et en possession de l'estime et de la faveur publiques. C'est là, d'ailleurs, leur seul point d'appui; car il va sans dire que les gouvernements ne leur accordent aucune subvention et même ne leur témoignent, en règle générale, aucune sympathie. J'en eus la preuve pendant mon séjour à Ytu. Le *governador* de Saint-Paul était venu faire une visite à la petite ville. Il y fut reçu comme on reçoit chez nous dans une sous-préfecture un ministre de la République. Son Excellence passa devant les portes du collège Sao-Luiz, « la première maison d'éducation de l'Etat; » mais elle ne daigna pas y entrer. Toujours comme un ministre de la République.

D'autres, il est vrai, tout aussi haut placés, ont une attitude différente. Chaque Etat ayant son automonie, le monde officiel ne se courbe pas d'une extrémité à l'autre du pays sous un même mot d'ordre. Ainsi le gouvernement de Santa-Catarina, un des Etats du Sud, n'a pas craint de confier aux Jésuites son lycée national de Florianopolis. Le subside qu'il leur sert est naturellement beaucoup moins élevé que celui qu'il devrait payer à un personnel laïque, et il ne paraît pas que le lycée en aille plus mal qu'un autre.

Je terminerai par un vœu qui intéresse au plus haut point l'avenir du catholicisme au Brésil. Les collèges, non plus que les écoles élémentaires, ne sont peut-être pas ce qui manque le plus à ce pays. Malheureusement, les jeunes gens qui se destinent aux carrières libérales reçoivent dans les Facultés et les grandes écoles, un enseignement très imprégné de positivisme et d'irréligion. Beaucoup d'autres aussi vont, au grand détriment de leur foi et de leurs mœurs, achever leurs études dans les universités d'outre-mer, de France et d'Allemagne surtout. Il est à souhaiter que les catholiques brésiliens profitent de la liberté dont ils jouissent pour créer un institut d'enseignement supérieur. Ils trouveront, sans sortir de chez eux, quand ils le voudront, les ressources en hommes et en argent pour cette œuvre capitale.

CHAPITRE XIII

Itaicy. — Campinas. — Une *fazenda* de café. — La culture du café au Brésil. — Quelques chiffres. — La *valorisation* du café. — L' « ambassade de l'or. » — Café ou thé? — Anglomanie. — Chasse dans le *Sertao*. — La *Villa Saint Vincent-de-Paul*.

Lundi 6 avril. — En route pour Campinas. A deux petites heures de chemin de fer, on fait halte à Itaicy. De village point; mais apparemment les *fazendas* de café se dissimulent dans les petits vallons qui découpent le pays. Au sommet d'une colline, un chalet dans les bois. C'est le campement de vacances de ces braves Jésuites du collège d'Ytu. Un Anglais trouverait peut-être l'installation *unconfortable*; pour eux, c'est un petit paradis; ils y oublient pendant quelques jours toutes leurs fatigues de dix mois de classes. Deux sports différents se partagent, me dit-on, leurs préférences. Les intrépides font des randonnées à travers la lande avec les chevaux de la ferme; ceux d'humeur calme pêchent dans les eaux profondes du Rio Pyracicaba, où le poisson, paraît-il, ne demande qu'à se laisser prendre.

Il y a deux classes seulement dans les wagons brésiliens; un *padre*, c'est-à-dire un ecclésiastique, quelle que soit d'ailleurs la robe qu'il porte, ne peut prendre place qu'en première; ainsi le veut l'usage. L'après-midi de ce jour, je fis une forte entorse à ce protocole. Je montai dans un train de marchandises; il est vrai que, m'y trouvant seul voyageur, je pouvais dire que j'allais en train spécial. J'arrivai en cet équipage à Jundiahy, jolie petite ville qui éparpille ses maisonnettes sur la crête et aux flancs d'un long coteau malheureusement trop dénudé. Jundiahy se trouve au croisement de plusieurs lignes de chemin de fer; c'est un centre important pour le commerce du café.

Il était grande nuit quand le train s'arrêta en gare de Campinas. Un petit tramway à mules attendait dans la cour. Je m'y jetai à tout hasard; évidemment il me conduirait en ville. Un gentleman très correct, longue barbe blanche, était assis à côté de moi. Je l'interpellai dans un portugais que je croyais irréprochable : — « Monsieur pourrait-il me dire quelle direction je dois prendre pour aller à la *Santa Casa da Misericordia?* — « Rien de plus facile; j'y vais moi-même, me répond le digne homme dans le plus pur français. » Puis il ajoute : « — Moi je suis Brésilien de naissance, mais je suis Français de cœur. » Et nous voilà causant de Paris où il a jadis suivi les cours de l'Ecole des Beaux-Arts.

Ce furent encore des cœurs bien français que je trouvai à la *Santa Casa*. Seize sœurs de Saint-Joseph de Chambéry y donnent leurs soins aux malades et dirigent dans des annexes de l'hôpital un orphelinat et une école qui reçoit plus de 400 jeunes filles. J'ai vu tout ce petit peuple dans les classes, aussi bien que les malades et les infirmes dans leurs salles. Tout l'établissement est admirablement tenu; mais nos pauvres sœurs, point assez nombreuses, s'exterminent à la peine. Campinas aurait accueilli avec bonheur quelqu'une de nos communautés de religieuses enseignantes proscrites par le bon plaisir de nos gouvernants. Ces gens-là, par exemple, ne seraient peut-être pas très fiers, si l'écho leur arrivait de certaines conversations auxquelles il m'a fallu assister ici même : « Fous, enragés, épileptiques, énergumènes, » ce sont là quelques-unes des aménités qui revenaient à l'adresse de nos hommes d'Etat fameux pour avoir détruit des milliers d'écoles, chassé les religieuses des hôpitaux et saccagé des couvents. Et je puis bien ajouter que les hommes qui se permettaient ces appréciations n'étaient point des fanatiques, pas même des cléricaux.

Campinas est une ville toute moderne, qui compte environ 35.000 habitants. Il ne faut pas y chercher ce que seuls les siècles peuvent donner à une cité, je veux dire une physionomie, du caractère, des monuments. D'ailleurs, avec l'inévitable damier, les villes américaines pourront-elles jamais cesser d'être banales, même quand elles auront cessé d'être jeunes? L'église principale (*matriz*), *Nossa Senhora da Conceiçao*, temple grec à l'extérieur, présente un assez beau vaisseau de Renaissance italienne. De grands retables avec baldaquins attirent l'attention ; ils l'attirent même plus qu'il ne faudrait; il y a défaut de proportion et d'harmonie; mais, par eux-mêmes, ils constituent de remarquables ouvrages en bois sculpté, ennoblis par une teinte sombre de vieux chêne. Malheureusement, on ne tardera pas à la leur enlever. « Il manque encore la dorure, » me disait mon cicerone. La *matriz* est naturellement désignée comme future cathédrale. La population de Campinas est tout heureuse d'avoir bientôt un évêque. Depuis des années une association que je vois figurer dans l'*Annuaire* travaille à constituer le « patrimoine de la Mitre. »

Lorsque, il y a trois semaines, arriva la nouvelle de l'érection canonique du nouveau siège épiscopal, elle fut célébrée par des réjouissances publiques.

Sur une grande place qui s'étend devant l'église de Santa-Cruz les *Campineiros* ont érigé une statue à leur concitoyen.Carlos Gomès, le *glorioso maestro*, comme l'appellent les Brésiliens, et certainement le meilleur compositeur qu'ait produit le Brésil. Il est fâcheux seulement que l'on ait cru devoir présenter le *maestro* dans la tenue et l'attitude de chef d'orchestre, habit à queue de pie, gilet, cravate et bâton de mesure à la main. Il ne se peut rien de plus *inesthétique*.

Mais la gloire et la fortune de Campinas, c'est le café. La culture du précieux arbuste gagnant toujours du terrain s'étend aujourd'hui à cinq ou six cents kilomètres plus avant dans l'intérieur. Néanmoins, Campinas reste encore la capitale d'une région caféière, la plus ancienne et peut-être la plus riche de tout le Brésil.

Comme j'avais exprimé le désir de visiter une *fazenda*, on m'adressa à M. V..., un Fribourgeois, élevé en France et établi au Brésil depuis de longues années. Impossible de rencontrer accueil plus cordial dans un intérieur plus charmant. M. Joaquimo V... se met aussitôt à ma disposition, comme s'il n'avait autre chose à faire. Sans plus tarder, il téléphone à un propriétaire des environs : — « Un voyageur français, de passage à Campinas, voudrait voir vos plantations et vos appareils. » Réponse : — « Je ne pourrai pas vous faire moi-même les honneurs de la *fazenda*; je suis malade; mais un autre me suppléera. A midi, un *trolly* sera à la porte de la *Santa Casa*. »

— « Ne vous étonnez pas, me dit M. V..., je ne connais pas autrement ce propriétaire; mais c'est dans les usages du pays. Le *fazendeiro* trouve tout naturel qu'un étranger s'invite chez lui, et si vous y êtes à l'heure du repas, il vous priera tout simplement de prendre place à la table de famille. »

De fait, à l'heure dite, le *trolly* attendait; c'est le nom d'une petite voiture à quatre roues, sans ressort, très solide et attelée de deux mules blanches, très pimpantes, trottant d'un pas relevé et faisant sonner leurs sonnettes. Le véhicule convient aux routes du pays; il n'a pas de serre-frein; ce qui ne l'empêche pas de dévaler par des raidillons où jamais nos cochers n'oseraient engager leurs calèches.

La *fazenda* Lapa, propriété du *senhor* Antonio Alvaro de Souza Camargo, est à une petite heure de Campinas. Les dernières maisons dépassées, on se trouve immédiatement en plein *cafésal;* le pays n'est ni plaine, ni vallée, ni montagne, mais, aussi loin que la vue peut porter, un terrain fortement ondulé comme par des vagues puissantes qui se poussent les unes les autres. Pas un bouquet d'arbres, pas une terre en friche, de loin en loin quelques panaches de palmier royal aux abords d'une maison, puis une rangée de cahutes blanches, qui servent de demeures aux colons, et toujours des champs de café succédant à des champs de café. Cela me rappelle nos pays de vignobles. À un moment où le chemin s'ouvre dans une tranchée, M. V... me fait remarquer les talus de terre rouge tirant sur le violet; l'épaisseur de la couche végétale est au moins de 5 à 6 mètres. Le *matapé*, c'est le nom qu'on lui donne, la terre à café par excellence, atteint, dans certains districts, une épaisseur double ou triple; ce qui assure

LA FAZENDA LAPA

de M. Antonio Alvaro de Souza Camargo.

au précieux arbuste d'inépuisables réserves de sucs nourriciers.

Le *senhor fazendeiro* nous attendait sous la véranda. Les salutations échangées, il nous confia, sans plus de cérémonies, aux bons soins d'un intendant, qui nous expliquerait dans tous ses détails la manipulation du café. Il en va, en effet, de cette exploitation comme de celle de la vigne ; ce n'est pas tout de faire la cueillette, et ce n'est pas une opération moins compliquée et moins importante de *bénéficier* le café que de faire le vin quand la vendange est faite.

Le café se présente sous la forme de petites cerises sans pédoncules qui garnissent l'extrémité des branches de l'arbuste. Le grain tient la place du noyau. En ce moment même, les caféiers sont chargés de leurs fruits, les uns déjà roses, d'autres jaunissants, d'autres encore verts. La récolte se fait en juin. Le fruit est d'abord étendu au séchoir, sorte d'aire carrelée et goudronnée ; le soleil fait tous les frais de cette première opération. Au sortir du séchoir, le fruit s'engage dans une série d'appareils mécaniques dont chacun doit faire une partie de sa toilette. Tout d'abord, il entre dans des rouleaux en grillage de fer qui le dépouillent de sa pulpe ; de là, il pénètre dans d'autres rouleaux où il subit un frottement encore plus énergique qui lui enlève la *casca*, c'est-à-dire la gaine de peau dont le grain est enveloppé ; le tout arrive ensuite dans des vans animés d'un mouvement très rapide qui éliminent la *casca*. Une série de tamis à mailles plus ou moins serrées font alors le triage ; les grains de café sortent de là répartis en neuf catégories ou qualités, dont la première est dénommée *Choix* (*es-*

colha), la seconde, *moka*, les autres sont simplement désignées par les numéros de 3 à 9. Cette classification est celle du marché américain.

Le grain de café est normalement partagé en deux moitiés; mais il arrive, par exception, que les deux moitiés restent adhérentes l'une à l'autre; c'est ce grain rond ou ovale qui est catalogué au Brésil sous le nom de moka. Les autres types, tous provenant de la même plantation, voire du même arbre, ne sont différenciés que par la taille. Mais il faut croire que les plus gros sont aussi les meilleurs; autrement on ne s'expliquerait pas l'écart de prix entre les uns et les autres, lequel peut aller jusqu'à 40 %.

Une dernière opération a positivement pour but de faire la toilette du grain; il est plongé dans je ne sais quel mélange liquide, puis une fois encore tourné et retourné dans des appareils d'où il sortira enfin poli, lustré, comme il faut pour se produire dans le monde.

Il va sans dire que, dans une fazenda un peu bien installée, toute la besogne se fait automatiquement; une fois entrée dans l'officine, la petite cerise desséchée parcourt d'elle-même toute la filière pour aboutir à l'état de grain de café numéroté, dans un sac tout neuf, prêt à partir pour une destination quelconque. La machinerie de la *fazenda Lapa* représente un capital de 150.000 francs. Elle a *bénéficié*, lors de la dernière récolte, 32.000 arrobas de café, autrement dit 8.000 sacs de 60 kilos. La *fazenda Lapa* possède 380.000 caféiers, ce qui suppose de 300 à 400 hectares de plantations.

Le rendement de cette année constitue une récolte ordinaire; c'est dire que le pied de caféier, dans le district de Campinas, donne presque une moyenne de un kilogramme et demi de grain. Le *senhor fazendeiro* me dit qu'il lui est arrivé de récolter 30 kilogrammes sur un seul pied. Mais nous voyons aussi tel cep de vigne qui fournira un hectolitre de vin. Ce sont là des phénomènes. Le caféier produit dès sa quatrième année, et il peut durer jusqu'à quatre-vingts ans et au delà.

Voici encore quelques chiffres se rapportant à l'année 1901-1902, où la culture caféière, dans l'Etat de Saint-Paul, paraît atteindre son apogée. On y comptait alors 15.828 *fazendas*, avec une étendue totale de 4.217.802 hectares, dont 751.115 plantés en café, et possédant environ 700 millions de pieds. Les terrains aptes à la culture de l'arbuste et non encore utilisés avaient une contenance de un million d'hectares, capables de recevoir un milliard de pieds; ce qui revient à dire que la production d'alors pouvait être plus que doublée.

La culture du café dans l'Etat de Saint-Paul a tous les caractères des cultures industrielles; par suite, elle comporte le régime des grandes exploitations. Les *fazendas* nouvellement créées, à mesure qu'on avançait dans l'ouest, s'étendent sur des milliers d'hectares et comptent leurs pieds de café par centaines de mille. Celle de Guatapara, à Ribeirao-Preto, par exemple, possède près de 2.700 hectares de plantations; un seul *cafésal* a 800.000 pieds; on l'appelle la mer de café (*o mar de cafe*); la récolte annuelle de la *fazenda* s'élève à 30.000 quintaux, ou 50.000 sacs. Elle emploie plus de 2.000 personnes dont 1.660 Italiens.

***

Je glisse, sans y prendre garde, dans la question du café.... Personne n'ignore qu'il y a depuis quelques années une question du café, laquelle est par excellence une question brésilienne, mais qui, en quelque façon, intéresse tout le monde, car tout le monde aujourd'hui boit du café. Je l'aborderai ici *per summa capita*, comme il convient à un voyageur qui n'est pas un voyageur de commerce. A qui désirerait de plus amples informations, je conseillerai de s'adresser aux revues spéciales, qui toutes, en ces derniers temps, ont dû consacrer au problème du café brésilien des études considérables[1].

Or donc, il faut savoir que depuis trente à quarante ans le genre humain s'est épris pour le café d'un goût qui est allé *crescendo* avec une rapidité extraordinaire. De 1870 à 1875, la consommation annuelle dans le monde entier était évaluée à 7 millions de sacs (60 kilogr.), soit 420 millions de kilogrammes. Aujourd'hui elle approche de 18 millions de sacs, c'est-à-dire près de 1.100 millions de kilogrammes. Dès 1870, le Brésil fournissait sensiblement la moitié de la production mondiale, soit 3 millions et demi de sacs. Or, pour la campagne 1906-1907, sur une production mondiale de 22 millions de sacs, le Brésil en fournissait 18 millions, sur lesquels la part de l'Etat de Saint-Paul était de 14 millions ; les autres pays producteurs, Antilles, Java, Bourbon, Turquie, etc., ne donnaient à eux tous guère que 4 millions de sacs, à peu près comme en 1870.

A la vérité, l'année était exceptionnelle. Voici, d'après les statistiques officielles, les expéditions de café brésilien en 1907 :

Par le port de Rio de Janeiro. . .	3.857.210 sacs
— de Santos	11.561.871 —
Total de l'exportation. .	15.419.081 sacs

1. Voir en particulier *l'Economiste français*, 1er août 1908. *Art.* Paul Leroy-Beaulieu ; *Annales des Sciences politiques*, 15 septembre 1908. *Art.* Maurice Lévy.

Il se fait encore quelques expéditions par les ports de Victoria et de Bahia; ce seraient quelques centaines de milliers de sacs à ajouter à ce formidable total.

On voit quel prodigieux développement a pris la culture du café au Brésil. Sa production représente plus des quatre cinquièmes de celle du monde entier. Ce qui revient à dire que, sur cinq tasses de café que boit un chrétien, il y en a quatre qui viennent du Brésil. On se rapprocherait peut-être plus de la vérité en disant que, pour faire une tasse de moka, on met quatre grains de café brésilien contre un qui vient de Moka... ou d'ailleurs.

Voilà déjà de quoi dissiper beaucoup d'illusions, et chagriner bien des amateurs. On sait qu'une bonne partie de la production des vignobles algériens est dirigée sur Bordeaux, d'où elle sort avec un état civil plus reluisant; le nom de vins d'Algérie n'étant pas en effet une recommandation suffisante, on les vend et on les boit sous un autre plus sonore. Il en va tout de même pour les cafés brésiliens. Il est passé dans l'usage chez les intermédiaires — et les ménagères l'acceptent de confiance — de qualifier Moka, Haïti, Bourbon, Martinique, etc., les qualités supérieures, réservant le nom de « Brésil » aux inférieures. Mais, en réalité, les unes comme les autres proviennent la plupart du temps des mêmes crus. Notre pays est beaucoup moins que d'autres envahis par les *Rio* et les *Santos*. Ce qui n'empêche que, sur les 98 millions de kilogrammes de café livrés en France à la consommation en 1906, 50 millions, plus de la moitié, venaient du Brésil; 19 millions étaient importés d'Haïti; la Turquie entière, le pays du Moka, nous avait envoyé 275.000 kilos, moins de 1/300 de notre fourniture.

Aux Etats-Unis, c'est mieux encore. Ce pays est le plus gros acheteur de café brésilien. Il en importe annuellement environ 200 millions de kilos. Ses importations de Java et de Moka réunies s'élèvent à 10 millions de kilos; on en livre à la consommation sous ces deux marques *250 millions de kilos.*

Mais les plus belles médailles ont leurs revers. Le merveilleux succès de la culture du café au Brésil n'a pas tardé à devenir un écueil. On a produit au delà des besoins; par suite, les cours ont fléchi. La plupart des producteurs, manquant d'avances, n'ayant d'autres ressources que leur récolte, toujours pressés de la vendre, étaient à la merci des spéculateurs; les prix s'effondraient de plus en plus. C'est exactement l'histoire de nos viticulteurs du Midi. Le type de café qui sert de base à l'échelle des prix valait encore, en janvier 1904, sur le marché de Santos, 60 francs le sac; en décembre 1905, il tombait à 45 fr. C'est alors que l'on se décida, pour enrayer le mouvement de baisse, à recourir à des mesures énergiques. Les représentants des trois Etats grands producteurs, Saint-Paul, Rio de Janeiro et Minas Geraes, signèrent le *pacte de Taubaté.* En vue d'arrêter la surproduction, de lourds impôts seraient établis sur toute plantation nouvelle. Pour soutenir les cours, on s'arrêta au plan suivant : l'Etat de Saint-Paul achèterait lui-même tous les cafés, puis il échelonnerait les ventes au fur et à mesure des besoins du marché. Il contracterait à cet effet un emprunt de 375 millions de francs, et un droit d'exportation de 3 francs par sac serait prélevé pour couvrir les frais de l'opération. C'est ce qu'on a appelé la *valorisation du café.*

Hors du pays intéressé, l'affaire a été appréciée sévèrement, et à peu près universellement condamnée, comme contraire à tous les principes d'une saine économie politique. On y a vu une application du socialisme d'Etat à sa plus haute puissance. Financiers et économistes en ont prédit l'échec. Et de vrai, les résultats n'ont pas été heureux. L'Etat de Saint-Paul, devenu marchand de café, eut bientôt sur les bras un stock de 8 millions de sacs ; le mouvement de baisse s'accentua de plus en plus. On avait cru pouvoir fixer le prix d'achat du n° 7 qui sert de base, aux alentours de 50 francs; avant même l'entrée en vigueur du pacte, on dut le réduire à 42 francs environ. Cependant, les cours indiqués sur les statistiques officielles du marché de Santos, après s'être maintenus entre 35 et 40 francs descendaient en juin 1907 jusqu'à 22 francs. Les achats de l'Etat semblaient donc avoir produit un effet contraire à celui qu'on en attendait. Au bout de huit mois, on se décida à les suspendre ; dès lors, les cours remontèrent peu à peu. (Le n° 7 cotait 30 fr. 60 en juin 1908.)

Les partisans de la *valorisation* prétendent qu'ils se fussent effondrés bien davantage si l'Etat n'avait pas retiré du marché les millions de sacs qui l'encombraient. Quant à lui, il a commencé par élever de 3 francs à 5 francs la taxe de sortie par sac de café; ce qui ne l'empêchera pas de liquider l'opération par une perte que M. Paul Leroy-Baulieu estime à une centaine de millions.

L'Etat de Saint-Paul est assez riche pour payer les frais d'une expérience qui pourra profiter à d'autres. Déjà, paraît-il, les *fazendeiros* du Nord, alléchés par l'exemple, prétendaient soutenir, eux aussi, les cours, en faisant acheter par l'Etat leur sucre, leur cacao, surtout leur caoutchouc qui subissait à ce moment une crise terrible. Nous avons vu chez nous aussi préconiser ce remède à la mévente des vins du Midi. Le procédé est commode assurément; mais toutes les fois que les citoyens se déchargent sur l'Etat des affaires qui ne rentrent pas dans ses attributions, on ne tarde pas à constater que l'arrangement n'est avantageux ni pour l'Etat ni même pour les citoyens. Si encore ils ne commettaient cette erreur qu'en matière de commerce et d'industrie!

Plus ou moins désabusés de leur confiance en l'intervention de l'Etat, les producteurs de cafés brésiliens appellent maintenant de leurs vœux les mauvaises récoltes; toujours comme dans notre Midi les viticulteurs ne redoutent rien tant que de belles vendanges qui seraient pour eux la ruine. Il est clair que la production baissant, le prix de la marchandise doit s'élever. Donc, arrachez des ceps et des caféiers, vous vendrez votre vin et votre café plus cher; la recette a été proposée à nos propriétaires du Languedoc et du Narbonnais; on se rappelle ce ministre qui les exhortait à planter des pins à la place de leurs vignes.

On pourra toujours maintenir les prix en réduisant la production; mais c'est là un pis aller à l'usage des paresseux qui s'abandonnent. Il y a un autre moyen tout aussi sûr, c'est de développer la consommation, et c'est celui que préfèrent les industriels intelligents et actifs, tant que la chose est possible, c'est-à-dire tant qu'ils ont l'espérance d'élargir les anciens débouchés et d'en trouver de nouveaux. C'est à ce parti que paraissent s'être décidés les planteurs brésiliens.

On a fait remarquer à nos viticulteurs français qu'ils avaient une clientèle énorme à conquérir, car il n'y a à boire du vin qu'une très faible portion de l'humanité. Celle qui boit du café est infiniment plus considérable. Et pourtant, chose curieuse, les 17 à

18 millions de sacs de café, qui suffisent à la consommation mondiale annuelle, ne représentent pas, en liquide, une quantité égale à celle d'une récolte ordinaire de vin (120 millions d'hectolitres environ). Il est aisé de s'en assurer par un simple petit calcul. Les fournisseurs de la boisson aromatique sont donc fondés à croire que le monde peut en absorber encore beaucoup plus, pourvu qu'on la lui fasse connaître et qu'on lui en facilite l'usage.

C'est dans ce but que le Brésil a envoyé cette année même en Europe une délégation que les journaux du pays appellent couramment « l'ambassade de l'or. » Ces messieurs parcourent les Etats du vieux monde, visitant les grandes places de commerce, s'efforçant par tous les moyens d'attirer l'attention du public sur les immenses ressources du Brésil, qui n'attendent que des capitaux pour être mises en valeur. Une de leurs grandes préoccupations est naturellement la propagande du café; on ne peut oublier, en effet, que la précieuse graine fournit à elle seule plus du tiers du total de l'exportation brésilienne.

De son côté, l' « Association commerciale de Santos » ne reste pas inactive. Elle a procédé à une enquête auprès d'un grand nombre de Chambres de commerce. Le questionnaire que j'ai sous les yeux ne comprend pas moins de seize numéros; on aura sans doute réuni les réponses en un document d'ensemble, où les spécialistes et les curieux pourront pleinement s'édifier sur tout ce qui concerne la consommation et le commerce du café dans le monde. Quelques fragments publiés dans les journaux nous apprennent que les petits Etats du nord de l'Europe sont relativement les plus grands buveurs de café. La Belgique arrive en tête avec une consommation de 7 kilos 1/2 par habitant. La Hollande, le Danemark et la Norvège atteignent aux alentours de ce gros chiffre. Les États-Unis viennent ensuite avec 5 kilos 3/4. Puis l'Allemagne, où il faut à chaque habitant 3 kilos de café. Le Français occupe une honnête moyenne avec 2 kilos 1/2 pour sa part. L'Anglais, grand buveur de thé (2 kilos 1/2 par tête), y ajoute à peine 1 kilo 1/3 de café. Dans les autres pays, la consommation par habitant se chiffre seulement par centaines de grammes. Dans toute l'Europe elle s'accroît d'année en année d'une façon, pour ainsi dire, automatique; mais le taux de cet accroissement est très différent d'un pays à l'autre. En Belgique, par exemple, la consommation par habitant a plus que doublé en moins de 15 ans. En France, elle augmente d'une année à l'autre de 3 0/0 environ; elle ne doublerait donc qu'en l'espace de 33 ans.

L'accroissement est entravé chez nous par des causes multiples, et tout d'abord par le prix excessif de la denrée. Le café entre en franchise aux États-Unis; il paye 10 francs par 100 kilos à la douane belge, 50 francs à la douane allemande; à son entrée en France le quintal de café payera 136 francs; il y a quelques années, c'était 156 francs. (Cet impôt est diminué de moitié pour les provenances des colonies françaises.) Un droit de douane de 136 francs par quintal de café brésilien représente près de *trois fois* sa valeur actuelle sur le marché du pays producteur. Après cela, nous avons mauvaise grâce à nous plaindre de ce que le Brésil frappe nos marchandises de droits très élevés.

Le Français commence donc à payer au gouvernement 1 fr. 36 par kilo pour avoir le droit de boire du café brésilien. Après l'État, les intermédiaires. Même surchargé du fret, le café cote au Havre de 41 francs à 45 francs le sac (avril 1909), soit 68 à 75 francs les 100 kilos. Un kilogramme de café importé en France vaut donc en moyenne de 70 à 75 centimes Nos ménagères ne le payent guère moins de 5 francs chez l'épicier. Il est vrai qu'il a subi toutes les manipulations préparatoires; il est mélangé et torréfié, souvent même réduit en poudre, tout prêt à mettre à la bouilloire. Il se présente dans de jolis sacs, avec des noms pompeux et des étiquettes alléchantes. Il y a de tout dans ces sacs, même du café. Mais, faites le compte; il se trouve que impôt, transport et manipulations ont fait monter le prix de ce malheureux kilo de 600 à 700 p. 100 de ce qu'il était à son arrivée en France. N'est-ce pas exorbitant?

Une autre cause qui ralentit chez nous le progrès du café, c'est la mode, plus puissante et plus tyrannique en France qu'en aucun pays du monde. Il fut un temps où le café était, si l'on peut dire, bien porté; son arôme avait je ne sais quoi d'aristocratique. Le roi de France en personne préparait l'incomparable breuvage; les estampes du dix-huitième siècle nous montrent les marquises, la tasse de fine saxe à la main, dans des poses de divinités buvant le nectar. Mais le temps a marché, le café est descendu dans les couches populaires; il s'est démocratisé et, du même coup, disqualifié. Les belles dames ont intronisé le thé à sa place; il est entendu que, hors des repas, le thé seul peut se présenter dans la bonne compagnie. Il a, paraît-il, au point de vue physiologique, les mêmes vertus que le café et les mêmes défauts; mais, par ailleurs, comment comparer cette tisane insipide avec l'arôme qui donne quelque chose de mystérieux et de poétique au nom seul de moka?

Le grand mérite du thé, aux yeux du monde *select*,

c'est d'être anglais, alors que le café est plutôt fran çais, si français que nous appelons *café* l'établissement où nous allons prendre des rafraîchissements quelconques. Et voilà pourquoi le *five o'clock* est déjà entré dans nos mœurs; voilà pourquoi le thé envahit les salons français. Affaire de mode, anglomanie, snobisme! Il y a 40 ans, la consommation du thé en France s'élevait à 50.000 kilos environ; ce n'était guère qu'un article de pharmacie; aujourd'hui elle dépasse un million de kilogrammes, qui équivalent à 5 millions de kilogrammes de café. Ce chiffre représente la perte infligée par l'engouement pour les choses anglaises au café qui, lui, aurait quelque droit à s'intituler boisson nationale.

Ainsi nous devisions sous la véranda du *senhor* Antonio de Souza Camargo, en nous balançant à l'américaine dans de confortables *rocking-chairs*. Il y avait sur la table une corbeille pleine d'oranges fraîchement cueillies dans la *quinta*, et l'on dégustait un café du cru, qui, je crois, tout brésilien qu'il était, eût enlevé le suffrage des connaisseurs les plus raffinés.

Voyant deci delà des fusils pendus aux murailles, — il y en avait plus d'une douzaine — je hasardai une question au maître de céans. J'appris que la principale distraction des riches *fazendeiros* dans ce pays où elles sont plutôt rares, c'est la chasse, la grande chasse. On se réunit à cinq ou six amateurs, et l'on part pour le *sertao* en gros équipage et avec de nombreux serviteurs, des noirs pour la plupart. On campe sous la tente, et on bat le *mato* (le désert brésilien) dans tous les sens. Il y a du gibier de toute sorte, y compris des boas et des *jacarès*, sorte de crocodiles; on poursuit de préférence le cerf et le sanglier; souvent, plus souvent même qu'on ne voudrait, on a affaire au jaguar, le tigre du Brésil, qui sans avoir la puissance ni la taille de son congénère de l'Inde, n'en est pas moins un voisin redoutable. Il y a lieu de croire que la race pullule dans les solitudes de l'intérieur; car les peaux de jaguar abondent chez les marchands dans les villes de la côte, et pour quelques milréis, on peut en avoir de fort belles.

Une autre occupation pour les loisirs du *senhor fazendeiro*, c'est le jardin attenant à sa maison; il tient à ce que nous le visitions en détail, car il en est particulièrement fier. La plupart de nos fruits et de nos légumes y prospèrent, mais au prix de quels soins et de quelles précautions! Ce sont de véritables articles de luxe. Les ceps de vigne sont l'objet d'une sollicitude spéciale; leurs produits font penser à ceux de la Terre Promise. — « J'ai cueilli, nous dit le *senhor* Antonio, une grappe pesant quatre kilos et demi. » Malheureusement ici encore la puissance de la végétation a pour corrélatif la voracité des insectes; mouches et fourmis mangent tout. La question est de trouver des espèces de raisin à peau assez dure pour résister aux armes de l'ennemi. On me fait l'honneur de m'interroger sur un point : « *Senhor padre*, vous qui êtes du pays de la vigne.... » — Malheureusement mes connaissances en ampélographie ne me permettent pas de donner une indication précise. Mais, pour sûr, cela existe, le raisin à la peau dure et même coriace. Vous en trouverez, *Senhor fazendeiro;* seulement, ça ne sera peut-être pas très fin.

*
* *

Notre visite terminée, le *trolly* aux mules blanches

nous attendait dans la cour de la *fazenda* pour nous ramener en ville. Chemin faisant, M. V... m'entretint d'un événement qui, l'avant-veille, avait mis en fête la cité de Campinas. Je me reprocherais de le passer sous silence, car il éclaire un des meilleurs côtés des mœurs brésiliennes, cette générosité à propos de laquelle le P. Julio-Maria écrit dans le *Livre du centenaire* : « La seule manifestation prospère de la foi chrétienne au Brésil consiste dans ses institutions de bienfaisance.... »

La *Santa Casa* de Campinas a été fondée en 1876 par Dom Joaquimo Vieira, aujourd'hui évêque ; j'ai parlé plus haut de l'importance de cet établissement charitable ; malheureusement, comme la plupart des *Santas casas* brésiliennes, il a subi l'infiltration maçonnique. Il y a une vingtaine d'années, la population de Campinas fut à deux reprises décimée par une épidémie de fièvre jaune. Cette calamité suscita un nouvel essor de la charité qui aboutit, cette fois, à la création d'une conférence de Saint-Vincent de Paul. De cette conférence en naquirent bientôt deux autres dans l'intérieur de la ville et plusieurs dans les principaux centres de la région ; elles sont reliées ensemble par le Conseil central de Campinas. En dehors des œuvres accoutumées, les conférences de Campinas viennent d'entreprendre la construction d'une cité ouvrière, déjà baptisée *Villa Saint-Vincent de Paul* et qui ne comprendra pas moins de 70 maisons. La ville a donné le terrain ; la dépense pour les bâtisses est estimée à 80 contos (environ 120.000 francs). Les confrères se chargent de trouver cette grosse somme. Les logements seront mis gratuitement à la disposition des pauvres assistés par les conférences.

— Il serait peut-être plus sage, dis-je à mon interlocuteur, de leur demander une légère rétribution.

— C'est vrai, me répond M. V... ; malheureusement, si légère fût-elle, notre œuvre ne serait plus considérée comme charitable, et nous aurions à payer des impôts très lourds.

Le dimanche, 5 avril, avait lieu la pose de la première pierre de la Villa Saint-Vincent de Paul. Toutes les autorités civiles et religieuses figuraient à la solennité ; la partie musicale avait été confiée à la *Banda Garibaldi !* J'ai lu dans les journaux le discours du président du Conseil central, le Docteur Antonio Alvarez Lobo. C'est le pur langage de la foi, de la piété, de la charité, voire même de l'humilité catholique, sans alliage de philanthropie ni de solidarité. Il suffirait à attester la vérité de ce que me disait M. V... :

— « Chez nous, il n'y a point de franc-maçon. »

CHAPITRE XIV

Les Trappistes français au Brésil. — Le monastère de *Maristella*. Le désert refleurit. — Les rizières de Bérisal. — Orchidées et serpents. — Autrefois et aujourd'hui.

9 avril 1908. — De retour à Saint-Paul, je me serais fait scrupule de quitter le pays sans aller visiter les Trappistes français établis depuis peu au Brésil. Cinq heures de chemin de fer, deux heures de voiture, c'est ce qu'on appelle ici une promenade, tout au plus une excursion.

On suit d'abord la grande ligne de Saint-Paul à Rio de Janeiro jusqu'à Taubaté. Dans ce parcours de 120 kilomètres, comme dans tous ceux que j'ai faits sur les chemins de fer brésiliens, la même impression vous obsède, impression plutôt mélancolique. Le paysage n'est point monotone, les perspectives sont souvent pittoresques, parfois grandioses; mais une teinte de vague tristesse les enveloppe. Il y manque l'habitation humaine et la trace du travail humain. Ces signes de vie absents, la végétation a beau se montrer exubérante, vous ne voyez défiler devant vous, si l'on peut dire, que des tableaux de natures mortes.

Longtemps avant Taubaté, la ligne serpente sur le flanc des collines qui bordent la rive droite de la vallée du Parahyba. Sur la rive opposée, court tout du long un rideau de grandes montagnes toutes noires de forêts. Très large, très verte, avec une légère buée blanche flottant à la surface sous le soleil du matin, la vallée s'allonge à perte de vue. On a l'illusion d'une région plantureuse, et c'est une déception de n'apercevoir sur les pentes ni un clocher, ni un village, ni même une chaumière.

Taubaté est une petite ville d'aspect un peu vieillot; elle serait déchue de l'importance relative qu'elle eut en un temps déjà lointain. C'était une des haltes principales des caravanes qui circulaient entre Rio et Saint-Paul; le chemin de fer a tué les caravanes, et Taubaté n'est plus qu'une station de second ordre. Un petit tramway à vapeur vous conduit de là, en une heure, à Trémembé, tout au bord du Parahyba. Le *trolly* des Trappistes m'y attendait; le monastère est bien sur le territoire de Trémembé, mais à deux lieues loin du village. Nous traversons le fleuve sur un pont fort convenable. Ce rio Parahyba mérite qu'on le salue au passage; l'orographie de la côte brésilienne lui fait une destinée bizarre. Né dans la *Serra do Mar*, à une très faible distance de l'Atlantique, au lieu de s'y rendre par le plus court, il s'en va vers le nord parallèlement au rivage, cherchant désormais sans la trouver une issue vers la mer. Il traverse ainsi une partie de l'Etat de Saint-Paul, puis, presque dans toute sa longueur celui de Rio de Janeiro, où il boit d'innombrables rios petits et grands descendus des montagnes, si bien que, en arrivant enfin à la mer, après un parcours de quelques centaines de kilomètres, il roule un volume d'eau qu'on estime en moyenne à 1.500 mètres cubes par seconde. Le Parahyba coule paisiblement dans un lit profond; le poisson y abonde et je puis rendre témoignage que la qualité en est excellente ; le nom indien de Trémembé signifie *lieu de pêche.*

Le rio franchi, une petite route effroyablement défoncée, pousse droit à travers une plaine boisée et marécageuse sur la grande chaîne montagneuse qui barre l'horizon et fait la limite entre les Etats de Saint-Paul et de Minas Geraes. C'est au pied de ce massif que s'abrite le monastère qui porte le nom gracieux de *Maristella.*

En 1904, une colonie de la grande abbaye de Sept-Fons vint fonder la première Trappe de l'Amérique du Sud. Le Très R. P. abbé, Dom Chautard, avait trouvé auprès des autorités brésiliennes un accueil encourageant. Le président de la République lui avait dit : « Ce n'est pas une, c'est vingt Trappes que je voudrais voir s'établir au Brésil. » Le R. P. Alexis Ducret, homme entreprenant et avisé, chargé de découvrir un lieu convenable, avait vainement parcouru en tout sens, pendant des semaines, les régions où des Européens peuvent se livrer au travail de la terre sans s'exposer à une mort certaine. Lui-même m'a raconté qu'il commençait à désespérer, quand on lui signala la *fazenda das Palmeiras.* C'était un domaine abandonné de son propriétaire, lequel, par suite de l'abolition de l'esclavage et de la crise du café, ne trouvait plus son compte à l'exploiter. Il s'étendait depuis la rive du Parahyba, sur une longueur de 4 à 5 kilomètres, jusqu'à la grande montagne, avec une superficie de 5.000 à 6.000 hectares ; il offrait tous les avantages de la topographie la plus variée, la plaine pour les grandes cultures, les collines et contreforts du massif montagneux parfaitement aéré et salubre ; enfin, à l'arrière-plan, les hautes pentes magnifiquement boisées, perpétuel réservoir de fraîcheur, en même temps que garantie de solitude et de paix. De vrai, c'était là un site qui aurait fixé le choix des vieux moines du moyen âge; la Providence l'avait réservé à nos chers Trappistes français; on ne peut que les féliciter d'en avoir pris possession.

Les anciens bâtiments de la *fazenda* s'allongent sur trois côtés d'une esplanade formée par le sommet nivelé d'une colline; ce sont de simples rez-de-chaussée assez spacieux pour loger les quarante religieux qui composent la communauté. L'un des corps de logis comprend le réfectoire et le dortoir, un autre la chapelle et le chapitre; il n'en faut guère davantage à des Trappistes. Une autre bâtisse, très misérable, qui servait de logement aux esclaves, a été transformée en ateliers et dépôts; au milieu, une petite église neuve pour les gens du dehors; elle sert également de classe pendant la semaine pour quarante à cinquante enfants du voisinage. Au centre de l'esplanade, une grande croix de bois, qui projette son ombre sur le sol uni. C'est, avec un palmier royal qui indique de loin l'entrée du monastère, tout le décor de ce lieu de prière et de silence. Au surplus, la pauvreté monacale apparaît ici dans toute sa splendeur. Des poteaux alignés le long des bâtiments supportent un avant-toit qui tient lieu de cloître et de véranda; à la porte de la chapelle, deux troncs d'arbre réunis par une poutre font l'office de beffroi et même de clocher. Tout le reste est à l'avenant. A signaler pourtant une installation qui, hélas! compte encore dans nos habitations françaises pour un article de luxe et qui, peut-être, eût scandalisé les moines d'autrefois; c'est, je ne dirai pas une salle, mais un réduit avec appareils de douches. Il ne faut pas oublier que nous sommes dans la zone torride.

D'ailleurs, les Trappistes français, après avoir, au début, adouci par prudence l'austérité de leur régime, ont repris l'observation de la règle dans toute sa rigueur. L'exemple de ces religieux qui, malgré de rudes travaux, se nourrissent presque exclusivement des légumes cultivés par eux, sera tout particulièrement salutaire en un pays où, sous prétexte de se défendre contre un climat débilitant, on abuse de l'alimentation carnée. L'Eglise elle-même a dû réduire en faveur des catholiques sud-américains le minimum d'abstinence qu'elle impose encore à notre lâcheté.

Déjà à *Maristella* l'industrieuse et persévérante activité des moines a accompli des merveilles; rien d'intéressant comme de mesurer ses conquêtes sur une nature riche, mais désordonnée et à demi-sauvage. Tout auprès du monastère, un vallon marécageux s'est transformé en un potager où l'œil d'un Français s'arrête avec complaisance sur des carrés de choux, de salades, de petits pois et autres verdures comestibles; cela aussi lui rappelle la patrie; on peut y voir des têtes de choux-fleurs de 40 centimètres de diamètre. Les pentes des alentours se sont couvertes d'orangers, de citronniers, de grenadiers; les plantations *d'abacaxis* (ananas) occupent des espaces qui s'allongent toujours; la partie supérieure du marécage est devenue une bananeraie touffue. Il va sans dire que la vigne n'a pas été oubliée; on ne sait encore si elle répondra aux soins qu'on lui donne. J'ai cru comprendre que l'on comptait moins sur le raisin que sur les oranges pour faire du vin, ou, du moins, quelque chose qui ressemble à du vin. En attendant les futures vendanges, les bons Pères servent à leurs hôtes un hydromel de leur façon que j'ai trouvé fort agréable. C'est ici, sans hyperbole poétique, le pays

Où dans toute saison butinent les abeilles.

Les Trappistes n'ont eu garde de négliger cette ressource. Cent cinquante ruches éparses dans un enclos réservé leur fournissent copieusement le miel et la cire.

A quelque distance dans la montagne, un autre élevage, de caractère moins aérien, moins idéal, mérite pourtant l'attention; c'est la porcherie que je veux dire. Le porc a une place importante dans l'industrie agricole au Brésil; car il n'y a guère de fête dans le pays où il ne figure en bonne place. On a choisi, dans la partie la plus accidentée du domaine, un parc de 12 hectares; on a creusé tout autour un fossé assez profond pour que les animaux ne puissent le franchir. On y a planté la patate douce; ce tubercule multiplie avec une rapidité qui tient du prodige; les porcs en sont friands; ils passent le temps à fouiller la terre pour trouver leur régal. L'enclos est partagé en deux moitiés où ils séjournent alternativement, et pendant qu'ils ravagent l'une, la patate repousse dans l'autre.

En avançant encore un peu vers la grande chaîne, on arrive dans une sorte de dédale de petits ravins, tous munis de leurs cours d'eau qui se réunissent pour former le rio de *Maristella*. L'endroit est charmant; les Pères y ont construit un barrage qui va former en amont un assez vaste réservoir. La chute d'eau, haute de 4 mètres, actionnera un moteur à turbine, qui fournira au monastère la lumière et la force électrique. On voit que les Trappistes ne boudent pas au progrès. L'ouvrage venait d'être achevé quand je le visitai; on devait faire l'essai du barrage deux ou trois jours après; je n'ai pas eu le plaisir de voir le petit lac monter et s'allonger sous les frondaisons épaisses de ses rives. J'aime à croire que cette entreprise, qui avait bien son côté hardi, n'a pas donné de déception à nos chers Trappistes.

Mais, cette année même, ils viennent de mettre la main à une œuvre agricole d'une bien autre importance. Il y a, sur le domaine de la Trappe, de vastes champs de café; c'était proprement une *fazenda* de café; les plantations abandonnées sont retournées à l'état de brousses; c'est ce qui arrive à nos oliviers de Provence quand on les laisse sans culture; ils redeviennent sauvages, se couvrent d'épines et ne donnent plus de fruit. Les Trappistes n'ont pas renoncé à restaurer leurs *cafezaes;* plusieurs milliers de pieds ont été remis par eux en état de productivité; cependant ils ont porté ailleurs leur principal effort.

Le Brésil consomme beaucoup de riz; dans les Etats du centre, les plus peuplés de la Confédération, il remplace souvent le pain; l'économe du collège d'Ytu me disait : « Il nous faut ici deux sacs de riz par jour. » La production indigène est loin de suffire aux besoins, si bien que, de ce chef, le Brésil est tributaire de l'étranger pour un chiffre respectable de milréis. C'est un peu grâce à la crise du café que l'on songe depuis quelque temps à s'affranchir de ce tribut. Le gouvernement de Saint-Paul s'est mis à encourager la culture du riz; pendant mon séjour à Ytu, le président Jorge Tibiriça y vint en grand apparat visiter une rizière, à laquelle fut décernée une très grosse prime. Un ingénieur agricole, M. Bradford, a été appelé des Etats-Unis pour diriger les essais. Sans subvention ni faveur d'aucune sorte, les Trappistes français ont donné aux propriétaires paulistes une magnifique leçon de choses. Je puis en parler pour l'avoir vue de mes yeux; mon témoignage est sans doute de peu de poids, mais je sais que l'ingénieur américain lui-même n'a pas marchandé son admiration à l'œuvre accomplie par nos compatriotes.

Le R. P. Prieur lui-même voulut me faire visiter les rizières de Bérisal[1], tout nouvellement créées sur le domaine de la Trappe. Nous nous y rendons à cheval, comme il convient au *fazendeiro* brésilien parcourant ses terres. A trente ou quarante minutes du monastère, nous arrivons dans la plaine qui s'étend du pied des collines jusqu'au Parahyba. Il y a un an, c'était un *mato* couvert d'une végétation épaisse, entrecoupé de flaques d'eau et de fondrières, foyer de miasmes et repaire de bêtes malfaisantes. Les Trappistes avaient résolu d'entreprendre la lutte. Sous la direction du P. Alexis, les plans furent levés, les courbes de niveau tracées, toutes les mesures prises; trois cents ouvriers furent employés à la tâche; vingt mulets à demi-sauvages furent dressés à tirer la charrue. Les bois furent coupés et brûlés sur place; il fallut ensuite arracher les souches, défoncer et niveler le sol, distribuer le terrain en carrés par des digues de 40 à 80 centimètres de hauteur, creuser tout un système de canaux et de rigoles; enfin on sema le riz sur 70 hectares. C'était au mois de décembre dernier (1907). En ce moment (avril 1908), on fait la moisson; la plante est superbe; par endroits les touffes atteignent la hauteur d'un homme.

Curieux de me rendre compte de la productivité du

1. Ce nom est celui du village que l'on rencontre en montant de Brigue au Simplon. Comment se retrouve-t-il de l'autre côté de l'Atlantique, dans un coin de l'ancienne colonie portugaise?

riz, j'examine attentivement plusieurs pieds, issus chacun d'une graine unique; je constate qu'ils se composent de douze à quinze tiges, dont chacune porte un ou plusieurs épis; l'épi contient de 100 à 250 grains. On arriverait ainsi à compter 1.200, 1.500, jusqu'à 2.000 pour 1. Compte fantastique, en vérité, et que pourtant j'ai fait pièces en main. Assurément, le rendement réel n'en approche pas, même de très loin; l'excellent P. Alexis, que j'interroge là-dessus, me répond que l'expérience lui manque, attendu qu'il en est à sa première récolte; il borne pour le moment ses prétentions et ses espérances à 50 hectolitres à l'hectare. Il ne tardera pas à être fixé sur ce point; car une batteuse mécanique envoyée de New-York doit arriver incessamment.

Les rizières de Bérisal formeront ce que la règle cistercienne appelle une *grange;* c'est-à-dire une exploitation agricole avec une maison d'habitation pour quelques moines détachés de l'abbaye. Déjà le petit monastère est bâti; il occupe, avec son jardin, une boucle formée au milieu de la plaine par un cours d'eau élargi et approfondi au moyen d'un barrage; on dirait une forteresse d'autrefois en miniature, avec son fossé d'enceinte. La défense ne sera pas tout à fait inutile dans cette solitude. A quelques pas de là, on est en train d'élever un dock de 50 mètres de longueur sur 20 mètres de largeur, destiné à remiser les récoltes futures. C'est que les Trappistes ne s'en tiennent pas aux 70 hectares déjà mis en culture; la conquête se poursuit; je vois d'énormes pyramides d'arbres, de roseaux, de lianes, qui sèchent en attendant qu'on y mette le feu; les cendres donneront au sol une riche fumure; c'est ce qui explique la splendeur des premières cultures. « A la campagne prochaine, me dit le P. Alexis, nous aurons 250 hectares de rizières. Comme notre rio ne suffirait pas à l'irrigation, nous allons faire une saignée au Parahyba; de cette façon nous sommes bien sûrs que l'eau ne nous manquera pas; seulement il faudra une machine élévatoire pour l'amener au niveau des terres. Il n'y a pas une propriété en Egypte qui ne soit obligée de recourir à ce moyen. »

La végétation forestière de cette plaine marécageuse est d'apparence malingre et souffreteuse; je suppose que la faute en est, pour une bonne part au moins, aux plantes parasites dont les arbres sont littéralement dévorés. J'y ai vu en abondance cette orchidée à grosses touffes de fleurs jaunes que l'on rencontre aux étalages des fleuristes parisiens. Le *mato* des bords du Parahyba est d'ailleurs riche en espèces rares; des horticulteurs belges y viennent s'approvisionner de types inédits; les orchidées sont devenues l'objet d'une branche importante du commerce des curiosités. Malheureusement, la cueillette n'est pas toujours exempte de dangers. Il arrive souvent, me dit-on, au chercheur d'orchidées, d'avoir affaire à la vilaine engeance des serpents, lesquels s'installent volontiers sur les vieux arbres rongés par les parasites. Trois personnes ont péri dans l'année, sur le domaine de la Trappe, de la morsure des reptiles; le défrichement et la culture peuvent seuls avoir raison du fléau. En attendant, me disent les Pères, ces Messieurs de l'Institut médical de Saint-Paul nous demandent de leur envoyer le plus possible de serpents venimeux vivants. Le venin sert, en effet, à préparer le vaccin guérisseur.

La Trappe de *Maristella* permet à l'observateur

d'étudier sur le vif un fait des plus intéressants au point de vue historique et social. Montalembert a raconté, dans l'*Histoire des moines d'Occident*, comment au moyen âge les populations se sont groupées autour des monastères; des centaines de villes, dans la vieille Europe, n'ont pas eu d'autre origine; le nom qu'elles portent en témoigne. Un phénomène analogue est en train de se produire ici.

Lorsque les Trappistes français vinrent s'y établir, il n'y avait plus âme vivante sur les 50 à 60 kilomètres carrés du domaine; la région, d'ailleurs, se dépeuplait. Il est à remarquer que la population rurale brésilienne, et spécialement la population de couleur, se déplace très aisément. On a vu, cette année même, des milliers de personnes abandonner les Etats du nord, où elles souffraient de la sécheresse, pour aller installer leurs pénates sur d'autres points du territoire national. Ces pauvres gens s'arrêtent là où l'on veut bien les accueillir et où ils espèrent tirer du sol le peu qu'il leur faut pour vivre.

C'est ainsi que, en moins de quatre ans, s'est établie dans le voisinage de la Trappe, une population qui ne compte pas moins de trois cents personnes. Le monastère concède, à qui le demande, un lopin de terre; l'occupant s'engage seulement à donner comme fermage un tiers de sa récolte; l'obligation évidemment ne le gênera guère. On lui avance assez souvent la somme nécessaire pour bâtir sa maison; il néglige de la rendre, mais la perte n'est pas considérable. J'ai vu de ces cases toutes neuves et encore inoccupées; c'est on ne peut plus rudimentaire; couchette de paille sur la terre nue; ni fenêtre, ni cheminée; toiture d'herbes marécageuses qui forment un chaume très résistant. Sans doute rien n'empêche le *colon* laborieux et prévoyant de se faire une habitation plus confortable; son champ et les salaires qu'il gagne pourraient même lui procurer une aisance relative; malheureusement l'homme du peuple, le prolétaire brésilien a, au plus haut degré, les défauts caractéristiques de la race, insouciance et prodigalité. « Le samedi soir, me disait le P. Alexis, je donne à mes ouvriers leur paie de la semaine; le lundi, il n'en reste rien. »

Il va sans dire que les moines pourvoient dans la mesure du possible aux intérêts moraux et religieux de leurs *aggrégats;* c'est le nom qu'ils donnent aux colons établis sur leurs terres; ils sont un peu de la famille. J'ai dit déjà qu'il y a à leur usage une église et une école attenante au cloître; la règle du silence perpétuel cède quelque peu de sa rigueur devant les exigences de la charité. Une population plus nombreuse viendra-t-elle envahir la solitude de *Maristella?* Verra-t-on quelque jour une ville petite ou grande s'étendre dans le vallon au pied du *morro* qui porte le monastère? Peut-être; mais, jusqu'à présent, les habitations sont éparses çà et là à distance de la sainte demeure; rien ne trouble la silencieuse activité de la ruche monacale. Saint Bernard y retrouverait la paix et aussi le charme mystérieux de Clairvaux naissant. J'engage ceux de mes compatriotes qui feront le trajet de Rio de Janeiro à Saint-Paul à prendre une journée pour la visite de *Maristella.* Le soir, après le chant du *Salve Regina,* toujours si impressionnant à la Trappe, qu'ils restent une heure sur l'esplanade, elle ne leur paraîtra pas longue. La belle nuit des tropiques, dans ce paysage idéal, imprégné d'émotion religieuse, les aidera à entendre les voix intérieures. Il faudrait avoir une âme de bois pour ne rien sentir en pareil lieu et à pareil moment.

Ne nous éloignons pas sans saluer une autre colonie de religieuses françaises. Les Trappistines de Mâcon, se sentant à la merci d'une fantaisie de nos gouvernants, sont, elles aussi, venues demander au Brésil la liberté de prier et de faire pénitence. Elles se sont établies au village même de Trémembé, sur la rive droite du Parahyba. On leur a confié le soin de l'église du *Bon Jésus*, toute proche de la maison qu'elles occupent ; un vaste enclos s'étend par derrière en pente douce jusqu'à la rive du fleuve. Une première escouade de ces saintes filles arriva au mois de janvier ; avant la fin de l'année, le reste de la communauté l'aura rejoint.

C'est un paratonnerre de moins pour notre pays de France.

CHAPITRE XV

Les Jésuites au Brésil. — Nobréga et Anchiéta. — Les collèges aux débuts de la Colonie. — Les Indiens et les Réductions. — La chasse à l'homme. — Les Jésuites défenseurs de la liberté des Indiens. — Antonio Vieira. — Pombal et la ruine des Missions. — Les Jésuites et la République brésilienne.

Les Jésuites ont été trop mêlés à l'histoire du Brésil pour qu'on puisse les oublier quand on parle des *choses brésiliennes*. Leur action dans certaines régions de l'Amérique espagnole a plus spécialement attiré l'attention publique; le nom seul du Paraguay évoque toute une épopée; mais nulle part cette action ne fut plus considérable que dans la grande colonie portugaise. Nulle part non plus elle n'a été l'objet de colères plus ardentes et d'attaques plus passionnées. Quelque chose est resté de l'esprit de Pombal aussi bien dans la jeune République américaine que sur les bords du Tage. Ici et là le préjugé tenace, opiniâtre, aveugle contre le Jésuite est comme incrusté dans le cerveau de quantité d'intellectuels.

Il y a une histoire toute faite que les écrivains se transmettent des uns aux autres, sans que personne prenne la peine de remonter aux sources. On peut la résumer ainsi : Les premiers missionnaires jésuites furent des hommes zélés, charitables et désintéressés, mais leurs successeurs furent au contraire ambitieux et cupides. Sous prétexte de les défendre contre les colons portugais, ils firent peser sur les Indiens leur propre domination; ils tentèrent d'organiser un empire où ils seraient les maîtres absolus. Par le travail de leurs néophytes qu'ils tenaient à leur discrétion, le commerce qu'ils faisaient avec la métropole et même l'exploitation des mines d'or qu'eux seuls connaissaient, ils parvinrent à accumuler d'immenses richesses.

De pareils thèmes, on le conçoit, se prêtent à des développements nombreux et variés. Rien de plus facile d'ailleurs que d'interpréter dans un sens odieux les actes les plus innocents, quelquefois même les plus dignes d'admiration. C'est à quoi se sont employés certains auteurs à qui l'on accorde un crédit qu'ils sont loin de mériter. Tels Oliveira Martius et Varnhagen, qui, dans leurs histoires du Brésil à l'époque coloniale, ont mis un véritable acharnement à dénigrer l'œuvre et souvent la personne des missionnaires. A force de répéter les mêmes imputations, on a fini par leur donner un air de vérités acquises, ou, mieux encore, d'axiomes historiques que l'on ne discute pas. C'est ce qui fait dire au P. Julio-Maria que l'histoire de son pays aurait besoin d'être renouvelée par l'étude impartiale des documents, comme l'a été récemment celle de la Réforme en Allemagne. L'éloquent Rédemptoriste écrivait à ce propos dans le *Livre du centenaire :*

Si nous avions un Janssen pour reconstruire l'histoire du Brésil, nous ne verrions plus, comme nous le voyons aujourd'hui, dans les manuels scolaires, dans les récits et chroniques, tant d'inexactitudes à l'endroit des Jésuites et de leur action pendant la période coloniale; nous ne verrions pas, enveloppés dans les faits historiques, tant d'erreurs, de mensonges et d'injustices; ceux de nos compatriotes qui s'occupent de notre histoire nationale, qui l'enseignent par la parole ou par la plume n'iraient plus chercher leurs inspirations chez des écrivains du dehors, complètement étrangers non seulement à nos sentiments de gratitude envers ceux qui furent les organisateurs de la nationalité brésilienne, mais encore à l'esprit chrétien qui fut l'âme, et dans toute l'acception du mot, le principe moteur de l'œuvre des missions.

En attendant l'historien assez puissant pour imposer à tous le respect de la vérité, il est juste de reconnaître que, parmi les érudits et les lettrés brésiliens, les apologistes n'ont pas plus manqué aux Jésuites que les détracteurs :

Actuellement, écrit M. Affonso Celso, il n'y a que trois catégories d'individus pour nier que la Société de Jésus ait bien mérité de l'humanité, les ignorants, les fanatiques et les gens de mauvaise foi.... Et quant au Brésilien qui contesterait aux Jésuites un rôle magnifique dans notre histoire nationale,... qui méconnaîtrait leurs services sur le terrain scientifique, économique, politique, littéraire, militaire, social, et pour tout dire en un mot, leur action éminemment civilisatrice, celui-là se classerait fatalement dans l'une des catégories énumérées plus haut et serait marqué d'une tare morale particulièrement déshonorante, je veux dire l'ingratitude.

Jusque parmi les adversaires les plus résolus des Jésuites, il s'est trouvé des hommes pour rendre un témoignage ému à leur abnégation et à leur dévouement pour la cause des indigènes. Le Père Galanti, dans son *Histoire du Brésil*, se trouve fréquemment obligé de prendre la défense de ses frères; car lui-même est jésuite. Mais comme son autorité en ce cas pourrait paraître suspecte, il a soin de passer la parole à d'autres; c'est d'ordinaire dans l'ouvrage de Robert Southey qu'il découpe de larges citations. Cet écrivain, anglais et protestant, ne saurait être soupçonné de sympathie pour les Jésuites. Son impartialité suffit à faire justice de bien des calomnies.

***

Les premiers Jésuites envoyés au Brésil y arrivèrent en 1549. Il y avait quinze ans à peine que l'Institut de saint Ignace était né dans le sanctuaire de Montmartre. Le roi de Portugal Jean III lui avait dès l'abord demandé des apôtres pour ses possessions d'outre-mer. Saint François-Xavier était déjà parti pour les Indes. Thomé de Souza, ayant été nommé gouverneur général des colonies portugaises d'Amérique, obtint d'emmener avec lui six Jésuites, à la tête desquels était le Père Manuel de Nobrega. Quatre autres arrivèrent l'année suivante. Parmi eux se trouvait un jeune religieux espagnol qui n'était point encore prêtre et dont le nom devait par la suite briller d'un éclat extraordinaire. Il s'appelait José de Anchiéta[1].

A peine installés au campement qui allait donner naissance à la cité de Sao-Salvador, les missionnaires entreprirent les deux grandes œuvres dans lesquelles se résume « leur action humanitaire, politique et sociale, » l'enseignement dans les collèges et l'évangélisation des tribus indigènes. « Ce sont les Jésuites, dit M. José Verissimo dans le *Livre du Centenaire*, qui ont créé et maintenu presque exclusivement pendant deux siècles l'enseignement public au

1. Le Père Anchiéta apparaît dans l'histoire des origines du Brésil avec une auréole légendaire ; son nom est l'objet d'une vénération universelle. En d'autres temps il eût été placé sur les autels par le suffrage populaire et adopté comme patron du Brésil. Un jour peut-être l'Église lui décernera ce titre ; c'est le vœu de beaucoup de catholiques brésiliens, prêtres et laïques.

Brésil. » La première école ouverte en ce pays fut le collège de Bahia, aussi ancienne que la ville elle-même ; c'était une pauvre case construite par les missionnaires avec les bois qu'ils allaient eux-mêmes couper à la forêt. « Dès 1551, continue M. José Verissimo, le collège fonctionnait avec vingt élèves. Les Pères ouvrirent successivement des classes où l'on apprenait la lecture, l'écriture et la grammaire. » Une lettre du Père Anchiéta nous donne le programme de l'enseignement suivi trente ans plus tard :

Outre les classes pour les commençants, il y en a deux pour les humanités ; on a déjà fait deux fois le *Cours des arts*, où se sont formés un certain nombre de maîtres, et actuellement on achève le troisième. On y fait des leçons de cas de conscience (cours de théologie morale) et quelquefois de théologie dogmatique. Il en est sorti plusieurs clercs dont les uns ont été attachés au siège épiscopal, les autres au service des paroisses.

La fondation du collège de Saint-Paul avait suivi de près celle de Bahia ; c'est en 1554 que treize Jésuites conduits par le P. Manuel de Paiva vinrent s'établir au milieu des tribus indiennes de Piratininga. La première messe fut célébrée, comme on l'a vu plus haut, le 25 janvier, fête de la conversion de Saint-Paul, d'où le nom donné au modeste établissement que la grande capitale d'aujourd'hui reconnaît comme son berceau. Le jeune Anchiéta y fit ses premières armes comme professeur. Il y enseignait le latin et étudiait en même temps la langue *tupy*, dont il composa la grammaire et le dictionnaire. Je cueille dans une de ses lettres ce détail qui ne manque pas de saveur. Il faisait divers métiers, y compris celui de fabricant d'espadrilles tissées avec des fibres de chardons ; car « en ce pays-ci on ne peut voyager avec des chaussures de cuir. » Mais surtout, dit-il, « je suis médecin et barbier (c'est-à-dire chirurgien) ; je soigne et je saigne les Indiens. » Il se servait pour cette opération si couramment pratiquée en ce temps-là d'un canif à tailler les plumes. Un grand nombre de malades furent guéris par le missionnaire ; toutefois comme le Droit Canon édicte des censures contre les clercs qui versent le sang, les supérieurs d'Anchiéta eurent un scrupule. Le cas fut déféré à saint Ignace, lequel répondit que la charité ne dédaigne aucun genre de service.

Il en fut à Rio de Janeiro comme à Bahia et à Saint-Paul ; la cité naquit avec le collège lui-même. Après une lutte qui ne dura pas moins de quatre années, la petite colonie française établie par Villegaignon dut céder devant des forces supérieures. Les Jésuites avaient leur part dans le succès des armes portugaises ; ils avaient soutenu le courage de leurs compatriotes dans les moments difficiles ; ils leur avaient assuré le concours de plusieurs tribus indigènes puissantes. Si la baie de Guanabera, le joyau de ses possessions américaines, restait définitivement à la couronne de Portugal, on peut dire qu'elle en était principalement redevable aux missionnaires. C'est Robert Southey qui fait à ce propos la réflexion que j'ai citée ailleurs : « Supposé que le gouverneur Mem de Sà eût déployé moins d'énergie ou le Père de Nobrega moins d'infatigable activité, la capitale du Brésil serait encore aujourd'hui française. »

Aussi à peine débarrassés de leur concurrents, les Portugais, qui jusque-là n'avaient possédé dans l'intérieur de la baie qu'un campement militaire, s'empressèrent-ils de s'y établir solidement. L'entrée en fut défendue par deux forteresses construites par les Indiens sous la direction des Jésuites ; puis on jeta les fondements de la ville qui devait être Rio de Janeiro et qui s'appella d'abord Saint-Sébastien, du nom du jeune roi qui occupait alors le trône de Portugal. Le gouverneur désigna lui-même le terrain que devait occuper le collège, au sommet du Morro do Castello, et dès l'abord un édit royal lui assigna sur le budget de la colonie un revenu qui devait suffire à l'entretien de cinquante religieux.

Des établissements semblables furent créés à Espirito Santo, à Pernambouc, à Sao-Luiz du Maranhao, etc.; et c'est chose bien remarquable qu'un des premiers soucis des grands colonisateurs du XVIe siècle fut toujours de doter les villes naissantes d'un collège, parfois même d'une université. Au milieu du XVIIIe siècle les Jésuites dirigeaient au Brésil un séminaire et neuf collèges dont plusieurs comptaient leurs élèves par centaines. Il y avait en outre dans chaque village ou *Réduction* d'Indiens une école élémentaire et professionnelle à la charge des missionnaires.

L'autre champ d'action où les Jésuites allaient dépenser pendant deux cents ans les trésors d'un zèle industrieux, ce fut l'évangélisation, ou pour mieux dire, la civilisation des indigènes. A l'époque de la conquête, d'innombrables tribus sauvages couvraient les côtes et les vallées des grands fleuves du Brésil. Vivant de pêche et de chasse, toujours en guerre les unes avec les autres, elles étaient également adonnées à l'anthropophagie; le sort des prisonniers était fixé d'avance; ils faisaient les frais d'horribles festins auxquels se mêlaient des rites religieux. La bravoure des Indiens, leur férocité, leur mépris de la mort en faisaient des ennemis redoutables pour les colons portugais; leur voisinage était un péril contre lequel la supériorité des armes ne constituait pas toujours une garantie efficace. La venue des Jésuites missionnaires aurait pu résoudre pacifiquement le problème; mais des passions intransigeantes allaient le compliquer de façon déplorable et finalement triompher de tous les efforts du dévouement et de la charité.

Nous touchons ici à un chapitre de l'histoire de la colonisation moderne qui n'est vraiment pas à l'honneur des nations les plus réputées pour leur attachement au catholicisme, je veux dire l'Espagne et le Portugal. Les missionnaires envoyés au Brésil pour convertir les Indiens ne tardèrent pas à se rendre compte que les plus grands obstacles à l'accomplissement de leur tâche leur seraient suscités par les colons portugais. L'exemple de leur vie dissolue serait à lui seul un terrible scandale pour des néophytes. A toutes les époques et dans toutes les colonies, on peut dire que l'évangélisation des indigènes a été entravée et paralysée surtout par la corruption du peuple envahisseur. Il n'en va pas autrement aujourd'hui qu'au XVIe siècle.

Mais à cet argument contre leur religion, les conquérants de l'Amérique méridionale ajoutaient un grief bien autrement sensible aux malheureux Indiens. Ils considéraient en effet qu'ils avaient le droit de réduire en esclavage les habitants des terres tombées en leur pouvoir. Aussi dès le début, les colons portugais du Brésil s'étaient mis en mesure de s'approvisionner de main-d'œuvre gratuite pour la culture de leurs *fazendas* et pour les autres travaux qu'ils ne pouvaient ou ne voulaient pas faire eux-mêmes. Ce ne furent pas seulement les prisonniers de guerre qui fournirent des recrues à l'esclavage; mais, même en temps de paix, rien ne fut épargné, ni ruse, ni violence, pour en grossir le nombre. Des groupes de hardis partisans organisèrent la chasse à l'homme; les *Paulistes* se firent une renommée en ce genre de sport. Ils poussèrent leurs incursions jusque dans les profondeurs du *Sertao;* on leur dut même les premières reconnaissances du territoire brésilien à longue distance des côtes. Des bandes d'Indiens de tout âge et de tout sexe, capturés au cours de ces expéditions, étaient vendus à Saint-Paul et à Rio de Janeiro.

C'est contre un désordre aussi criant et aussi funeste que les Jésuites entreprirent dès leur arrivée au Brésil une lutte qui malheureusement se prolongea aussi longtemps qu'ils y demeurèrent eux-mêmes. La défense de la liberté des Indiens contre la cupidité et la tyrannie des colons portugais, tel est le rôle du Jésuite missionnaire pendant presque toute la durée de l'époque coloniale. Sur ce point de fait tous les historiens sont d'accord. C'en serait assez pour attirer sur leur œuvre, et quelque peu sur leurs personnes, la sympathie et l'admiration universelles; s'il s'agissait d'une secte de philosophes ou même de protestants, on ne la leur marchanderait pas. Mais il faut compter avec le préjugé. Les intérêts contrariés amoncelèrent contre les Jésuites un trésor de rancunes, de colères et de haines; ces mauvais sentiments avaient besoin d'une justification et alors on eut recours aux inventions les plus extravagantes : Les Jésuites se taillaient un royaume indien aux dépens de la couronne de Portugal! La sottise et la crédulité humaines stimulées par la malveillance, ne connaissent pas de bornes. Il paraît maintenant hors de doute que les Jésuites expièrent par la destruction de leur Ordre en Portugal, bientôt suivie de sa suppression dans le monde entier, leur dévouement à la cause de la liberté des Indiens au Brésil. C'est l'opinion formellement exprimée, et en termes à peu près identiques, dans un ouvrage récent, par M. Lucio d'Azevedo, historien portugais, nettement hostile aux Jésuites, mais pourtant soucieux de modération et d'impartialité[1]. « Au reste, dit-il, ce point de vue n'est pas nouveau; il a déjà été proposé par un homme très versé dans l'histoire du Brésil, O. Martius. »

Ce qui donna occasion d'accuser les Jésuites de préparer une sorte de République indépendante, ce fut le système des *Réductions* appliqué dès l'origine des missions parmi les Indiens. Les *Réductions* du Paraguay sont connues du grand public par les tableaux qu'en ont tracés les philosophes et les sociologues aussi bien que les historiens et les littérateurs. Mais c'est au Brésil que l'institution prit naissance et fleurit tout d'abord. Le Père de Nobrega en fut le fondateur, et « il n'est personne, dit à ce propos Southey, qui ait rendu au Brésil, par ses talents, de plus grands et plus durables services. » Quand il mourut, en 1570, après 21 ans d'apostolat dans le Nouveau-Monde, il avait pu voir plus de 100.000 Indiens amenés à la civilisation chrétienne et rassemblés dans des villages qui s'échelonnaient depuis les rives du Sao-Francisco jusqu'à celles du Parana.

Les Jésuites en effet n'avaient pas tardé à gagner la confiance des sauvages; ils pénétraient dans les campements des tribus, sans autres armes que la croix et le rosaire; ils prêchaient l'Evangile, et à force de charité, de persévérance et de pieuses industries

1. *Os Jesuitas no Grão-Para. Suas missoes e colonizaçao*, p. 14, Lisboa, 1901.

ils triomphaient de toutes les résistances. Les Barbares se transformaient en néophytes fervents. On sait quelles merveilles de piété, d'innocence, d'héroïsme même brillèrent dans ces jeunes chrétientés où semblait revivre la ferveur de la primitive Eglise. Il n'est pas téméraire de croire que de proche en proche les missionnaires eussent étendu leur action civilisatrice sur toute cette population indigène, laquelle, sans vouloir faire de précision impossible, peut être évaluée à plusieurs millions d'âmes; mais l'abominable piraterie, provoquée et encouragée par la cupidité des colons et la connivence des autorités de tout ordre, rendait de plus en plus difficile le progrès de cette conquête pacifique. Les *Réductions* elles-mêmes n'étaient pas à l'abri des coups de main des chasseurs d'esclaves; tous les moyens leur étaient bons pour s'emparer des malheureux Indiens; ils allaient jusqu'à se travestir en Jésuites, pour les attirer dans des embuscades; ou bien encore on profitait de la détresse où les réduisaient parfois la famine ou la maladie et on leur accordait du secours en échange de leur liberté. Les premières *Réductions* du Parana furent ainsi saccagées par les Paulistes; on assure qu'ils vendirent plus de 60.000 Indiens.

Il n'est donc pas étonnant que beaucoup de ceux-là mêmes qui s'étaient d'abord réunis dans des villages sous la conduite des missionnaires, les aient ensuite abandonnés, pour retourner dans le *Sertao* où ils se croyaient plus assurés de rester libres. Le Père Anchiéta raconte dans une de ses lettres que des 40.000 Indiens qui avaient habité les *aldeias* des environs de Bahia, il n'en avait plus trouvé que 10.000. Tout le reste avait regagné le désert.

Les tribus étaient animées les unes contre les

autres de haines héréditaires; il y avait toujours entre campements voisins des querelles à vider, des représailles ou des vengeances à exercer; les Portugais entretenaient soigneusement ces discordes ; c'était un sûr moyen d'affaiblir l'ennemi. Il paraît même bien avéré qu'ils ne voyaient pas de mauvais œil les habitudes d'anthropophagie chez les Indiens; c'était en effet un stimulant perpétuel de guerre entre les tribus. Mais surtout on les encourageait à faire les unes sur les autres, soit par surprise, soit sur le champ de bataille, le plus de captures possibles; les prisonniers étaient vendus aux colons qui, alors, n'avaient aucun scrupule de retenir comme esclaves des gens qu'ils prétendaient avoir arrachés à la mort.

Plus d'une fois pourtant il arriva que les Indiens exaspérés menacèrent d'une destruction totale les établissements portugais. Ainsi, en 1562, les colons de Sao-Vicente se virent un moment à la merci de la puissante tribu des Tamoyos, avec lesquels ils avaient d'abord conclu un traité d'alliance, mais que les chasseurs d'esclaves avaient transformés en ennemis implacables. Le Père Manuel de Nobrega qui se trouvait alors à Sao-Vicente ne craignit pas de représenter du haut de la chaire à ses compatriotes que c'était là le juste châtiment de leurs injustices et de leurs excès. Il n'y avait plus un instant à perdre. Les Portugais avaient eu le dessous dans une rencontre avec leurs adversaires; plusieurs tribus demeurées jusque-là indécises, avaient pris parti pour les vainqueurs; le petit groupe d'Européens ne pouvait manquer d'être écrasé par le nombre, et ils seraient infailliblement exterminés jusqu'au dernier.

Dans cette extrémité le Père de Nobrega n'hésita pas à exposer sa vie. D'accord avec le gouverneur, il partit pour se rendre au milieu des sauvages qui occupaient les plaines de Piratininga; Anchiéta l'accompagnait. « Jamais, dit R. Southey, personne ne s'était chargé d'une ambassade plus périlleuse. » Cependant à la vue des religieux, les Indiens furent saisis de respect; Anchiéta les harangua en leur langue, et, continue l'historien protestant, « telle était la confiance que leur inspirait le caractère des Jésuites que, malgré toutes les trahisons et les perfidies dont ils avaient été victimes, ils écoutèrent en silence les propositions que leur apportait le messager de leurs oppresseurs. »

Bientôt fut conclu l'armistice d'Ipéroyg (1563), auquel la colonie portugaise dut son salut. Toutefois il fallut de longues négociations pour rétablir la paix avec les Portugais et réconcilier entre elles les tribus ennemies. Nobrega ayant dû regagner Sao-Vicente avec les délégués indiens, Anchiéta demeura seul, cinq mois entiers, au camp de Piratininga, en qualité d'otage. Ce séjour parmi les sauvages enfants de la nature mit la vertu du jeune religieux à des épreuves particulièrement délicates. On est heureux d'avoir ici le témoignage d'un écrivain tel que le protestant Southey. Au surplus le missionnaire a laissé de ses combats et de sa victoire un monument assez extraordinaire, à savoir un poème latin de près de six mille vers sur la vie de la Sainte Vierge. Il les écrivit d'abord sur le sable au fur et à mesure de la composition; puis rentré parmi ses frères, il les reproduisit de mémoire. Ce curieux mélange de piété et d'humanisme se trouve imprimé en appendice dans la chronique de Vasconcellos. On voit par la dédicace que c'était l'exécution d'un vœu fait par Anchiéta pour s'assurer dans un moment critique la protection de la Vierge très pure.

En tibi quæ vovi, Mater sanctissima, quondam
Carmina....
Hic tua materno me gratia fovit amore;
Te corpus tutum mensque regente fuit.

Inutile de dire qu'il y a dans la versification d'Anchiéta de la facilité et de l'élégance. Southey va plus loin; on y rencontre, dit-il « des éclairs de passion et de poésie, encore qu'il loue et implore la Vierge tout du long de l'A.B.C. ». Allusion à une sorte de litanie en strophes, où les titres de gloire de la Mère de Dieu se déroulent dans l'ordre de l'alphabet : *Arca*, *Byssus*, *Cella*, etc.; ou encore à une prière finale en vingt-quatre distiques, commençant par A.B.C., etc. jusqu'à Z.

On se tromperait fort si l'on croyait que les missionnaires fussent toujours accueillis et traités avec égards par les tribus qu'ils allaient chercher jusqu'à quatre et cinq cents lieues loin de la côte. Des anthropophages ne se laissaient pas subjuguer de prime abord par la charité des *Robes noires*. A la vérité, l'histoire des missions du Nouveau-Monde est un long martyrologe; les missionnaires achetèrent leurs succès au prix d'incroyables travaux et d'héroïques souffrances; plusieurs les payèrent de leur sang. Mais, tout compte fait, il semble bien que, au Brésil, ils eurent plus à souffrir de la part de leurs compatriotes que de celle des Indiens. Les Jésuites dénonçaient à la cour de Lisbonne les abus qui se commettaient dans la colonie, ils réclamaient énergiquement l'observation des lois portées en faveur des indigènes; ils avaient qualité pour cela; car les Jésuites étaient les défenseurs officiels des Indiens en vertu même des Ordonnances royales. Ils prêchaient dans les églises que ceux qui retenaient en esclavage des Indiens injustement privés de leur liberté commettaient un péché grave et ne pouvaient être admis aux sacrements. La plupart des colons, sinon tous absolument, y compris les magistrats et les ecclésiastiques, se trouvaient plus ou moins dans ce cas. Aussi l'irritation contre les Jésuites était universelle, et à certains jours elle éclatait en véritables émeutes populaires. A maintes reprises ils se virent chassés de leurs collèges, comme à Saint-Paul ou à Saint-Louis du Maragnon ; ailleurs, comme à Rio de Janeiro, on se contentait de saccager leurs demeures et de les menacer de mort. Vers 1640, le pape Urbain VIII, ému des nouvelles qui lui parvenaient des colonies sud-américaines, avait fulminé l'excommunication contre les détenteurs d'esclaves indiens. Peu s'en fallut que, en divers lieux, la publication de la Bulle ne devînt l'arrêt de mort des Jésuites. Peut-être, dit Southey, « pouvait-elle se faire sans danger à Bahia ; mais Rio de Janeiro était trop près de Saint-Paul, et il y avait là trop de gens atteints par les foudres romaines. Ils lancèrent le populaire contre le collège, et tous les missionnaires eussent été massacrés, si le gouverneur de la capitainerie, Salvador Correa, ne fût intervenu.... Les Jésuites durent consentir à ce qu'on fît appel de la Bulle auprès du pape, et que l'effet en fût suspendu jusqu'à nouvelle décision.... »

Le récit de ce qui se passa à Santos est encore plus caractéristique de la singulière mentalité de cette population. C'est toujours Southey qui parle :

On en vint dans cette ville à des extrémités pires encore. Le vicaire général chargé de notifier la Bulle fut renversé, foulé aux pieds et menacé de mort ; le poignard sur la gorge il dut consentir à révoquer les censures et à signer l'appel au pape. Pour calmer les furieux, le Supérieur des Jésuites sortit, avec le ciboire à la main. Quelques-uns se prosternèrent, mais les autres restèrent debout, déclarant que du fond de l'âme ils adoraient Dieu présent dans le sacrement, mais qu'ils n'entendaient pas perdre leurs esclaves, qui étaient leur seule propriété. A la fin le tumulte s'apaisa, grâce à l'intervention de religieux d'un autre Ordre qui affirmèrent que la Bulle n'atteignait pas le peuple de cette région ; car le pape avait ordonné de la publier là où il n'y avait pas d'empêchement légitime; or, disaient-ils, une opposition générale était un empêchement suffisant. Un aussi misérable subterfuge rassura leurs consciences.

Les guerres religieuses qui mirent l'Europe en feu à partir du XVIe siècle eurent leur contre-coup par delà les mers. Catholiques et protestants se rencontrèrent aux Indes et en Amérique avec la même animosité qu'en Allemagne, en France, ou aux Pays-Bas. On sait que l'Eglise naissante du Japon fut noyée dans le sang, grâce aux intrigues des Hollandais. Les missionnaires du Brésil eurent l'honneur de compter en une seule fois quarante des leurs parmi les victimes des haines hérétiques. Le massacre de ces hommes désarmés qui s'en allaient porter la civilisation chrétienne aux sauvages du Nouveau-Monde est un des épisodes les plus horribles de l'histoire de ce temps.

En 1566, c'est-à-dire moins de vingt ans depuis l'arrivée des premiers Jésuites à Bahia et à Sao-Vicente, le Père Ignace d'Azevedo avait été envoyé au Brésil en qualité de visiteur; il y trouvait près de quatre-vingts de ses frères, occupés dans les collèges et les missions. La tâche était si grande et les espérances si belles que, au bout de deux ans, il repartait pour Rome avec la ferme résolution de recruter un nombreux renfort d'ouvriers apostoliques. Il obtint en effet de saint François de Borgia, alors Général de l'Ordre, la permission d'emmener les jeunes religieux qui voudraient le suivre. Il en eut bientôt réuni soixante-dix. Ils s'embarquèrent à Lisbonne; mais à la hauteur de l'île de Palma, l'une des Canaries, le vaisseau qui portait le Père d'Azevedo avec 39 de ses compagnons fut enveloppé par une escadrille de cinq navires montés par des corsaires calvinistes de La Rochelle. Après un combat inégal le *Santiago* dut se rendre. Sur l'ordre du commandant, nommé Jacques Soury, les Jésuites furent les uns égorgés, les autres jetés tout vivants à la mer. Sur le nombre deux seulement étaient prêtres; presque tous étaient étudiants ou novices et plusieurs avaient de quatorze à vingt ans. Il est impossible de mettre au compte de la politique le sang versé en de telles circonstances. Cette exécution barbare fut inspirée uniquement par la haine de la religion catholique et du nom que portaient les victimes.

Mais la perspective du martyre n'était pour les Jésuites qu'une attraction de plus. De fait, dit le P. de Vasconcellos, au lieu de quarante qui avaient trouvé la mort sur le chemin du Brésil, il s'en présenta le double pour les remplacer. Pendant tout un siècle leurs efforts se concentrèrent sur les capitaineries du centre et du sud; les missions indiennes s'étendirent dès lors jusque sur les rives du Parana et celles de l'Uruguay. Mais, à partir du XVIIe siècle les établissements portugais du nord prirent une telle importance que le Para-Maragnon forma comme une colonie distincte du reste du Brésil. Deux Jésuites étaient venus à Saint-Louis du Maragnon; l'un deux le P. Figueira était par la volonté expresse du roi attaché en qualité de conseiller à la personne du gouverneur.

Or, dit R. Southey, les deux religieux avaient à peine posé le pied au Maragnon qu'une émeute éclata parmi les colons. Les Jésuites s'étaient partout opposés avec tant de résolution et de persévérance aux mauvais traitements des Portugais à l'égard des naturels et à l'exécrable système d'esclavage qu'on faisait peser sur eux que le seul nom des missionnaires inspirait la crainte et la haine à tous les possesseurs d'esclaves. Le Sénat de Saint-Louis demanda donc au gouverneur de les expulser sans retard de la capitainerie. Figueira, qui était présent quand on apporta la requête, répondit qu'on le mettrait en pièces si l'on prétendait l'empêcher de remplir la mission qu'il avait reçue du Roi.

Les sénateurs se résignèrent. Toutefois, ce n'est que trente ans plus tard et avec des difficultés inouies que les Jésuites parvinrent à s'établir au Para-Maragnon. En 1643, le P. Figueira ramenait de Lisbonne une petite troupe de missionnaires; leur vaisseau fit naufrage sur la côte. Figueira et dix de ses compagnons tombèrent entre les mains des sauvages qui les dévorèrent; ceux qui échappèrent moururent de maladies ou furent obligés de retourner en Europe. Trois ans plus tard, quelques autres Jésuites qui avaient pénétré parmi les tribus périrent dans un guet-apens; il n'en restait plus un seul dans la colonie. En 1649, nouvelle tentative. Sur la demande du roi Jean IV, cinq Jésuites sont envoyés par le provincial du Brésil au Para-Maragnon; le vaisseau qui les porte est capturé par les Anglais, et ils sont emmenés prisonniers en Europe. Le roi revient à la charge en 1652; il veut fonder deux collèges, dans les deux capitales Saint-Louis et Bélem. C'est le Père Antoine Vieira qui est chargé de mener l'entreprise à bonne fin. Dès lors l'histoire des missions au Para-Maragnon, pendant plus de 40 ans, se confond en quelque sorte avec celle de cet homme extraordinaire.

Antoine Vieira était né à Lisbonne en 1608[1]; mais tout jeune enfant, il émigra avec sa famille au Brésil. Il fit ses études au collège des Jésuites de Bahia, puis entra au noviciat de cette même ville. Envoyé à Lisbonne en 1641, il fut distingué par le roi Jean IV qui lui confia, outre la charge de prédicateur du palais, différentes fonctions diplomatiques en Hollande, en France et à Rome. Mais Vieira avait fait vœu de se consacrer tout entier à l'évangélisation des sauvages du Maragnon. Le roi consentit, non sans peine, au départ du religieux dont il avait fait son conseiller et dont il eût fait volontiers un ministre d'Etat. Vieira allait trouver en Amérique un champ d'action mieux au goût de son âme d'apôtre.

Les Portugais, raconte Southey, suivaient au Maragnon et au Para les mêmes systèmes d'oppression qui avaient abouti à l'extermination des tribus indigènes dans les capitaineries plus anciennes. La loi permettait de faire esclaves les Indiens pris à la guerre, ou encore ceux qui, déjà prisonniers d'une tribu ennemie, étaient vendus par leurs maîtres; ceux-là étant destinés à être mangés, on les appelait Indiens *de cordas*. A l'abri de cette tolérance se commettaient les abus les plus révoltants. Chaque commandant de fort faisait la guerre aux tribus du voisinage, sous un prétexte quelconque, mais uniquement dans le but de ramasser le plus grand nombre possible d'esclaves.... Quant aux Indiens qui se soumettaient aux Portugais et étaient censés vivre librement dans leurs villages, conformément à la loi, leur condition était pire encore. La servitude à laquelle ils étaient effectivement réduits, était plus cruelle

1. En 1897, le Portugal a célébré le 200e anniversaire de la mort de l'illustre Jésuite. A cette occasion une plaque de marbre a été placée sous le porche de la cathédrale de Lisbonne. L'inscription porte que, en cette paroisse, naquit, le 6 février 1608 :
O grande Padre Antonio Vieira da Companhia de Jesus,
Politico, Missionnario, Classico, Moralista, Orador, Defensor dos fracos e de opprimidos, Sempre patriota, Espelho de virtudes christas, Ornamento e gloria de nostra boa terra portugueza.

que celle des esclaves eux-mêmes; car les gouverneurs et les capitaines les considéraient comme des bêtes de somme dont le travail devait les enrichir pendant les trois ans que durait leur emploi.

Vieira, de son côté, raconte comment les colons portugais faisaient le commerce avec les Indiens libres des villages. Il y avait, dit-il, trois méthodes. Les uns venaient dans le village et y prenaient ce qui était à leur convenance; si quelqu'un faisait difficulté de céder l'objet, on le payait avec une volée de coups de bâton. D'autres plus délicats, après avoir fait leur choix, sans demander l'agrément du propriétaire, lui jetaient en guise de paiement quelque article de camelote, du fil, une aiguille ou un hameçon. Enfin les plus scrupuleux consentaient à payer les objets qui leur plaisaient à raison du cinquième de leur valeur. C'était, disaient-ils, le juste prix, du moment que le vendeur était indigène.

Vieira arrivait au Maragnon, porteur d'une lettre royale qui lui conférait des pouvoirs très étendus en tout ce qui concernait les missions. Le supérieur des Jésuites était investi d'une véritable juridiction à l'égard des Indiens; toutes les autorités civiles et militaires de la colonie étaient requises de lui prêter assistance pour l'exécution des mesures qu'il croirait devoir prendre. D'autre part, Jean IV venait de rappeler à ses lieutenants à Saint-Louis et à Bélem une loi de 1609 qui interdisait formellement d'attenter à la liberté des Indiens. C'est assez dire que la fondation des collèges des Jésuites en ces deux villes n'alla pas sans provoquer beaucoup d'émoi parmi la population portugaise; elle se voyait troublée dans des habitudes devenues des nécessités. Comment les colons pourraient-ils vivre et s'enrichir s'il ne leur était plus loisible de forcer les Indiens à travailler pour eux? Ils décidèrent d'envoyer à Lisbonne une députation pour soutenir devant le Conseil royal ce qu'ils appelaient leurs droits. Vieira s'y rendit pareillement. Par ordre du roi fut constitué un tribunal ou *Junte* des missions. Les parties adverses y firent valoir leurs arguments; Vieira plaidait pour les Indiens.

Sa thèse était celle qui nous paraît aujourd'hui seule défendable. En dehors des corvées pour le service du roi, — nous dirions pour les travaux d'utilité publique, — on ne pouvait sans injustice astreindre les naturels à aucun travail pour le compte d'autrui. Il fallait les laisser tranquilles dans leurs villages, sous l'administration de leurs caciques, lesquels loueraient leurs services aux colons moyennant un salaire convenable; les missionnaires en feraient des chrétiens. A ces conditions la colonie était assurée de ne jamais manquer de travailleurs ni de défenseurs, et la métropole elle-même trouverait dans ce régime de justice et d'humanité la meilleure garantie pour sa puissance et sa richesse.

L'éloquence de Vieira, si entraînante d'ordinaire, ne put faire prévaloir complètement des vues si raisonnables. Le Décret issu des délibérations de la *Junte* maintenait la situation antérieure; tous les villages indiens resteraient sous la direction exclusive des Jésuites; les Portugais ne pénétreraient pas dans le *sertao* (les *réserves* dans l'intérieur du pays) sans l'agrément du supérieur des missions. Mais d'autre part, les Indiens libres seraient à la disposition des colons six mois de l'année; la rétribution mensuelle fixée par le Décret ne dépassait pas le prix que l'on payait pour deux journées à un maître qui louait le travail de ses esclaves. Ce salaire dérisoire dissimulait mal ce que le Père Vieira lui-même appelait un demi-esclavage. Crainte de pire, il dut souscrire à ce statut qui semblait du moins devoir garantir les Indiens contre l'arbitraire de leurs oppresseurs.

De retour au Maragnon, Vieira n'épargna rien pour porter à la connaissance des tribus les mesures prises par l'autorité royale en leur faveur. Il s'en allait en personne dans les profondeurs du *sertao*; il remonta la rivière des Tocantins jusqu'à plus de quatre cents lieues de la côte. Sûrs maintenant d'être protégés par les Pères, des milliers d'Indiens les suivirent dans les Réductions. En moins de dix ans, les missions avaient réalisé des progrès qui autorisaient les plus belles espérances. Mais cette prospérité même exaspérait les colons. Ils se plaignaient amèrement à Vieira lui-même; ils voulaient recommencer la chasse à l'Indien; car il leur fallait des esclaves. Vieira faisait la réponse dans les sermons qu'il prêchait à Saint-Louis et à Bélem.

...Qu'est-il besoin d'aller interroger des théologiens dans les monastères? Allez en Turquie, allez en enfer! Il ne saurait y avoir un Turc en Turquie, ni de démon en enfer qui ne dise qu'on se met en état de damnation quand on prive un homme de sa liberté...— Mais qui ira nous chercher notre provision d'eau et de bois? Qui nous préparera notre manioc? Est-ce qu'il faudra assujétir à ces corvées nos femmes et nos enfants? — Mon intention n'est pas qu'on en vienne à ces extrémités; mais fallut-il y venir, si la justice, si la conscience l'exigeaient, il n'y aurait pas à hésiter. Que vous-mêmes, que vos femmes et vos enfants, que nous tous nous fussions obligés de travailler pour vivre. quel si grand mal y aurait-il à cela? Ne vaut-il pas mieux se nourrir au prix de sa propre sueur que du sang des malheureux! Ah! opulence du Maragnon! Ces beaux habits, ces belles mantilles, si on les tordait, que de sang n'en ferait-on pas sortir!... Lequel vaut mieux pour vos femmes, de porter un vase à la fontaine et d'aller au ciel comme la Samaritaine, ou de se faire servir comme des princesses et d'aller en enfer comme Jézabel?...

Mais si l'éloquence et la charité avaient leurs triomphes, la cupidité ne tardait pas à reprendre le dessus. En 1661, une émeute éclatait à Bélem contre les Jésuites; le collège fut envahi et saccagé; tous les missionnaires furent enlevés dans les villages; Vieira lui-même fut maltraité et mis en prison, en attendant le départ des caravelles qui devaient emporter tous les Jésuites du Para. Du même coup les Réductions étaient frappées à mort. Le ressentiment de ses ennemis poursuivit à Lisbonne le protecteur des Indiens. On trouva le moyen d'échafauder contre Vieira une accusation d'hérésie. Déféré au tribunal de l'Inquisition, il fut condamné et passa plus de deux ans dans un cachot du *Santo officio de Coimbra*. Appelé à Rome au sortir de cette épreuve et comblé de prévenances par le pape, Vieira aurait pu jouir en Europe des succès que lui valait sa merveilleuse éloquence; il aima mieux repartir pour le Brésil, en dépit de ses 73 ans. Il put en consacrer encore dix-sept à son œuvre de prédilection. Les Jésuites avaient été rétablis au Maragnon et au Para; et au moment où Vieira y rentrait (1680), une nouvelle loi confirmait les dispositions tant de fois prises déjà pour sauvegarder les droits et la liberté des Indiens.

En vérité, si les indigènes furent soumis à des traitements inhumains dans les colonies portugaises, ce n'est pas faute pour la métropole d'avoir légiféré; mais que peuvent les lois sans les mœurs? Pendant près de quatre-vingts ans le conflit devait se perpétuer encore entre les colons et les missionnaires, jusqu'au jour où Pombal le trancha de la façon que l'on sait.

Ce n'est pas ici le lieu de raconter cette histoire. Je me contenterai de citer quelques chiffres; ils suffiront pour donner une idée des travaux des Jésuites au Brésil pendant la période coloniale et de la grandeur des ruines amoncelées par la haine d'un ministre omnipotent.

Une fois maître de l'esprit du faible monarque qu'il tenait en tutelle, Pombal poursuivit avec une âpreté sauvage l'extermination des Jésuites qui fut, on peut bien le dire, la grande pensée du règne. L'Ordre fut traqué aux colonies aussi bien qu'en Portugal. Dans le cours de l'année 1759, tous les Jésuites du Brésil furent saisis, entassés sur le pont de quelques vaisseaux et transportés à Lisbonne dans de telles conditions que neuf au moins d'entre eux périrent en route. Puis, sans jugement ni procès, les uns furent jetés hors des frontières, les autres enfermés dans les cabanons de la Tour Saint-Julien, à l'embouchure du Tage. Ceux qui n'y moururent pas y restèrent dix-huit ans, jusqu'à la mort de Pombal.

J'ai visité les souterrains de cette forteresse lugubre, et ce n'est pas sans horreur que j'ai pu me rappeler les souffrances des malheureuses victimes privées d'air, de lumière, de pain et d'eau, pourrissant dans l'infection et la vermine, obligées parfois de vivre à côté des cadavres longtemps privés de sépulture[1].

Si inhumaine, dit R. Southey, qu'ait été la conduite du gouvernement espagnol à l'égard des Jésuites, elle paraîtra clémente en comparaison de celle de Pombal. Ceux qui moururent en prison ou par suite des mauvais traitements endurés à bord furent en si grand nombre que, au bout de peu d'années, les missionnaires avaient à peu près disparu.

Voici, d'après les catalogues officiels l'état de la

1. Luiz Cabral. *Etudes*, tome LXXVII, p. 166, 1898.

Société dans la grande colonie portugaise au moment où elle y fut supprimée : La *province* du Brésil comptait 445 religieux, dont 228 prêtres ; la vice-province du Para-Maragnon, 145 membres, dont 88 prêtres. Au total 590 Jésuites, dont 316 prêtres.

Ils étaient répartis en 113 postes, sur lesquels on comptait 9 collèges auxquels il faut ajouter un séminaire à Bélem et un noviciat à Bahia. Il y avait au moins 35 de ces postes dans les Réductions, c'est-à-dire exclusivement affectés au service des missions indiennes.

C'était là assurément un capital d'activité intelligente d'une valeur inappréciable pour le développement et le progrès d'une nationalité en formation. Tout fut anéanti par un caprice d'autocratie brutale et aveugle. Les Jésuites ne furent remplacés ni dans les collèges, ni dans les missions. La culture intellectuelle et morale du jeune peuple brésilien subit après leur départ un incontestable et fâcheux recul. Les Réductions furent abandonnées ; l'édit d'émancipation proclamé par Pombal fut impuissant à arrêter la chasse à l'esclave aussi bien qu'à retenir les Indiens dans le voisinage des côtes; ils retournèrent en foule au *Sertao* et du même coup à la vie sauvage, et aujourd'hui en pénétrant dans l'intérieur du pays, on retrouve les malheureux restes des tribus dans le même état de barbarie que lors de la découverte de l'Amérique.

Pour justifier ces incroyables violences, on a invoqué la raison d'Etat.

Les Jésuites, a-t-on dit, travaillaient à constituer un empire indien dont ils seraient les seuls maîtres. Déjà ils s'étaient rendus indépendants des autorités coloniales et tenaient en échec le pouvoir royal lui-même. Au moment où se préparait l'orage qui devait emporter l'Institut, un événement se produisit qui fournit prétexte à appuyer cette accusation. En 1750, par le traité de Madrid, les cours d'Espagne et de Portugal étaient convenues de faire des échanges de territoires dans leurs possessions d'Amérique. Le Brésil acquérait ainsi les rives de l'Uruguay, où se trouvaient sept Réductions florissantes avec une population de 30.000 Indiens. Il plut à Pombal de les obliger à quitter le pays, et les Jésuites reçurent ordre de les emmener ailleurs. Les Indiens ne se laissèrent pas persuader si aisément. Les missionnaires allèrent jusqu'à se mettre à genoux, la croix à la main, devant leurs ouailles, les adjurant d'obéir. Les Indiens résistaient, accusant les Pères de les trahir et de les vendre; ils finirent par demander un répit, qu'on leur refusa. Là-dessus les récriminations contre les Jésuites allaient leur train; c'étaient eux qui dirigeaient l'insurrection; cette fois on avait la preuve de leur révolte contre l'autorité du roi. En même temps se propageait la fable ridicule du Jésuite Nicolas, empereur du Paraguay. On alla jusqu'à frapper en Portugal des monnaies à l'effigie de ce monarque imaginaire, et on les fit circuler à travers l'Europe.

A côté de ces inepties on dressa contre les Jésuites du Brésil un grief plus sérieux, sinon mieux fondé, je veux dire les richesses énormes qu'ils avaient accumulées par le travail des Indiens et le commerce. Il est certain que, administrateurs temporels des Réductions, les missionnaires se chargeaient de vendre les produits et d'acheter d'autre part quantité de choses nécessaires à la culture des terres, comme à l'entretien des églises, des maisons, des personnes elles-mêmes. Cela ne s'appelle pas faire du commerce.

Sans doute, la pente est glissante, on peut se laisser entraîner. M. Luciano d'Azevedo a publié en appendice dans le livre mentionné plus haut, des lettres du P. Tamburini, général des Jésuites, aux supérieurs des missions du Brésil, où se rencontrent des avertissements assez sévères sur ce point. Mais tout ce que l'on en peut déduire, c'est que le général prêtait l'oreille aux rumeurs qui circulaient, sans signaler d'ailleurs aucun fait précis; et c'est aussi que, bien loin d'être complice des fautes individuelles toujours possibles, l'Ordre veillait avec un soin jaloux pour les blâmer et les réprimer.

En réalité, si l'on examine dans ses grandes lignes le rôle des Jésuites au Brésil pendant plus de deux cents ans, on voit que, parallèlement à des services universellement appréciés, ils en rendaient d'autres dont on se fût bien passé. Les missionnaires, appuyés sur le pouvoir royal, furent pour les colons des *gêneurs;* le mot est peu académique, mais il est juste. Les Jésuites eurent le tort d'être en avance de deux siècles par rapport à leurs compatriotes sur la question de la liberté humaine, ou si l'on veut, des Droits de l'homme. Contre les civilisés qui, étant les plus forts, prétendaient asservir les sauvages, ils prirent parti pour les sauvages. *Inde iræ.* Mais personne aujourd'hui n'oserait soutenir qu'ils avaient tort.

On s'étonnera peut-être que les Jésuites, si zélés pour la liberté des Indiens, n'aient jamais protesté contre l'esclavage des nègres importés d'Afrique dans les colonies américaines. C'est que la situation juridique des uns et des autres était toute différente. Le droit public au XVIe siècle, et même aux deux siècles suivants, admettait la légitimité de l'esclavage des noirs. On l'appuyait sur des raisons plus ou moins valables, mais universellement acceptées. La traite était autorisée et réglementée par les lois et ordonnances royales. Nous avons changé cela, Dieu merci ; mais pourtant il ne faut pas juger d'après nos idées actuelles les hommes et les choses d'un autre âge. Quoi qu'il en soit, les Jésuites au Brésil et ailleurs furent, à cet égard, de leur temps. Il ne leur appartenait pas de condamner ce que tout le monde tenait pour légitime. On sait d'ailleurs avec quel dévouement ils s'employèrent à adoucir le sort de ces malheureuses créatures. C'est l'un d'eux, saint Pierre Claver, qui signait : *Esclave des nègres pour toujours*. Quant aux Indiens, hormis certains cas prévus, aucune loi civile ne permettait de les réduire en esclavage ; les Jésuites, chargés par le pouvoir royal de veiller à leurs intérêts spirituels et temporels, ne faisaient que s'acquitter d'un devoir quand ils défendaient leur liberté contre l'astuce ou la violence des colons.

Que les Jésuites éducateurs et missionnaires aient eu une part considérable dans la formation de la nationalité brésilienne, il n'est pas un Brésilien, je crois, qui le conteste. Je n'irai pas jusqu'à prendre à mon compte le propos que j'ai recueilli de la bouche d'un prêtre brésilien : les Jésuites ont fait le Brésil, comme les évêques ont fait la France. Mais plus d'une fois j'ai constaté dans les habitudes des catholiques de ce pays l'empreinte laissée par les fils de saint Ignace, tel par exemple ce souhait par lequel débutent des lettres de pères de famille à leurs enfants : *La paix de Notre-Seigneur !*

Rappelée à la vie en 1814 par la Bulle de Pie VII, la Compagnie de Jésus ne put tout d'abord reprendre son apostolat dans la grande colonie portugaise qui n'allait pas tarder à conquérir son indépendance. Mais elle y avait écrit pendant la période coloniale un trop beau chapitre de son histoire, elle avait arrosé cette terre de trop de larmes et de sang pour n'y pas revenir à la première heure favorable. Un siècle après la tempête qui avait tout ravagé, il lui fut donné de reprendre, bien modestement, son œuvre parmi des souvenirs et des ruines. Elle aussi est une obstinée *recommenceuse*.

C'était vers 1860; la défaveur que le régime impérial déjà à son déclin faisait peser sur les Ordres religieux ne pouvait épargner les Jésuites. Un instant la Constitution républicaine parut sur le point de confirmer l'arrêt de suppression porté contre eux au dix-huitième siècle et qui n'avait jamais été abrogé. Les constituants furent assez sages pour déférer aux représentations de l'épiscopat; les Jésuites ne furent pas exclus des libertés communes. Deux provinces de l'Ordre ont fondé des établissements au Brésil, la province romaine dans les Etats du Centre, la province allemande dans ceux du Sud. Elles ont ensemble sept collèges, qui comptent tous parmi les maisons d'éducation les plus prospères du Brésil. Il y a en outre un nombre assez considérable de résidences plus ou moins importantes, principalement dans le Sud où les colonies allemandes, très populeuses, sont pour la plupart desservies par des Jésuites de la même nationalité. Le chiffre total des membres de la Société au Brésil dépasse trois cents. Tous sont Brésiliens de cœur, profondément dévoués à leur patrie d'adoption, et s'ils ont un regret, c'est que les Brésiliens d'origine ne forment encore parmi eux qu'une assez faible minorité.

CHAPITRE XVI

Buenos-Aires et Rio de Janeiro. — Une revue de la marine brésilienne. — L'Exposition nationale de Rio. — A bord du *Maranhao*. — Silhouettes brésiliennes. — Victoria. — Procession du *Corpus Christi* à Bahia. — La nuit de la Saint-Jean.

10 juin 1908. De retour à Rio de Janeiro après un séjour de deux mois en Argentine. Le paquebot des *Messageries Maritimes* met un peu moins de cinq jours pour venir de Buenos-Aires, avec d'assez longues escales à Montevideo et à Santos. La distance entre les deux grandes capitales est de 1872 milles, soit à peu près 3500 kilomètres, beaucoup plus que de Paris à Constantinople ; ce qui ne les empêche pas de se regarder un peu de travers, avec des yeux de rivales jalouses. Je n'aurai garde de discuter leurs titres à la primauté dans le continent sud-américain.

Non nostrum inter vos tantas componere lites.

Je me contenterai de noter une impression que j'ai éprouvée très vivement en arrivant en face *du Pao de Assucar* et du *Corcovado*.

La capitale argentine est assurément une bien plus grosse ville que Rio ; elle aura tout à l'heure ses 1.200.000 habitants ; elle est bien autrement affairée et opulente ; elle a sans doute dix fois plus de banques et d'usines; elle est tout ensemble la New-York et la Chicago du sud. Mais, au point de vue du site et du pittoresque, il faut avouer qu'elle est déplorablement nulle. Ce système de rues droites, coupées à intervalles égaux de rues non moins droites, vous cause une sensation de monotonie, qui ne tarde pas à devenir exaspérante. Le charme de Rio semble plus prenant encore par comparaison avec sa rivale. Ici, quelle variété d'aspects, quelles gracieuses courbes le long du rivage, quelles perspectives sur les *morros*, les pics de la Serra, les îles et les rochers de la baie! Puis, Buenos-Aires a fait trop rapidement fortune; il lui en reste je ne sais quel air de parvenue qui étale son luxe mais ignore l'élégance. La vieille Rio coloniale s'est rajeunie et a voulu, elle aussi, avoir une toilette très moderne; mais on peut dire que, comme une personne de goût, elle s'est parée de manière à faire ressortir ses dons naturels.

Autre circonstance qui ajoute présentement au charme de Rio; nous sommes au cœur de l'hiver, dans l'hémisphère austral. A Buenos-Aires on sentait par moments la morsure du froid; ici la température est d'une douceur exquise. C'est la *saison* de Rio, l'époque de l'année qu'il faut choisir, quand on est libre de le faire, pour y séjourner.

Le 11 juin on fêtait un anniversaire glorieux pour la marine brésilienne. Pendant la guerre avec le Paraguay, en 1865, à pareille date, elle s'était rencontrée avec celle de l'ennemi et lui avait infligé une défaite, au confluent du Riachuelo (Petite Rivière) et du Parana; d'où le nom de bataille du Riachuelo.

Une revue et un défilé des troupes de la marine étaient annoncés pour midi; d'après les journaux

4000 hommes devaient y prendre part. La revue eut lieu dans la cour de l'arsenal où le public n'était pas admis ; mais le cortège défila, aller et retour, par l'*Avenida central*, où je pus le contempler tout à l'aise.

Cette belle artère semble faite tout exprès pour ces sortes de manifestations; c'est l'avenue des Champs-Elysées de la capitale brésilienne. Le soleil était radieux, la lumière intense prenait un nouvel éclat en tombant sur les façades encore toutes flambant neuf de l'*Avenida*.

La troupe mit à peu près trois quarts d'heure à défiler dans un sens, à une allure plutôt modérée. Les hommes allaient par petits pelotons, sur deux lignes seulement, précédés d'un officier à pied, l'épée à la main. Je n'ai vu à cheval qu'un très petit nombre de grands chefs. Les marins étaient de blanc tout habillés, sauf le large collet bleu et les guêtres de peau jaune. Blanc immaculé et sortant de chez l'*engommadeira*, lisez, la repasseuse. Ces hommes sont pour la plupart de la taille de ceux que nous appelons nos petits *pioupious*, mais plus minces, un peu chétifs même, au demeurant une très forte proportion d'hommes de couleur et un bon nombre de noirs authentiques. J'ai compté une bonne douzaine de musiques, mais il y en avait davantage. Les officiers sveltes, fins, la mise irréprochable; pas de décorations, même pas de galons, ou du moins très peu. L'ensemble m'a paru simple, frais et très joli, — je demande pardon du mot, — un peu trop joli peut-être.

Les apprentis marins (*apprendizes marinheiros*), le pendant, je suppose, de nos écoles de mousses, figuraient au cortège; il y avait même quelques compagnies de tout petits, qui ne paraissaient pas les moins braves. L'école des officiers comprenait une centaine de jeunes gens, gantés de blanc ; c'était, je crois, leur seule distinction, avec la veste d'étoffe un peu plus fine. Tous les bérets portaient l'inscription *Marinheiros nacionaes*. Suivaient quelques batteries ; pièces et fourgons étaient traînés à bras. Je ne suis pas assez connaisseur des choses militaires pour dire si c'étaient de véritables spécimens d'artillerie de guerre ou bien des *joujoux* pour la parade. L'infanterie de marine était en costume kaki, — autrefois on aurait dit *nankin*, — et casque colonial. En tête un soldat portait le fanion du *Corpo d'Infanteira da marinha* ; c'était une machine bizarre, une sorte de chapeau chinois, ou de mât de cocagne, avec tout un attirail d'objets décoratifs suspendus, queues de cheval jaunes, breloques, grelots, je ne sais quoi encore. Je n'ai pu avoir l'explication de ce symbole. A côté un bélier, tenu en laisse, frisé et pimpant, avançait avec un air de gravité résignée. Sur tout le parcours, beaucoup de monde ; on salue le drapeau ; mais pas un geste d'enthousiasme, pas une acclamation, je dirais presque, pas de bruit. Le Brésilien n'est pas démonstratif.

S'il fallait résumer d'un mot l'impression que m'a laissée cette exhibition des forces navales brésiliennes, je dirais : Plus élégant que martial. Sur ces innombrables uniformes aux teintes claires on n'aurait pas trouvé une tache ; la tenue était correcte, sinon énergique, le pas à peu près régulier ; néanmoins il semble que ce ne fût pas très militaire. Oh ! je sais bien que l'idéal en ce genre varie avec les temps et les climats ; un brin de coquetterie ne messied pas à la bravoure, je le sais aussi ; les seigneurs de la cour de Louis XIV allaient au feu en pourpoint de velours, chapeaux à plumes et manchettes de dentelles. Je n'aurais donc garde d'insinuer que les troupes brésiliennes de terre ou de mer feraient moins bonne figure devant l'ennemi que sur l'*Avenida central;* mais enfin notre idéal est autre. Au surplus, la nation a l'humeur militaire, comme il convient à des Latins ; le militarisme moderne s'y implante tout naturellement. Le parlement a voté, il y a quelques mois, le service obligatoire; l'Angleterre construit des *Dreadnoughts* pour la marine brésilienne. En un mot, le Brésil, comme ses voisins d'ailleurs, entend être puissamment armé. Dieu veuille que ce soit, comme on prétend le faire en Europe, en vue de mieux assurer la paix !

On sait que Rio de Janeiro prépare une Exposition, non point encore pour cette fois une Exposition universelle, mais une Exposition nationale. L'entreprise ne laissait pas que d'être audacieuse ; toutefois l'idée en avait été accueillie avec joie et fierté patriotique dans toute la Confédération ; on s'en promettait d'heureux résultats pour le développement économique du pays. Le roi de Portugal devait venir au Brésil à cette occasion. Ce serait un fait historique considérable par sa signification et ses conséquences. La visite du chef de la Maison de Bragance scellerait la réconciliation entre l'antique métropole et sa grande colonie, émancipée par deux révolutions, celle qui avait fait l'Empire et celle qui avait mis la République en sa place. D'autre part, les quelque deux millions de sujets portugais établis au Brésil s'apprêtaient à faire à leur souverain un accueil enthousiaste. La tragédie du 1er février déconcerta ces beaux espoirs. Il y eut un moment de découragement au sujet de l'Exposition. Plusieurs fois, pendant mon premier séjour à Rio, j'ai entendu dire : C'est une affaire manquée !

A ce propos, qu'on me permette d'ouvrir une parenthèse pour rendre témoignage de l'attitude très digne de la société brésilienne lors de l'assassinat du roi et de l'héritier présomptif de la couronne de Portugal. Il n'y eut qu'une voix dans la presse pour réprouver avec indignation l'abominable attentat. Pendant plusieurs semaines des services religieux solennels furent célébrés sur tous les points du territoire pour les royales victimes ; les autorités se firent un devoir d'y assister ; les prédicateurs les plus en renom furent appelés à prononcer l'oraison funèbre. En un mot, l'événement prit au Brésil les proportions d'un deuil national. Une République s'honore en s'associant de la sorte au malheur qui frappe le pays et la famille de ses anciens souverains.

Toutefois il était trop tard pour abandonner le projet de l'Exposition. En ce moment-ci les travaux sont assez avancés pour donner une idée du spectacle gracieux et original qu'elle offrira aux visiteurs. Comme la ville elle-même, l'Exposition de Rio de Janeiro devra à son site son principal agrément. Jamais sans doute foire de ce genre ne se sera étalée dans un cadre moins banal. Une langue de terre relie ce fantastique *Pao de Assucar* au massif montagneux qui entoure Rio. Il n'y a pas plus de deux à trois cents mètres d'un rivage à l'autre, c'est-à-dire de la charmante petite baie de Botafogo à la grande mer. A droite et à gauche deux *morros*, Babylonia et Urca, dressent leurs escarpements presque verticaux, comme des murailles de 200 mètres de hauteur.

C'est dans cette espèce de goulet qu'a été aménagé le terrain de l'Exposition. On l'appelle la *Praia Ver-*

melha (plage vermeille); elle était autrefois occupée par l'Ecole militaire, laquelle a été transférée en province, comme on dirait chez nous, très loin de la capitale, à la suite d'une révolte des élèves. Le grand palais de l'Exposition s'allonge, tout près de la mer, d'un *morro* à l'autre, fermant ainsi la perspective. Dans l'espace laissé libre sur le devant jusqu'à la baie de Botafogo, sont disséminés, à travers les pelouses et les bosquets, les pavillons des Etats: chacun d'eux a le sien; les architectures sont très diverses; les dimensions ne le sont pas moins, comme d'ailleurs l'importance et la richesse des Etats eux-mêmes. Les tons clairs, les formes élégantes de ces constructions d'un jour, l'aspect gai et pimpant de l'ensemble ressortent davantage par le contraste avec les formes étranges et austères des masses granitiques qui surgissent de toutes parts, et dont les plus voisines semblent prêtes à vous écraser.

L'envie vous prend instinctivement de gravir ces belvédères. Ne va-t-on pas appliquer un ascenseur contre la paroi de l'Urca? Puis de là une autre machine vous hisserait au sommet du *Pao de Assucar* lui-même? Ce serait le *clou* de l'Exposition. Assurément l'idée en est venue aux organisateurs. Dès le mois de mars les journaux annonçaient que le projet était à l'étude. Sera-t-il mis à exécution? C'est peu probable. Il ne reste pas plus de cinq semaines jusqu'au 14 juillet, jour fixé pour l'ouverture de l'Exposition. Il paraît impossible que les travaux les plus indispensables soient achevés à cette date. On n'est pas d'ailleurs sans inquiétude sur le succès de l'entreprise. Il n'y a pas chance en effet de voir affluer à Rio de Janeiro des foules comme celles qui inondent nos grandes villes d'Europe en pareilles occasions.

Les étrangers qui visitent le Brésil sont bien peu nombreux ; les nationaux eux-mêmes doivent compter avec les distances qui sont énormes, et par suite, avec la dépense qui n'est pas abordable à la multitude. Quoi qu'il en soit, la ville de Rio aura gagné à son Exposition l'achèvement du côté sud de la magnifique bordure de quais dont elle a le droit d'être fière. Il se pourrait que ce fût le plus clair bénéfice de cette coûteuse fantaisie. Mais combien d'Expositions n'en rapportent pas autant !

Le Brésil offre en ce moment le spectacle d'un pays qui s'éveille et fait effort pour se développer. L'Exposition de Rio de Janeiro est sans doute un symptôme de ces aspirations au progrès économique. On en pourrait signaler bien d'autres et tout spécialement la construction des chemins de fer et des ports. Un peu partout des travaux publics de toute sorte sont entrepris avec ardeur. Il semble même que l'on aille un peu vite et sans assez de prudence. M. Paul Leroy-Beaulieu, dont l'autorité en matière économique est universellement reconnue, écrivait à ce sujet :

Quant au Brésil, quoique ce pays ait fait de grands progrès, la baisse de ses deux principaux produits d'exportations, le café et le caoutchouc..., et plus encore peut-être la multiplicité quasi ininterrompue des emprunts brésiliens de toute nature, de la Fédération, des États particuliers, des Compagnies de chemins de fer et des ports, pèsent dans une certaine mesure sur l'ensemble des valeurs brésiliennes, y compris les fonds publics, qui naturellement sont parmi les mieux garantis. Le Brésil aurait besoin d'une période de recueillement ; sinon il risque de tomber dans des embarras. (*L'Economiste français*, 9 janvier 1909.)

Ces graves avertissements ne nous ont pas empêchés d'envoyer quelques semaines après 40 millions pour le port de Pernambouc, lesquels s'ajoutaient à beaucoup d'autres dizaines de millions que nous prêtions en même temps pour les ports de Bahia et de Rio Grande do Sul, pour le chemin de fer de Goyaz, etc. L'épargne française fait des vœux pour la prospérité du Brésil.

Samedi, 13 juin. A bord du *Maranhao.* — Il a fallu envoyer un dernier adieu à Rio la charmante, à travers le fracas des cataractes du ciel qui se déversent sur nos têtes. Le pont du petit paquebot ruisselle de toute part; il faut chercher asile dans l'intérieur; on entrevoit par les hublots les récifs de la passe, plus étranges d'aspect et plus menaçants, dans le demi-jour du déluge. Au surplus ces effroyables ondées des régions tropicales durent peu; le soleil, un soleil mouillé, presque triste et très lourd ne tarde pas à reparaître dans un ciel laiteux où courent de gros nuages.

Je vois dans le *Jornal do Brazil*, qu'il y a cette après-midi une solennité très intéressante au jardin botanique de Rio, créé, il y a juste un siècle, par le régent Don Jean VI. A l'occasion du centenaire, on lui a érigé un monument, à l'ombre, si l'on peut dire, de la *Palma mater*, le fameux palmier planté par le prince lui-même. J'ai parlé en son lieu de cet admirable spécimen de la flore brésilienne. Ce n'est pas le seul dont le pays soit redevable à l'intelligente curiosité du prince. « Aux quatre angles du piédestal, dit le chroniqueur du *Jornal*, on a mis quatre plantes introduites au Brésil par Don Jean VI, savoir le *chà* (thé), le *magnolia*, le *camélia* et la *flor do Imperador.* »

La nuit dernière, comme j'étais à ma fenêtre, regardant tour à tour le *Corcovado*, la *Gavea*, le *Pao de Assucar*, toutes ces silhouettes qui encadrent de façon si originale le vallon de Botafogo, je vis monter d'ici de là des petits ballons lumineux, qui s'en allaient doucement dans le ciel limpide, comme des étoiles errantes. Le *Jornal do Brazil* m'explique l'apparition de ces météores; ils portent, paraît-il, à saint Antoine de Padoue, dont c'est aujourd'hui la fête, les hommages et les vœux des habitants de Rio. Les Brésiliens ont pour le bon saint portugais une dévotion nationale; on s'adresse à lui pour obtenir les faveurs les plus diverses; mais, si j'en crois le *Jornal*, ce sont surtout les filles en quête d'un mari qui attendent de son intercession l'objet de leurs rêves. Il y a là pour le numéro du jour matière inépuisable à commentaires, historiettes ou épigrammes. J'y trouve un quatrain inspiré d'un patriotisme éclairé. On supplie saint Antoine de vouloir bien enfin marier la République avec le Bon Sens. Puisse-t-il accomplir cette union miraculeuse ailleurs encore qu'au Brésil!

Le *Maranhao*, du *Lhoyd brasileiro*, ne ressemble pas à nos grands coureurs de mer. C'est un honnête petit vapeur, élégant, coquet même, qui semble, avec sa peinture blanche, avoir sa toilette de gala. Il fait le service de la côte nord, de Rio de Janeiro à Manaos, capitale de l'Etat d'Amazone; la distance totale n'est pas inférieurs à 3200 milles marins, que le *Maranhao* couvrira en 12 à 15 jours. Il y a place dans les cabines pour 60 passagers de première classe; les autres campent où ils peuvent. Cabines et salons sont propres, confortables, sans luxe inutile. Des voyageurs européens trouveraient le service du restaurant bien défectueux. Au reste je suis seul de cette espèce, et je remarque que les Brésiliens des classes bourgeoises — mes trente à quarante compagnons de voyage appartiennent à cette catégorie — ne mangent ni ne boivent. Dès le commencement du repas, ils picorent dans les assiettes de dessert, et l'accueil qu'ils font aux plats qu'on leur présente me remet en mémoire l'air dégoûté du rat citadin au festin du rustique,

..... tangentis male singula dente superbo.

Déjeuner et dîner sont expédiés en une petite demi-heure, presque silencieusement ; on dirait une corvée dont on s'acquitte le visage maussade et le plus vite possible. Quelle différence avec nos grands paquebots transatlantiques, où les séances à table tiennent une si large place dans le programme de la journée ! — Je parle de celles où la mer ne met pas les estomacs en détresse. Et encore nous autres Français nous perdons la moitié du temps à bavarder et à rire ; si l'on veut savoir ce que c'est que manger et boire à peu près tout le long du jour, il faut prendre passage sur un *Deutschland* quelconque en partance pour l'Amérique.

Par ailleurs, nos Brésiliens n'ont pas pour tuer le temps à bord d'autre méthode que celle que j'ai vu pratiquer par mes compatriotes ; ils jouent aux cartes ; mais du moins ils jouent à sec, si je puis dire. Le salon de jeu sur nos paquebots est doublé d'une buvette qui ne chôme guère ; ici elle fait maigre recette ; c'est tout au plus si quelques joueurs se font apporter une tasse de café et plus ordinairement un verre d'eau. Cette sobriété est assurément digne d'éloge ; elle le serait davantage si elle s'accompagnait d'un peu de gaité. J'ai beau observer les groupes où l'on cause ; je finirais par croire que le P.F... n'exagérait pas quand il me disait : « Vous ne verrez jamais rire des Brésiliens. » J'en ai vu pourtant, Dieu merci, et qui riaient de bon cœur ; mais ce ne fut pas parmi les Messieurs, presque tous fort jeunes, qui se trouvaient avec moi sur le *Maranhao*. Ils me donnèrent encore l'occasion de confirmer des observations déjà faites ; ce qui m'autoriserait à croire qu'elles sont justes. Par exemple, je remarquai chez eux une mise recherchée et des soins de leur personne qui n'ont rien de particulièrement viril ; l'usage des parfums et des bagues ornées de brillants est, paraît-il, admis couramment en ce pays par les représentants du sexe fort ; ils ont des miroirs de poche, et ils s'en servent, dirai-je dans leur langue, *sem vergonha*. Autre élégance : Plusieurs d'entre eux lisaient à certains moments des livres français ; je n'en veux citer ni les titres ni les auteurs ; mais je leur dois cette justice qu'ils appartiennent à ce qu'il y a de pire dans notre littérature.

Le dimanche 14 juin, vers midi, le *Maranhao* s'engage dans l'estuaire du *Rio Santa Maria*. La *Serra dos Aimores* barre majestueusement l'horizon ; ce sont les sommets de cette haute chaîne qui les premiers révélèrent aux marins de Pedro Alvarez Cabral la terre brésilienne. Les rives de l'estuaire se rapprochent ; ce n'est bientôt plus qu'une large rivière, tranquille et profonde, encadrée de montagnes vertes comme celles du Dauphiné. A gauche, perché sur un pic rocheux, apparaît un couvent avec son église toute blanche ; tout au fond du paysage la ville de Victoria détache ses campaniles sur un rideau de forêt. Quelques instants encore, le *Maranhao* vient jeter l'ancre à quelques brasses du rivage.

Victoria est la capitale de l'Etat d'*Espirito-Santo*, l'un des plus petits de la Confédération ; sa superficie égale seulement celle de neuf ou dix de nos départements; mais ce désavantage, si c'en est un, est compensé abondamment par la richesse de son sol. Victoria date de la première moitié du XVIe siècle; elle me paraît calme et même quelque peu endormie; il est vrai que nous sommes au dimanche et qu'il fait très chaud. Les vieux *Conventos*, le Carmo, Sao-Francisco, le Rosario, etc., placés aux bons endroits, sur des hauteurs, mettent dans le panorama une note pittoresque; ce sont, hélas! des ruines, ou peu s'en faut. Seul l'ancien collège des Jésuites fait encore figure de monument. Ce fut un des premiers et des plus importants établissements de la Compagnie de Jésus au Brésil; un grand nombre de lettres des missionnaires de l'âge héroïque, des PP. Nobrega et Anchiéta, entre autres, sont datées d'Espirito-Santo; c'était le nom de la cité primitive, bientôt supplantée par la *villa de Nossa Senhora da Victoria*, où fut aussi transféré le collège. Il sert aujourd'hui de palais du gouvernement et du Congrès, et l'église est devenue cathédrale.

Le surlendemain, 16 juin, le *Maranhao* faisait son entrée dans la *Bahia* de Tous-les-Saints, par une matinée où les averses et le soleil semblaient disputer à qui aurait le dernier mot. A mesure que nous avancions, des arcs-en-ciel se projetaient à la suite les uns des autres, reproduits par le miroir des eaux, de façon à compléter le cercle.

A peine ai-je mis le pied sur la terre ferme, un nègre s'empare de mon bagage, et aussi de ma personne; je suis sa proie. Il a chargé la malle sur sa tête, les autres objets sont suspendus aux bras, aux épaules, à la ceinture, et le voilà parti pieds nus sur le pavé brûlant. Comme je lui insinue de prendre une *carroça*, il me répond par un large sourire. Il lui faudrait louer la *carroça*, et ce serait autant de perdu. Et nous voilà gagnant la ville haute sous le soleil de midi. Quand nous arrivâmes, la tête crépue du bonhomme ruisselait comme une éponge sous le poids de la malle.

Je me retrouvai donc, après une absence d'un peu moins de six mois, dans la cité de Bahia Sao-Salvador qui m'avait accueilli à mon arrivée au Brésil et à laquelle j'ai consacré les premiers chapitres de ces *Souvenirs*. Les quelques jours que j'y passai en attendant le départ pour l'Europe me permirent de recueillir encore un petit lot d'observations qui ne sont peut-être pas sans intérêt.

De vrai, Bahia est une fourmillère humaine curieuse à observer, alors même que les tableaux qu'elle vous offre n'ont plus le piquant de l'imprévu. On s'y sent comme enveloppé d'un perpétuel bourdonnement coupé de notes aigües, et sans le vouloir, on se prend à murmurer :

La cigale ayant chanté
Tout l'été....
Nuit et jour à tout venant
Je chantais, ne vous déplaise....

La cigale bahianaise — c'est les trois quarts de la population que je veux dire — a bien chanté tout l'été, mais elle n'a garde de se taire, maintenant que l'hiver est venu; hiver trop bénin sans doute, dont l'exquise douceur invite à chanter la nuit comme le jour, peut-être plus la nuit que le jour. De fait, du soir au matin on chante, on jase, on pince la mandoline, on crie, on rit, on se querelle. Un silence relatif se fait aux approches du jour, puis le ramage reprend de plus belle;

portes et fenêtres, tout est ouvert dans les habitations; la vie privée n'a pas de secret; chacun vit, si l'on peut dire, avec tout le monde. Par surcroît, nous sommes dans une période de fêtes; pas un jour sans pétards et fusées ; pas de solution de continuité dans la kermesse bruyante et fulgurante. Saint Antoine de Padoue nous mènera jusqu'à saint Jean-Baptiste, que l'on fêtera comme le plus grand des enfants des hommes; *non surrexit major*.... Saint Jean-Baptiste passera la main aux apôtres saint Pierre et saint Paul, qu'on ne pourra honorer moins de trois ou quatre jours, ce qui nous conduira au 2 juillet, fête nationale de l'Etat de Bahia, etc.

Parmi ces festivités, qui n'ont plus rien de religieux que l'étiquette, s'intercale la solennité du *Corpus Christi*. Elle n'est point, comme chez nous, renvoyée au dimanche ; aujourd'hui jeudi, 18 juin, c'est donc fête chômée et carillonnée. J'ai fait mon possible pour ne rien perdre de cette manifestation de l'antique foi portugaise; ce qui subsiste encore des usages traditionnels n'est sans doute qu'une ombre des magnificences déployées en des temps plus religieux que le nôtre; mais ces restes tels quels n'en sont que plus dignes d'une respectueuse curiosité.

Un manifeste de l'archevêché publié par tous les journaux avait annoncé plusieurs jours à l'avance la fête liturgique du Saint-Sacrement, convié les fidèles à la célébrer dévotement, et imposé l'obligation d'assister à la procession à tous ceux qui y sont astreints par le Droit canonique, c'est-à-dire aux ecclésiastiques, aux religieux et aux *Irmandades*. Mais c'est l'*Intendance* de la ville, autrement dit la municipalité qui assume la charge et en quelque façon l'entreprise (*empresa*) de la fête; elle en supporte tous les frais, lance les invitations et se charge de veiller à l'ordre et à la pompe extérieure.

De 11 heures à midi, les corps religieux et les *Irmandades* se rendent à la cathédrale ; la procession s'ébranle sur le coup de midi ; mais, cette fois, pas un pétard n'éclate, pas une fusée ne siffle dans l'air ; la poudre ne parle pas ; les cloches elles-mêmes se taisent. Cette procession est aussi grave et silencieuse que les autres sont bruyantes.

Le cortège se compose de quinze à dix-huit *Irmandades*, chacune précédée de sa croix. Les confrères sont peu nombreux, douze, quinze, vingt au plus, en costumes très variés de forme et de couleur ; ce sont généralement d'amples manteaux, avec broderies et soutaches, doublés d'une pèlerine ; chacun porte un flambeau allumé ; les confrères noirs me paraissent être en majorité. Ils défilent d'un pas assez rapide. Ni prières ni chants. Viennent ensuite les moines, puis les clercs, suivis du vénérable *Cabildo* : Messieurs les Chanoines vêtus de chapes, précèdent le Saint-Sacrement porté par l'archevêque ; les cordons du dais sont tenus par les premières autorités en personne, sauf le gouverneur obligé par son état de santé à envoyer un représentant. Immédiatement après vient le drapeau national escorté d'une musique militaire ; puis un détachement de troupes, infanterie et cavalerie, tête nue, le képi rejeté dans le dos et retenu par la jugulaire. Suit une seconde musique militaire, après quoi une foule compacte, mais d'hommes seulement. Il n'y a pas une femme, ni jeune fille, ni fillette dans toute la procession. Pas davantage de reposoir, pas de fleurs, pas d'oriflammes ; rien de ces choses aimables et gracieuses que la piété populaire ajoute en d'autres pays à la sévère ordonnance des fonctions liturgiques. Il semble que l'austérité janséniste ait mis son empreinte sur cette pompe dont la froideur contraste si fort avec les habitudes du pays.

L'itinéraire comprend la principale artère de la ville et la place même du gouvernement; plusieurs lignes de tramways qui y viennent aboutir sont par le fait obligées de suspendre le service; une longue file de véhicules est arrêtée par le passage du cortège. Il ne paraît pas que personne proteste contre cette entrave à la liberté de la circulation. Le public massé sur le parcours — principalement à l'intersection des rues, car la voie suivie est très étroite — garde une attitude à peu près respectueuse; les hommes se découvrent sur le passage du Saint-Sacrement, puis continuent à causer à haute voix et à fumer leurs cigarettes.

En résumé, la procession du *Corpus Christi* dans cette ville remuante et tapageuse m'a paru revêtir un caractère plutôt officiel et ecclésiastique, mais point du tout populaire. Certes, la dévotion bahianaise se déploie avec d'autres allures autour de ses madones et de ses saints patrons dans les solennités traditionnelles. Les grandes statues, avec leurs robes de brocart, leurs bracelets et leurs couronnes étincelantes de brillants, font plus d'impression, hélas! que le Saint-Sacrement sur des populations à l'imagination ardente et à la foi peu éclairée. C'est sans doute pour réagir contre des tendances à matérialiser la religion que l'autorité ecclésiastique écarte de la pompe de ce jour les démonstrations ordinaires d'une piété toute extérieure.

Au surplus, ce brave peuple aura dans quelques jours l'occasion de donner la mesure de sa dévotion envers les saints de son choix. La Saint-Jean approche et déjà, à vrai dire, la fête est commencée ; une semaine n'est pas de trop pour les premières vêpres d'une pareille solennité. Je constate que la saison elle-même est on ne peut plus favorable à l'expansion de la joie populaire. Nous sommes en plein solstice d'hiver, par conséquent dans la période la plus clémente de l'année en ce voisinage de l'équateur. Le thermomètre descend jusqu'à 18° centigrades. Ces moments de fraîcheur relative réveillent les énergies ; ils rendent aux membres alanguis la faculté d'aller et de venir, en quoi consiste, d'après une définition célèbre, la liberté elle-même.

La nature, de son côté, se montre plus particulièrement généreuse ; je croirais volontiers que les fruits sont ici plus abondants pendant l'hiver que pendant l'été. A mentionner tout d'abord l'orange, cette magnifique variété dite orange de Bahia, dont la saison bat maintenant son plein. Le coco est également un fruit d'hiver. Un coco qui vient d'être cueilli n'est point du tout à dédaigner; vous y trouvez d'abord une tasse de lait d'un goût acidulé et très rafraîchissant ; puis la tasse elle-même formée d'une pulpe blanche, dont la saveur fait penser à une amande ou une noisette dans laquelle on mordrait à pleines dents. Sans parler des fruits qui mûrissent toute l'année, tels que la banane, le *mamao*, la mangue, on peut encore compter parmi les dons que la Pomone brésilienne a réservés pour le temps où nous sommes le *frutapao*, le *pinheiro*, l'*oiti*, le *genipapo*.... J'en passe, et des meilleurs.

Les derniers jours qui précèdent la Saint-Jean, tous les *burros* (ânes et mulets) qui apportent au marché de Bahia les produits de la campagne, arrivent en ville chargés de régimes frais de maïs. Le grain encore tendre, pilé et mélangé avec du lait de coco et du sucre, servira à faire une espèce de flan, appelé la *cangica*. C'est là un rite traditionnel dont pas un ménage n'oserait s'affranchir; on se régale de *cangica* en famille et on ne manque pas d'en envoyer à ses amis et aux personnes que l'on veut honorer. Dieu sait combien de *cangicas* arrivent au palais archiépiscopal ou chez Son Excellence le *senhor Governador*. Nos chères religieuses françaises, elles aussi, voient affluer chez elles les *cangicas* fleuries et enrubannées.

Enfin, après beaucoup de préludes gracieux ou tapageurs, voici venir l'heure solennelle. C'est le soir du 23 juin, selon l'usage ecclésiastique, que la fête du 24 commence. On m'avait prévenu que Bahia allait faire des folies. Ce que j'ai vu et entendu a dépassé mon attente et, à vrai dire, défie toute description. Grâce à la disposition de la ville, étagée sur de multiples collines, on peut, du haut d'une maison, se rendre compte de ce qui se passe dans divers quartiers assez éloignés les uns des autres. Au surplus, il ne serait pas sage de sortir de chez soi quand la voie publique appartient à des multitudes d'aimables démons qui font mille extravagances.

Sitôt l'obscurité venue, d'innombrables feux de joie s'allument en pleines rues; il y en a tous les vingt pas. Une grande caisse, mieux encore un tonneau, est rempli de planches, de bois mort, de papier, de débris de toute sorte; on ne craint pas d'arroser le tout avec de l'alcool ou du pétrole; la gerbe de flammes devient terrible. En même temps fusées, pétards, soleils, serpenteaux éclatent, sifflent, déchirent l'air; tout le monde se mêle de brûler de la poudre; les femmes et les jeunes filles, à leurs fenêtres, allument des feux de Bengale ou s'envoient les unes aux autres à travers la rue les feux de couleurs des chandelles romaines. Cependant des milliers de petits ballons lumineux, aux couleurs variées, s'enlèvent de partout, et poussés par une légère brise du large, se dirigent vers la baie : on dirait des caravanes d'étoiles en voyage. C'est là, à mon avis, la partie la plus originale de cet étrange spectacle de toute une grande ville tirant un invraisemblable feu d'artifice. Et cela dure des heures : le rougoiement des flammes par-dessus les maisons, les torrents de fumée qui finissent par obscurcir le ciel, les détonations de tout calibre, les cris des enfants et le brouhaha de la multitude.

Ce qui pour moi reste inexplicable, c'est qu'il n'y ait pas pour bouquet une demi-douzaine d'incendies. C'est ainsi que finissaient régulièrement à Constantinople les illuminations du 31 août, fête du sultan Abdul-Hamid, lesquelles offraient aussi un coup d'œil féerique ; car pas un habitant ne se fût dispensé d'allumer des lampions. Les gens de Bahia n'ont pas mis le feu à leurs maisons ; mais apparemment les grosses ou petites brûlures, les accidents sérieux ou seulement comiques se comptent par centaines. La tradition exige que l'on saute par-dessus le feu flambant ; ceux ou celles qui manquent à cette obligation doivent s'attendre à quelque malheur dans l'année ; au contraire, les jeunes filles qui réussissent le saut trouveront un mari avant la Saint-Jean prochaine. On m'assure que des personnes retenues chez elles par l'âge ou la maladie se font apporter des tisons encore ardents, afin de conjurer le mauvais sort par l'enjambée rituelle.

Enfin, les feux mourants ne lancent plus que des lueurs intermittentes, le fracas des pétarades s'éteint peu à peu ; les mortels fatigués, pour parler comme le doux Virgile, sentent se glisser délicieusement dans leurs veines un premier sommeil, don des dieux,

> ... Prima quies mortalibus ægris
> Incipit et dono Divum gratissima serpit.

Mais une fête comme celle-là ne peut s'achever que par la musique et par la danse. Violons et mandolines, flûtes et cornets à piston entrent en scène; les farandoles s'organisent. En voilà pour jusqu'à l'aurore.

Certes, les Bahianais ont pris soin de réaliser à leur manière la prophétie évangélique d'après laquelle la nativité du saint Précurseur devait être pour plusieurs un sujet de réjouissances[1]. Et de vrai, dans toute la chrétienté, la Saint-Jean est une fête que la piété populaire a célébrée de temps immémorial avec des manifestations joyeuses.

Après ce que je viens de dire on jugera que, à cet égard, la population de Bahia détient peut-être le *record*. Malheureusement ce n'est ni à la piété, ni à la religion que revient la meilleure part de cette joie exubérante et quelque peu enfantine. J'ai ouï dire à cette occasion que, si les Bahianais avaient consacré à des travaux d'assainissement, et tout d'abord à l'approvisionnement de leur ville en eau pure, les sommes énormes littéralement parties en fumée pendant la nuit de la Saint-Jean, ils auraient fait œuvre sage et urgente. Mais ce sont les esprits chagrins qui trouvent toujours des raisons pour justifier leur mauvaise humeur.

Je n'examine pas si ces raisons sont bonnes; quant à moi, je n'en ai aucune pour dire aux habitants de Bahia des choses désobligeantes. La nuit de la Saint-Jean figure, avec des teintes particulièrement chaudes

1. Multi in nativitate ejus gaudebunt. *Luc. I. 14.*

et colorées, parmi les impressions que je conserve de mon séjour en cette ville riche en visions pittoresques, de sa merveilleuse baie, de ses gracieux alentours. Je ne dis rien de l'accueil si courtois et si cordial que j'y ai rencontré; c'est encore là le principal agrément d'un séjour à l'étranger.

A la veille de quitter le Brésil, sans esprit de retour, j'ai fait comme le vieillard de La Fontaine ; j'ai planté dans la *roça* d'une maison amie, à Bahia, le noyau de la dernière mangue qu'on m'y avait servie. Je sais qu'il en est sorti un petit arbre qui promet de devenir grand. Et comme l'octogénaire, il m'est agréable de penser que les arrière-neveux de ceux que j'ai connus là-bas « me devront cet ombrage, » aussi bien que les fruits savoureux que ma *mangueira* portera surement en abondance :

Eh bien ! défendez-vous au sage
De se donner des soins pour le plaisir d'autrui ?

FIN

TABLE DES MATIÈRES

LA ROCHE-SUR-YON. — IMPRIMERIE CENTRALE DE L'OUEST.

LIBRAIRIE ACADÉMIQUE PERRIN ET Cie

BELLESSORT (André). — **La Jeune Amérique.** — Chili et Bolivie (*Couronné par l'Académie française*). 1 vol. in-16 .... 3 50

— *Voyage au Japon.* **La Société Japonaise** (*Ouvrage couronné par l'Académie française*). 1 vol. in-16 .... 3 50

— **En escale.** — Une Promenade à Ceylan. — Singapour. — Saïgon. — Hong-Kong. — Macao. — Canton. — Une semaine aux Philippines. 1 volume in-16 .... 3 50

— **La Roumanie Contemporaine.** 1 volume in-16 .... 3 50

— **Les Journées et les Nuits Japonaises.** 1 vol. in-16 .... 3 50

DARCY (Jean). — **L'Équilibre africain au XXe siècle.** — LA CONQUÊTE DE L'AFRIQUE. — Allemagne. — Angleterre. — Congo. — Portugal. 1 volume in-16 .... 3 50

— *France et Angleterre.* **Cent années de rivalité coloniale.** — I. L'Afrique. 1 volume in-8° 7 50

— *France et Angleterre.* **Cent années de rivalité coloniale.** — II. L'Affaire de Madagascar. 1 vol. in-8° .... 4 »

DAVIN (Albert). — **Noirs et Jaunes.** *Çomalis, Hindous, Siamois, Annamites.* — Paysages, cérémonies, traités. Ouvrage orné de 16 gravures. 1 vol. in-16 .... 4 »

ESPAGNAT (Pierre d'). — **Jours de Guinée.** 1 vol. in-16 .... 3 50

GANDOLPHE (Maurice). — **La vie et l'art des Scandinaves.** (*Ouvrage couronné par l'Académie française*). 1 vol. in-16 .... 3 50

— **La Crise Macédonienne.** Enquête dans les vilayets insurgés (septembre-décembre 1903). 1 vol. in-16 .... 2 50

GOMEZ-CARRILLO. — **La Grèce Éternelle.** Préface de Jean Moréas. 1 vol. in-16 .... 3 50

GOSSELIN (Capitaine). — **Le Laos et le Protectorat français.** (*Ouvrage couronné par l'Académie française*). 1 volume in-16 illustré de 5 gravures et accompagné d'une carte du Laos 3 50

— **L'Empire d'Annam.** — Préface de M. Charles Baudin. 1 vol. in-8° écu, avec gravures et cartes .... 5 »

HALLAYS (André). — *En flânant.* **A travers la France.** — Touraine. — Velay. — Normandie. — Bourgogne. — Provence. 1 vol. in-16 .... 3 50

HUCHARD (Robert). **Autour de l'Afrique par le Transvaal.** 1 volume in-16 .... 3 50

LAUTOUR (Lieutenant Gaston). — **Journal d'un spahi au Soudan** (1897-1899). — Préface du Marquis Costa de Beauregard, de l'Académie française. 1 volume in-16 .... 3 50

LOISEAU (Ch.). — **Le Balkan slave et la Crise autrichienne.** 1 vol. in-16 .... 3 50

— **L'Équilibre adriatique.** — L'Italie et la question d'Orient. 1 volume in-16 .... 3 50

MIMANDE (Paul). — **Souvenirs d'un échappé de Panama.** Notes d'un témoin. 1 vol. in-16 .... 2 »

— **L'héritage de Behanzin.** 1 vol. in-16 .... 3 50

PAUL-DUBOIS (Louis), *auditeur à la Cour des comptes.* — **L'Irlande contemporaine et la Question irlandaise.** L'état politique et social. — La décadence matérielle. — Les possibilités de relèvement. (*Ouvrage couronné par l'Académie des Sciences morales*). 1 vol. in-8° 7 50

PÉRIGNY (Maurice de). — **En courant le Monde.** — Canada. — États-Unis. — Corée. — Japon. — Mexique. 1 vol. in-16 .... 3 50

PINON (René). — **L'Empire de la Méditerranée.** — LA QUESTION MAROCAINE. — Figuig. — Le Touat. — La Tripolitaine. — Bizerte. — Malte. — Gibraltar. (*Ouvrage couronné par l'Académie française*). 1 vol. in-8° écu .... 5 »

— *La lutte pour le Pacifique.* **Origines et Résultats de la guerre Russo-Japonaise.** 1 vol. in-8° écu .... 5 »

— **L'Europe et l'Empire Ottoman.** Les aspects actuels de la question d'Orient. 1 vol. in-8° écu avec [illegible] cartes .... 5 »

PINON (René) et JEAN DE MARCILLAC. — **La Chine qui s'ouvre.** (*Ouvrage couronné par l'Académie française*). 1 vol. in-16 .... 3 50

SUAU (P.). — **L'Espagne terre d'épopée.** — Les vieilles villes. — Leurs souvenirs. 1 vol. in-8° écu avec grav. .... 5 »

— **La France à Madagascar.** Histoire politique et religieuse d'une Colonisation. — Préface de M. [illegible] Myre de Vilers. 1 volume in-8° écu avec gravures .... 5 »

Paris. — Imp. E. Capiomont et Cie, rue de Seine, 57.

www.ingramcontent.com/pod-product-compliance
Ingram Content Group UK Ltd.
Pitfield, Milton Keynes, MK11 3LW, UK
UKHW020127220726
13923UKWH00001B/38